Die soziale Frage im Konkursrecht 1879-1900

Rechtshistorische Reihe

Band 430

Peter Lang
Frankfurt am Main · Berlin · Bern · Bruxelles · New York · Oxford · Wien

Heiko Zech

Die soziale Frage im Konkursrecht 1879-1900

Peter Lang
Internationaler Verlag der Wissenschaften

Bibliografische Information der Deutschen Nationalbibliothek
Die Deutsche Nationalbibliothek verzeichnet diese Publikation in der Deutschen Nationalbibliografie; detaillierte bibliografische Daten sind im Internet über http://dnb.d-nb.de abrufbar.

Zugl.: Hamburg, Univ., Diss., 2011

Die vorliegende Arbeit wurde von
Prof. Dr. Tilman Repgen
zur Aufnahme in die Reihe empfohlen.

Umschlagabbildung:
Justitia. Allegorie der Gerechtigkeit.
Druck aus dem 17. Jahrhundert.

D 18
ISSN 0344-290X
ISBN 978-3-631-63166-9

www.peterlang.de

Inhalt

Kapitel 1: Einleitung

I. Gegenstand der Untersuchung

Am 10.05.1881 musste das Reichsgericht über den folgenden Fall entscheiden („Ziegelmeister-Fall“)[1]:

Ein Ziegelmeister hatte sich gegenüber einem Ziegeleibesitzer vertraglich verpflichtet, den Betrieb der Ziegelei für das Jahr 1879 zu übernehmen. Der Ziegelmeister führte den Betrieb der Ziegelei sodann wie vereinbart zusammen mit 50 seiner eigenen Gehilfen selbständig durch. Als Gegenleistung für den Betrieb des Unternehmens sollte er eine bestimmte Menge an Geld erhalten. Der Ziegeleibesitzer geriet allerdings im Januar 1880 in den Konkurs und konnte daher keine Zahlung leisten. Für seine Forderung beanspruchte der klagende Ziegelmeister nunmehr im Konkurs des Ziegeleibesitzers ein Vorrecht gegenüber den übrigen Gläubigern.

Der Fall steht exemplarisch für eine Vielzahl von Konkursen am Ende des 19. Jahrhunderts[2]. Das Konkursrecht hatte im ausgehenden 19. Jahrhundert eine große praktische Relevanz. Zwischen den Jahren 1830 und 1870 gab es eine längere Phase eines bis dahin beispiellosen wirtschaftlichen Wachstums[3]. Auf die fortdauernde Zeit der Prosperität folgte 1873 die sogenannten Gründerkrise[4]. Im Anschluss an die akute Wirtschaftskrise folgte in den Jahren 1873 bis 1896 für die meisten Branchen der Wirtschaft eine über 20 Jahre andauernde Periode der wirtschaftlichen Schrumpfung bzw. Stagnation. Diese Konjunkturphase ist zum Teil auch unter dem Begriff der großen Depression bekannt[5]. Das Konkursrecht kann man in Zeiten des allgemeinen wirtschaftlichen Zusammenbruchs als das Recht der Krisenbewältigung betrachten[6].

---

1 RG, Urteil v. 10.05.1881, Az. III 420/81, in: RGZ 4 (1881), S. 423-425.

2 Vgl. zur Konkursstatistik: Hesse, Konkursstatistik, in: Jahrbücher für Nationalökonomie und Statistik 90 (1908), S. 64-101.

3 Vgl. Borchardt, Wirtschaftliches Wachstum und Wechsellagen 1800-1914, in: Aubin/Zorn, Handbuch der deutschen Wirtschafts- und Sozialgeschichte, Band 2, S. 198-275; Lütge, Deutsche Sozial- und Wirtschaftsgeschichte, S. 417 ff.

4 Vgl. Lütge, Deutsche Sozial- und Wirtschaftsgeschichte, S. 444 ff.; Kellenbenz, Deutsche Wirtschaftsgeschichte, Band 2, S. 171 f.; Engelsing, Sozial- und Wirtschaftsgeschichte Deutschlands, S. 143 ff.; Walter, Wirtschaftsgeschichte, S. 101 ff.; Borchardt, Wirtschaftliches Wachstum und Wechsellagen 1800-1914, in: Aubin/Zorn, Handbuch der deutschen Wirtschafts- und Sozialgeschichte, Band 2, S. 198-275.

5 Vgl. zur wirtschaftlichen Entwicklung: Henning, Handbuch der Wirtschafts- und Sozialgeschichte Deutschlands, Band 2: 19. Jahrhundert, S. 792 ff.

6 Uhlenbruck, Einhundert Jahre Konkursordnung, in: Uhlenbruck/Klasmeyer/Kübler, Einhundert Jahre Konkursordnung, Festschrift, S. 3-34.

Die Krise in der Zeit 1873 bis 1896 erreichte ein bis dahin noch nicht gesehenes Ausmaß, welches andere Krisen auf absehbare Zeit nicht wieder erreicht oder übertroffen haben[7]. Die besondere Schwere liegt in dem zeitlichen Moment von über 20 Jahren. Zwar gab es zwischendurch auch kleinere Phasen der Erholung, aber das prägende Moment dieser Zeit war eine kontinuierliche Schrumpfung bzw. Stagnation der Wirtschaft[8]. Es handelte sich dabei nicht nur um eine partielle oder sektorale Krise, sondern um ein Problem für die gesamte Gesellschaft. Der wirtschaftliche Zusammenbruch war allgegenwärtig und betraf eine große Zahl von Unternehmen, die in die Zahlungsunfähigkeit gerieten[9]. Die Krise der Wirtschaft konnte schließlich erst wieder ein Ende finden in einer Phase des wirtschaftlichen Aufschwungs zwischen 1896 und 1913[10].

Der oben geschilderte „Ziegelmeister-Fall" zeigt beispielhaft, in wie vielfältiger Weise im Konkurs ein komplexes Geflecht von verschiedenen juristischen und wirtschaftlichen Interessen aufeinander treffen kann[11]. Die Eröffnung und Durchführung des Konkursverfahrens hat regelmäßig vielfache und wichtige Einwirkungen auf die vermögensrechtlichen Verhältnisse der Beteiligten[12]. Die Konfrontation der gegenläufigen Interessen verursacht oftmals problematische Konfliktsituationen. Für die Gläubiger entsteht das Problem, wie sie im Falle der andauernden Zahlungsunfähigkeit des Schuldners an ihr Geld kommen sollen[13]. Daneben stellt sich die Frage der Verteilung innerhalb der Gemeinschaft der Gläubiger, sofern die Masse wenigstens einen anteilsmäßigen Ausgleich ermöglicht. Für den Schuldner ist der Konkurs ein erheblicher Eingriff in seine Rechtsstellung[14]. Der Schuldner verliert die Reste seines Vermögens und muss dadurch erhebliche wirtschaftliche und ideelle Einbußen hinnehmen.

---

7 Vgl. Borchardt, Wirtschaftliches Wachstum und Wechsellagen 1800-1914, in: Aubin/Zorn, Handbuch der deutschen Wirtschafts- und Sozialgeschichte, Band 2, S. 198-275.

8 Vgl. kritisch zum Begriff der großen Depression: Nipperdey, Deutsche Geschichte 1866-1918, Band 1: Arbeitswelt und Bürgergeist, S. 283 ff.

9 Vgl. zur Konkursstatistik: Hesse, Konkursstatistik, in: Jahrbücher für Nationalökonomie und Statistik 90 (1908), S. 64-101.

10 Vgl. Kellenbenz, Deutsche Wirtschaftsgeschichte, Band 2, S. 313 ff.

11 Vgl. Becker, Insolvenzrecht, § 1, Rn. 1, S. 1 ff.; Gerhardt, Aspekte zur Wechselwirkung zwischen Konkursrecht und Wirtschaftsleben, in: Bökelmann/Henckel/Jahr, Festschrift für Friedrich Weber, S. 181-196; Baumann, Konkurs und Vergleich, § 1, S. 1 ff.; Oetker, Konkursrechtliche Grundbegriffe, Band 1, § 7, S. 264 ff.

12 Fitting, Das Reichs-Konkursrecht und Konkursverfahren, § 4, S. 13 ff.

13 Uhlenbruck, Zur Geschichte des Konkurses, in: DZWIR 17 (2007), S. 1-5.

14 Vgl. Jaeger, Lehrbuch des Deutschen Konkursrechts, § 2, S. 13 ff.; Kohler, Lehrbuch des Konkursrechts, § 53, S. 304 ff.

Darüber hinaus ist der Konkurs für die gesamte Volkswirtschaft nachteilig[15]. Das Konkursverfahren schadet dem Ruf eines Wirtschaftsstandorts und verursacht hohe Verfahrenskosten[16]. Außerdem vernichtet die vollständige Verwertung des Vermögens volkswirtschaftlich nutzbare Werte[17]. Der Konkurs berührt damit im Allgemeinen auch die Interessen der Rechtsgemeinschaft als Ganzes. In dieser Gemengelage ist es eine Aufgabe der Rechtsordnung, die natürlichen Interessengegensätze im Konkurs auszugleichen[18]. Fast alle Rechtsordnungen haben für die Lösung dieses Problems das Institut des Konkursverfahrens entwickelt[19]. In dem Ringen um die knappen Güter stellt der Staat zur Wahrung des Rechtsfriedens und zur Vermeidung von Selbsthilfe ein geregeltes Verfahren zur Verfügung[20].

Gleichzeitig ist es eine Grundfrage der Rechtsordnung, wie man mit einem wirtschaftlich nicht mehr lebensfähigen Rechtssubjekt verfahren will[21]. Das Paradigma des Sozialen würde in dieser Situation hervorheben, dass der Konkurs eine Angelegenheit ist, die das Gemeinwesen als Ganzes betrifft[22]. Außerdem würde nach dieser Prämisse eine kollektive Verantwortung für den Schutz des wirtschaftlich Schwächeren in Betracht kommen.

Die Beschäftigung mit dem Konkursrecht gewährt in diesem Zusammenhang tiefgreifende Einsichten in grundlegende Prinzipien der Zivilrechtsordnung[23]. Josef Kohler bezeichnete das Konkursrecht in dieser Hinsicht als eine

---

15 Vgl. Eickmann, Konkurs- und Vergleichsrecht, S. 16 ff.

16 Vollmershausen, Vom Konkursprozess zum Marktbereinigungsverfahren, S. 308 ff.

17 Jaeger, Die Konkursordnung 1879-1904, in: DJZ 9 (1904), Sp. 904-912, hier: Sp. 911 f.; Berges, Vergleich und Konkurs in der Evolution der Marktwirtschaft, in: Uhlenbruck/Klasmeyer/Kübler, Einhundert Jahre Konkursordnung, Festschrift, S. 363-399; Wiringer-Seiler, Das Anfechtungsrecht im Konkurs, S. 3 ff.

18 Vgl. Weber, Fragen zur Gestaltung des Konkursverfahrens in rechtspolitischer und rechtsvergleichender Sicht, in: KTS 80 (1959), S. 80-88.

19 Vgl. zur Geschichte des Konkursrechts: Meier, Die Geschichte des deutschen Konkursrechts; Spann, Der Haftungszugriff auf den Schuldner zwischen Personal- und Vermögensvollstreckung; Vollmershausen, Vom Konkursprozess zum Marktbereinigungsverfahren; Endemann, Zur Entwicklung des Konkursverfahrens in der gemeinrechtlichen Lehre bis zur Deutschen Konkursordnung vom 10. Februar 1877, in: ZZP 12 (1888), S. 24-96; Forster, Konkurs als Verfahren, S. 86 ff.

20 Becker, Insolvenzrecht, § 1, Rn. 1, S 1 ff.; Puchta, Ueber den Concursprozeß, § 20, S. 43 ff.; Kleinfeller, Lehrbuch des deutschen Konkursrecht, § 1, S. 1 ff.; Baur/Stürner, Insolvenzrecht, § 1, S. 1 ff.; Hess, Konkursordnung, Einleitung, Rn. 4 ff., S. 58.

21 Vgl. Jaeger, Lehrbuch des Deutschen Konkursrechts, § 1, S. 1 ff.

22 Vgl. zum Begriff des Sozialen in der Auffassung des 19. Jahrhunderts: Repgen, Die soziale Aufgabe des Privatrechts, S. 50 ff.

23 Pagenstecher/Grimm, Der Konkurs, Vorwort, S. V ff.

soziale Erscheinung ersten Ranges[24]. In seinem Lehrbuch aus dem Jahre 1891 hat er dazu das Folgende festgestellt:

> „Das Konkursrecht ist eine soziale Erscheinung ersten Ranges mit weiter Geschichte, tief begründet in den Bedürfnissen eines geregelten Kredites, von den modernen Kulturvölkern mit besonderer Sorgfalt gepflegt.“[25]

Die besondere Relevanz des Konkursrechts für die soziale Frage zeigt beispielsweise der zuvor geschilderte „Ziegelmeister-Fall“. Die Gewährung eines Vorrechts zugunsten des Ziegelmeisters würde die Masse zulasten der übrigen Gläubiger verkleinern. Der Ziegelmeister würde dadurch einen individuellen Sondervorteil gegenüber der Gemeinschaft der Gläubiger erhalten. Die übrigen Gläubiger würden eine Benachteiligung erleiden müssen, um die Situation des Ziegelmeisters zu fördern. Dieses Ergebnis wäre ein Widerspruch zu dem Ideal einer gleichmäßigen Verteilung.

Andererseits könnte die Bevorzugung des Ziegelmeisters aus sozialpolitischen Gründen möglicherweise erwünscht sein. Dafür könnte sprechen, dass der Ziegelmeister und seine Arbeiter zur Sicherung ihrer Existenz unmittelbar auf die Erfüllung der ausstehenden Forderungen angewiesen waren. Bei einem Ausfall der Forderung wäre nicht nur die Vergütung für den Ziegelmeister gefährdet, sondern auch die Bezahlung der Löhne für seine Gehilfen. Der Konkurs hatte in diesem Fall eine direkte Auswirkung auf die ökonomischen Grundlagen der Arbeiter.

Die Idee des Sozialen ist im letzten Drittel des 19. Jahrhunderts im Zuge der sogenannten sozialen Frage in den Mittelpunkt der öffentlichen Aufmerksamkeit gerückt. In der Folgezeit entwickelte sich das Bewusstsein für eine soziale Dimension der Rechtsordnung zu einem dominierenden Aspekt der politischen Diskussion. Gegenstand dieser Untersuchung ist die Frage, welche Bedeutung das Paradigma des Sozialen für die Kodifikation der Konkursordnung von 1877 und für die Rechtsprechung des Reichsgerichts zum Konkursrecht am Ende des 19. Jahrhunderts hatte.

II. Die soziale Frage im 19. Jahrhundert

Ein großer Teil der Bevölkerung war am Ende des 19. Jahrhunderts von geringen Löhnen, einer problematischen Wohnsituation und schlechten Arbeitsbedingungen betroffen[26]. Klassengegensätze und Massenarmut entwi-

24 Kohler, Lehrbuch des Konkursrechts, Vorwort, S. V f.

25 Kohler, Lehrbuch des Konkursrechts, Vorwort, S. VI.

26 Wischermann/Nieberding, Die institutionelle Revolution, S. 115 ff.; Repgen, Die soziale Aufgabe des Privatrechts, S. 25 ff.

ckelten sich zu einem festen Bestandteil der gesellschaftlichen Realität[27]. Die fortschreitende Industrialisierung und die zunehmende Verstädterung führten zu einer immer weiter wachsenden Zahl von abhängigen Lohnarbeitern[28]. Das Angebot an Arbeitsplätzen blieb weit dahinter zurück[29]. Der größte Teil der Bevölkerung gehörte am Ende des 19. Jahrhunderts in wirtschaftlicher Hinsicht der Unterschicht an[30]. Das Problem betraf nicht mehr nur die einfachen Arbeiter, sondern auch vormals gut situierte Handwerker und Kleinbauern, die nun immer öfter unterhalb des Existenzminimums leben mussten[31]. Kollektive Sicherungssysteme zur Abmilderung der Not waren in dieser Zeit kaum vorhanden[32]. Die ökonomische Unterschicht als sogenannter vierter Stand entwickelte sich unter diesen Bedingungen zu einem Massenphänomen[33].

Das Bemühen um die Abwendung der wirtschaftlichen Missstände für den größten Teil der Bevölkerung am Ende des 19. Jahrhunderts ist als die soziale Frage bekannt[34]. Die Unzufriedenheit mit den Verhältnissen entwickelte sich zu einem vorherrschenden Phänomen in der Gesellschaft dieser Zeit[35]. In den 1880er Jahren war die Problematik einer allgemein verträglicheren Gestaltung der ökonomischen Rahmenbedingungen ein wesentlicher Teil des politischen und öffentlichen Bewusstseins[36].

Unter dem Eindruck der gesellschaftlichen Probleme zeichnete sich in der Politik des Deutschen Reiches um 1878/1879 eine wirtschaftspolitische Wen-

---

27 Wischermann/Nieberding, Die institutionelle Revolution, S. 115 ff.; Schmoeckel, Rechtsgeschichte der Wirtschaft, Rn. 297 ff.; Born, Der soziale und wirtschaftliche Strukturwandel Deutschlands am Ende des 19. Jahrhunderts, in: VSWG 50 (1963), S. 361-376; Henning, Handbuch der Wirtschafts- und Sozialgeschichte Deutschlands, Band 2: 19. Jahrhundert, S. 685 ff.

28 Lütge, Deutsche Sozial- und Wirtschaftsgeschichte, S. 440 ff.; vgl. zur Arbeiterfrage: Ritter, Arbeiter, Arbeiterbewegung und soziale Ideen.

29 Schmoeckel, Rechtsgeschichte der Wirtschaft, Rn. 297 ff.

30 Schmoeckel, Rechtsgeschichte der Wirtschaft, Rn. 297 ff.

31 Schmoeckel, Rechtsgeschichte der Wirtschaft, Rn. 297 ff.

32 Vgl. Schmoeckel, Rechtsgeschichte der Wirtschaft, Rn. 297 ff.; Stolleis, Geschichte des Sozialrechts, S. 13 ff.

33 Henning, Handbuch der Wirtschafts- und Sozialgeschichte Deutschlands, Band 2: 19. Jahrhundert, S. 685 ff.; Born, Der soziale und wirtschaftliche Strukturwandel Deutschlands am Ende des 19. Jahrhunderts, in: VSWG 50 (1963), S. 361-376.

34 Vgl. zum Begriff der sozialen Frage: Walter, Einführung in die Wirtschafts- und Sozialgeschichte, S. 156 ff.; Repgen, Die soziale Aufgabe des Privatrechts, S. 25 ff.; Lütge, Deutsche Sozial- und Wirtschaftsgeschichte, S. 440 ff.; Ritter, Soziale Frage und Sozialpolitik in Deutschland seit Beginn des 19. Jahrhunderts.

35 Lütge, Deutsche Sozial- und Wirtschaftsgeschichte, S. 447 ff.

36 Vgl. Repgen, Die soziale Aufgabe des Privatrechts, S. 25 ff.

de ab[37]. Die neuen politischen und gesellschaftlichen Anschauungen am Ende des 19. Jahrhunderts führten schließlich auch generell zu neuen Ordnungsproblemen des Rechts[38]. Staatliche Tätigkeit war nun nicht allein zur Schaffung formaler Rechtsgleichheit allgemein akzeptiert, sondern auch als ein Instrument für den Ausgleich unterschiedlicher Chancen, Besitzstände und besonderer Belastungen[39]. Hervorzuheben ist in diesem Zusammenhang der Beginn der Sozialgesetzgebung in den 1880er Jahren[40]. Der Umfang der Absicherung war freilich zunächst begrenzt. Die existenzielle Not für weite Kreise der Bevölkerung war erst am Anfang des 20. Jahrhunderts beseitigt[41].

III. Die Konkursordnung von 1877

Das in Deutschland geltende Konkursrecht am Ende des 19. Jahrhunderts war in der Konkursordnung von 1877 kodifiziert. Nach umfangreichen Vorarbeiten fand das Verfahren der Gesetzgebung am 10.02.1877 mit der Verab-

---

37 Schulte-Nölke, Die schwere Geburt des Bürgerlichen Gesetzbuchs, in: NJW 49 (1996), S. 1705-1710; Engelsing, Sozial- und Wirtschaftsgeschichte Deutschlands, S. 143 ff.; Ambrosius, Staat und Wirtschaftsordnung, S. 112 ff.; Treue, Wirtschaftsgeschichte der Neuzeit, S. 545 ff.; Kieseritzky, Liberalismus und Sozialstaat, S. 459 ff.; Stolleis, Die Entstehung des Interventionsstaates und das öffentliche Recht, in: ZNR 10 (1989), S. 129-147.

38 Vgl. Coing, Europäisches Privatrecht, Band 2, § 12, S. 89 ff.; Walter, Einführung in die Wirtschafts- und Sozialgeschichte, S. 233 f.; Schlosser, Grundzüge der Neueren Privatrechtsgeschichte, S. 189 ff.; Henning, Artikel Wirtschaftsrecht/Wirtschaftsverfassung, in: Erler/Kaufmann, Handwörterbuch zur deutschen Rechtsgeschichte, Band 5, Sp. 1449-1453; Coing, Allgemeine Züge der privatrechtlichen Gesetzgebung im 19. Jahrhundert, in: Coing, Handbuch der Quellen der neueren europäischen Privatrechtsgeschichte, Band III/1: Gesetzgebung zum allgemeinen Privatrecht, S. 3-16; Lammel, Recht zur Ordnung des Wettbewerbs, in: Coing, Handbuch der Quellen der neueren europäischen Privatrechtsgeschichte, Band III/3: Gesetzgebung zu den privatrechtlichen Sondergebieten, S. 3749-3954; Kopsidis, Liberale Wirtschaftspolitik im Zeitalter der Industrialisierung, in: Tilly, Geschichte der Wirtschaftspolitik, S. 34-68; Ziegler, Die geistigen und socialen Strömungen des neunzehnten Jahrhunderts; Nörr, Eher Hegel als Kant, Zum Privatrechtsverständnis im 19. Jahrhundert; Nörr, Kodifikation und Wirtschaftsordnung im Deutschland des 19. Jahrhunderts, in: ZNR 23 (2001), S. 51-61.

39 Vgl. Stolleis, Artikel Sozialrecht, in: Erler/Kaufmann, Handwörterbuch zur deutschen Rechtsgeschichte, Band 2, Sp. 1730-1733; vgl. zum Aspekt des Sozialen im Privatrecht: Fuld, Das Bürgerliche Gesetzbuch und die Sozialpolitik, in: Gruchot 35 (1891), S. 635-657; Planck, Die soziale Tendenz des Bürgerlichen Gesetzbuchs, in: DJZ 4 (1899), S. 181-184.

40 Vgl. Stolleis, Geschichte des Sozialrechts, S. 52 ff.; Henning, Handbuch der Wirtschafts- und Sozialgeschichte Deutschlands, Band 2: 19. Jahrhundert, S. 1152 ff.

41 Vgl. Köllmann, Politische und soziale Entwicklung der deutschen Arbeiterschaft, in: VSWG 50 (1963), S. 480-504.

schiedung der Konkursordnung ein Ende[42]. Die Verkündung erfolgte kurz darauf am 05.03.1877 im Reichsgesetzblatt[43]. Die Konkursordnung trat als ein Teil der Reichsjustizgesetze am 01.10.1879 in Kraft[44]. Die neue Kodifikation des Konkursrechts galt in der Literatur als besonders gelungenes Gesetz und fand breite Zustimmung unter Juristen und Sachverständigen[45]. Theodor Wolff stellte in dieser Hinsicht in seinem Kommentar zur Konkursordnung die folgende hoffnungsfrohe Prognose auf:

> „Die Grundsätze und Vorschriften der in meisterhafter Sprache abgefaßten Konkursordnung entsprechen dem praktischen Bedürfnis des Lebens und werden daher fortdauern, wenn die Zivilprozeßordnung längst durch eine Neuregelung ersetzt sein wird."[46]

Die Konkursordnung betrachtete man als das Ergebnis eines jahrzehntelangen Bestrebens nach einer einheitlichen Ordnung dieser Materie in Deutschland[47]. Davor fand sich in Deutschland mit den Worten von Gustav Karl Adolf von Wilmowski ein „äußerst bunter Zustand an Konkursgesetzgebungen"[48]. Die Rechtszersplitterung betrachtete man als Ursache für eine allgemeine Rechtsunsicherheit und eine Störung des Handels[49]. Die Überwindung dieses nicht mehr als zeitgemäß empfundenen Zustands gilt nach Wolfgang Sellert als ein besonders bedeutendes juristisches Ereignis innerhalb der letzten Jahrhunderte[50].

---

42 Vgl. zur Entstehungsgeschichte: Meier, Die Geschichte des deutschen Konkursrechts; vgl. zur Einführung in die Konkursordnung: Willenbücher, Die Konkursordnung; König, Das Konkursverfahren nach der Reichs-Konkursordnung; vgl. zur weiteren Entwicklung des Konkursrechts: Riedemann, Die Entwicklung des Konkursrechts seit Inkrafttreten der Konkursordnung.

43 RGBl. 1877, Nr. 10, S. 351-389.

44 Vgl. zu den Reichsjustizgesetzen: Sellert, Artikel Reichsjustizgesetze, in: Erler/Kaufmann, Handwörterbuch zur deutschen Rechtsgeschichte, Band 4, Sp. 651-654.

45 Meier, Die Geschichte des deutschen Konkursrechts, S. 196 f.; Kleinfeller, Lehrbuch des deutschen Konkursrecht, § 4, S. 8 f.; Wolff, Die Konkursordnung, Einleitung, S. IX ff.; Fuchs, Der deutsche Concursproceß, S. III; Jaeger, Die Konkursordnung 1879-1904, in: DJZ 9 (1904), Sp. 904-912.

46 Wolff, Die Konkursordnung, Einleitung, S. XV.

47 Sellert, Artikel Reichsjustizgesetze, in: Erler/Kaufmann, Handwörterbuch zur deutschen Rechtsgeschichte, Band 4, Sp. 651-654.

48 Wilmowski, Deutsche Reichs-Konkursordnung, Einleitung, § 1, S. 4.

49 Jaeger, Die Konkursordnung 1879-1904, in: DJZ 9 (1904), Sp. 904-912; Meier, Die Geschichte des deutschen Konkursrechts, S. 120 ff.

50 Sellert, Die Reichsjustizgesetze von 1879, in: JuS 17 (1977), S. 781-789.

Über einen Zeitraum von 120 Jahren blieb die Konkursordnung schließlich das in Deutschland geltende Konkursrecht[51]. Sie trat erst mit der Einführung der Insolvenzordnung zum 01.01.1999 außer Kraft. Grundlegende inhaltliche Änderungen erfolgten in der Zeit ihrer Geltung nicht. Anlässlich der Einführung des Bürgerlichen Gesetzbuchs am 01.01.1900 vollzog man lediglich eine entsprechende normative Anpassung[52].

IV. Das Reichsgericht

Die Frage der Normdurchsetzung gewinnt in der Wissenschaft von der Geschichte des Rechts ein steigendes Interesse[53]. Erst anhand der konkreten Entscheidungspraxis lässt sich ermessen, inwieweit die normativen Intentionen des Gesetzgebers die gesellschaftliche Realität geprägt haben[54].

Die Rechtspraxis des 19. Jahrhunderts analysiert die Untersuchung auf der Grundlage der Rechtsprechung des Reichsgerichts auf dem Gebiet des Konkursrechts[55]. Die Eröffnung des Reichsgerichts fand am 01.10.1879 in Leipzig statt. Die Schließung erfolgte am 19.04.1945 im Zuge der Besetzung Leipzigs durch amerikanische Truppen. Während dieser Zeit war das Reichsgericht das höchste Gericht in Deutschland. Wie kaum je zuvor in der Geschichte hatte

---

51 Vgl. zur Diskussion über die Reformbedürftigkeit seit den 1970er Jahren: Kilger, Der Konkurs des Konkurses, in: DB 28 (1975), S. 1445-1449; Kilger, Die Reformbedürftigkeit des Konkurs- und Vergleichsrechts, in: ZRP 9 (1976), S. 190-194; Knieper, Konkurs und Sanierung, in: BB 32 (1977), S. 622-627; Gaul, Zur Reform des Zwangsvollstreckungsrecht, in: JZ 28 (1973), S. 473-483; Böhle-Stamschräder, Konkursordnung, Einleitung, S. 8 ff.

52 Vgl. Kleinfeller, Die Änderungen der Konkursordnung, in: ZZP 25 (1899), S. 80-127; Kleinfeller, Das Bürgerliche Gesetzbuch und die Konkursordnung, in: DJZ 1 (1896), S. 474-478; Seuffert, Zur Revision der Konkursordnung bei Einführung des Bürgerlichen Gesetzbuches, in: ZZP 22 (1896), S. 475-526; Oetker, Die Konkursordnung in neuer Gestalt, in: DJZ 4 (1899), S. 265-268.

53 Luig, Sammlung sämtlicher Erkenntnisse des Reichsgerichts, in: NJW 46 (1993), S. 1905-1906.

54 Möller, Die Rechtsprechung des Reichsgerichts in Zivilsachen, S. 13 ff.; vgl. allgemein zur Frage von Norm und Wirklichkeit: Pfeiffer, Das Reichsgericht und seine Rechtsprechung, in: DRiZ 57 (1979), S. 325-332.

55 Vgl. zum Reichsgericht: Zimmer, Artikel Reichsgericht, in: Erler/Kaufmann, Handwörterbuch zur deutschen Rechtsgeschichte, Band 4, Sp. 576-580; Müller, Die Hüter des Rechts, Die Stellung des Reichsgerichts im Deutschen Kaiserreich 1879-1918; Lobe, Die äußere Organisation des Reichsgericht, in: Lobe, Fünfzig Jahre Reichsgericht, Festschrift, S. 1-9; Lobe, Die innere Organisation des Reichsgericht, in: Lobe, Fünfzig Jahre Reichsgericht, Festschrift, S. 19-33.

das Reichsgericht einen bestimmenden Einfluss auf das deutsche Rechtsleben und hat das Bild der deutschen Rechtsordnung entscheidend geformt[56].

Auf dem Gebiet des Konkursrechts liegt hierbei die besondere Konstellation vor, dass ein neues Gesetz und ein neues Gericht nahezu zeitgleich in den Lauf der Geschichte eintraten. Das Reichsgericht nahm seine Tätigkeit außerdem während einer wirtschaftlichen Krisenzeit auf. Für die Lösung der damit verbundenen Probleme musste das neue Gericht die neue Konkursordnung zu einer praktischen Anwendung bringen.

Die Rechtsfindung stellte an das Reichsgericht hohe Anforderungen[57]. Die fehlenden Erfahrungen mit der neu geschaffenen Konkursordnung, die allgemeine Rechtszersplitterung und die hohen Fallzahlen machten die Arbeit am Reichsgericht schwierig. Außerdem befand sich das Schrifttum zu dem neuen Gesetz noch im Aufbau. Das Gericht musste daher unabhängig von der wissenschaftlichen Diskussion eine weitgehend eigenständige Rechtsfindung für die Probleme der Praxis betreiben.

V. Stand der Forschung

Der formale Entstehungsprozess der Konkursordnung ist aufgrund mehrfacher wissenschaftlicher Untersuchung als gut erforscht zu betrachten[58]. Die sozialpolitischen Implikationen des Konkursrechts waren dagegen bislang kein Gegenstand der Forschung. Studien über eine soziale Aufgabe der Gesetzgebung auf dem Gebiet des Zivilrechts im 19. Jahrhundert konzentrierten sich bisher auf das BGB[59]. Ältere Arbeiten konstatierten hierbei eine fehlende sozialpoltische Motivation des BGB[60]. Neuere Untersuchungen haben demgegenüber eine Öffnung des BGB für eine soziale Aufgabe des Rechts nach-

56 Vgl. Buschmann, 100 Jahre Gründungstag des Reichsgerichts, in: NJW 32 (1979), S. 1966-1973.

57 Vgl. Zimmer, Artikel Reichsgericht, in: Erler/Kaufmann, Handwörterbuch zur deutschen Rechtsgeschichte, Band 4, Sp. 576-580.

58 Vgl. Meier, Die Geschichte des deutschen Konkursrechts; Bornhorst, Das bayerische Insolvenzrecht im 19. Jahrhundert und der Einfluß Bayerns auf die Reichskonkursordnung von 1877; Spann, Der Haftungszugriff auf den Schuldner zwischen Personal- und Vermögensvollstreckung; Vollmershausen, Vom Konkursprozess zum Marktbereinigungsverfahren.

59 Vgl. Wieacker, Privatrechtsgeschichte der Neuzeit; Wieacker, Das Sozialmodell der klassischen Privatrechtsgesetzbücher; Wieacker, Industriegesellschaft und Privatrechtsordnung; Repgen, Die soziale Aufgabe des Privatrechts; Hofer, Freiheit ohne Ende?, Privatrechtstheoretische Diskussionen im 19. Jahrhundert; Schulte-Nölke, Die schwere Geburt des Bürgerlichen Gesetzbuchs, in: NJW 49 (1996), S. 1705-1710.

60 Vgl. Wieacker, Privatrechtsgeschichte der Neuzeit; Wieacker, Das Sozialmodell der klassischen Privatrechtsgesetzbücher; Wieacker, Industriegesellschaft und Privatrechtsordnung.

gewiesen[61]. Für die Konkursordnung bleibt die Frage einer sozialen Aufgabe des Rechts noch zu klären.

Die Rechtsprechung des Reichsgerichts ist ebenfalls ein häufiger Gegenstand wissenschaftlicher Untersuchungen[62]. Zur Tätigkeit des Reichsgerichts auf dem Gebiet des Konkursrechts sind allerdings bislang keine grundlegenden Untersuchungen verfügbar.

Auch im Allgemeinen ist über die Rechtspraxis des 19. Jahrhunderts bisher wenig bekannt[63]. Die Rechtspraxis des 19. Jahrhunderts gilt in vielen Teilen noch als wenig erforscht[64]. Das Inkrafttreten des BGB zum 01.01.1900 hat vermutlich eine Fokussierung der Forschung auf das 20. Jahrhundert begünstigt[65]. In der Folge ist die Tätigkeit des Reichsgerichts für die Zeit des 20. Jahrhunderts vergleichsweise gut erforscht. Die ältere Judikatur des Reichsgerichts ist dagegen alsbald nach Inkrafttreten des BGB in Vergessenheit geraten[66].

VI. Methode der Untersuchung

Die Untersuchung konzentriert sich auf vier grundlegende Rechtsinstitute des Konkursrechts. Diese Rechtsinstitute sind die Anfechtung, die Aussonderung,

61 Vgl. Repgen, Die soziale Aufgabe des Privatrechts; Hofer, Freiheit ohne Ende?, Privatrechtstheoretische Diskussionen im 19. Jahrhundert; Schulte-Nölke, Die schwere Geburt des Bürgerlichen Gesetzbuchs, in: NJW 49 (1996), S. 1705-1710.

62 Vgl. Möller, Die Rechtsprechung des Reichsgerichts in Zivilsachen; Klausing, Die Rechtsprechung des Reichsgerichts in Zivilsachen, in: DJZ 34 (1929), Sp. 1260-1268; Düwel, Die Nichtigkeit und Anfechtbarkeit der Ehe in der Rechtsprechung des Reichsgerichts; Horn, Die Rechtsprechung des Reichsgerichts in Ehescheidungssachen; Pohlkamp, Die Entstehung des modernen Wucherrechts und die Wucherrechtsprechung des Reichsgerichts; Scholz, Analyse der Entstehungsbedingungen der reichsgerichtlichen Aufwertungsrechtsprechung.

63 Vgl. zu einer Untersuchung, die sich ausdrücklich mit der Rechtspraxis im 19. Jahrhundert beschäftigt: Repgen, Rechtsprechung und Wohnungsfrage im 19. Jahrhundert, Beispiele zum Recht der außerordentlichen Kündigung, in: Luminati/Falk/Schmoeckel, Mit den Augen der Rechtsgeschichte, Rechtsfälle - selbstkritisch kommentiert, S. 235-269.

64 Vgl. Mertens, Untersuchungen zur zivilrechtlichen Judikatur des Reichsgerichts vor dem Inkrafttreten des BGB, in: AcP 174 (1974), S. 333-380; Möller, Die Rechtsprechung des Reichsgerichts in Zivilsachen, S. 13 ff.

65 Vgl. Hedemann, Reichsgericht und Wirtschaftsrecht; Nörr, Der Richter zwischen Gesetz und Wirklichkeit, Die Reaktion des Reichsgericht auf die Krisen von Weltkrieg und Inflation; Müller-Erzbach, Reichsgericht und Interessenjurisprudenz, in: Schreiber, Die Reichsgerichtspraxis im deutschen Rechtsleben, Band 2, S. 161-177.

66 Mertens, Untersuchungen zur zivilrechtlichen Judikatur des Reichsgerichts vor dem Inkrafttreten des BGB, in: AcP 174 (1974), S. 333-380.

die Absonderung und die Vorrechte. Bei diesen Bereichen des Konkursrechts hat das Paradigma des Sozialen eine unmittelbare Bedeutung für die normative Konstruktion. Die Beschäftigung mit diesen Fragen ermöglicht einen fundierten Einblick in die Grundprinzipien der Konkursordnung.

Im ersten Teil der Untersuchung erfolgt anhand der ausgewählten Institutionen eine Beschäftigung mit der Bedeutung der sozialen Frage für die Kodifikation der Konkursordnung. Die Untersuchung will dabei insbesondere der Frage nachgehen, welche Auffassungen von einer sozialen Aufgabe des Konkursrechts am Ende des 19. Jahrhunderts in Gesetzgebung und Wissenschaft feststellbar sind.

Als Quelle für den normativen Zustand des Konkursrechts steht der Wortlaut der Konkursordnung von 1877 zur Verfügung[67]. Darüber hinaus ermöglichen die Motive einen Einblick in die rechtspolitischen Intentionen des Gesetzgebers. Die gesamten Materialien zu den Reichsjustizgesetzen haben Carl Hahn und Benno Mugdan in den Jahren 1881 bis 1898 auf Veranlassung des Kaiserlichen Reichs-Justizamts herausgegeben[68]. In diesem Rahmen erfolgte 1881 die Veröffentlichung der Motive zur Konkursordnung[69]. Außerdem ist für eine Rekonstruktion der wissenschaftlichen Diskussion dieser Zeit eine Auswertung des Schrifttums auf dem Gebiet des Konkursrechts notwendig. Daneben musste die ältere und jüngere Literatur einen Eingang in die Auswertung finden, sofern sie eine Relevanz für den Zweck dieser Untersuchung hatte.

Im zweiten Teil der Untersuchung geht es um eine Beschäftigung mit der Rechtsprechung des Reichsgerichts auf dem Gebiet des Konkursrechts. Die Grundlage hierfür bilden die zuvor eingeführten Institutionen des Konkursrechts. Die Analyse in diesem Teil will herausfinden, inwieweit die Rechtspraxis am Ende des 19. Jahrhunderts eine soziale Aufgabe im Konkursrecht gesehen hat.

Als Quelle für die Praxis der Rechtsprechung ist hauptsächlich die amtliche Sammlung des Reichsgerichts (RGZ) wichtig[70]. Alle Entscheidungen von wesentlicher Bedeutung sind in der Sammlung enthalten[71]. Für den Zweck dieser Arbeit erfolgte eine systematische Auswertung für den Bereich der Entschei-

---

67 RGBl. 1877, Nr. 10, S. 351-389.

68 Hahn/Mugdan, Materialien zu den Reichsjustizgesetzen.

69 Hahn/Mugdan, Materialien zu den Reichsjustizgesetzen, Band 4: Konkursordnung, zitiert: Motive IV.

70 Vgl. zur Quellenkunde: Mohnhaupt, Deutsches Reich (1871-1945), in: Ranieri, Gedruckte Quellen der Rechtsprechung in Europa (1800-1945), Band 3.1, S. 201-278.

71 Ostler, Wiederauferstehung des toten Reichsgerichts?, in: NJW 48 (1995), S. 23-26; Hedemann, Reichsgericht und Wirtschaftsrecht, Vorwort, S. III f.

dungen auf dem Gebiet des Konkursrechts. Darüber hinaus gibt es Fachzeitschriften, die regelmäßig ausgewählte Entscheidungen des Gerichts veröffentlicht haben. Für den Zweck dieser Untersuchung war deswegen eine systematische Auswertung der Fachzeitschriften erforderlich.

Daneben gibt es als Quelle für die Rechtsprechung verschiedener Gerichte Sammlungen, in denen die Herausgeber ausgewählte Entscheidungen veröffentlichen. Für die Judikatur des Reichsgerichts sind in dieser Hinsicht die Werke von Werner Schubert zu erwähnen[72]. Für den Zweck dieser Untersuchung sind die genannten Zusammenstellungen allerdings nicht einschlägig. Die Sammlungen enthalten keine Entscheidungen auf dem Gebiet des Konkursrechts.

72 Schubert, Sammlung sämtlicher Erkenntnisse des Reichsgerichts; Schubert, Nachschlagewerk des Reichsgerichts.

Kapitel 2: Soziale Frage und Kodifikation

I. Einführung

Dieser Teil der Untersuchung beschäftigt sich mit der Bedeutung der sozialen Frage für die Kodifikation der Konkursordnung. Für die Institute der Anfechtung, der Aussonderung, der Absonderung und der Vorrechte erfolgt eine Analyse der spezifischen Regelungsprobleme. Im Anschluss daran konzentriert sich die Darstellung auf die sozialpolitische Aufgabe des Konkursrechts in der Auffassung der Gesetzgebung und der Wissenschaft am Ende des 19. Jahrhunderts.

II. Anfechtung

1. Regelungsproblem

Nach § 5 KO verlor der Schuldner mit der Eröffnung des Konkursverfahrens die Verfügungsbefugnis über sein Vermögen. Der Konkurs sollte das gesamte Vermögen des Schuldners erfassen[73]. Mit dem Entzug der Verfügungsbefugnis wollte der Gesetzgeber den Konkursanspruch der Gläubiger absichern. In den Motiven drückte er dieses Ziel wie folgt aus:

> „In allen modernen Gesetzgebungen ist der Satz mit voller Schärfe ausgesprochen. So lange das Konkursverfahren dauert, kann der Gemeinschuldner seine Eigenthumsrechte an der Konkursmasse nicht ausüben. Die Ausübung derselben erfolgt an seiner Stelle durch den Konkursverwalter, vermöge des Gesetzes und unabhängig vom Willen des Gemeinschuldners.“[74]

Verfügungen in der Zeit vor der Eröffnung blieben dagegen grundsätzlich wirksam[75]. Hierin konnte eine Gefahr für das Ziel des Konkurses liegen[76]. Kurz vor der Eröffnung des Konkursverfahrens könnten der Schuldner oder die Gläubiger möglicherweise unredliche Transaktionen durchführen. Für den Schuldner bestand eine Versuchung, einzelne Vermögenswerte kurz vor dem Zusammenbruch bei Seite zu schaffen oder einzelnen Gläubigern unter Benachteiligung der übrigen Gläubiger zukommen zu lassen. Für die Gläubiger könnte eine Motivation dafür vorliegen, noch kurz vor dem Zusammenbruch auf das Vermögen des Schuldners zuzugreifen, um die Erfüllung ihrer ausste-

73 Motive IV, S. 44 ff.

74 Motive IV, S. 60.

75 Motive IV, S. 108 ff.

76 Vgl. Mentzel, Konkursordnung, § 29, Anm. 1, S. 173 f.; Aufseß, Konkursrecht und Konkursverfahren, § 16, S. 36 ff.

henden Forderungen zu sichern. Durch dieses Vorgehen hätte der betreffende Gläubiger möglicherweise einen unberechtigten Sondervorteil.

Für die Rechtshandlungen vor der Eröffnung des Konkursverfahrens gab es aus diesen Gründen die Notwendigkeit für eine spezielle normative Ordnung[77]. Das rechtspolitische Ziel des Konkursverfahrens erkannte man in der gleichmäßigen und anteilsmäßigen Erfüllung sämtlicher Forderungen[78]. Ein einseitiges Vorgehen, sei es durch den Schuldner oder durch einzelne Gläubiger, wäre ein Widerspruch zu den normativen Intentionen in diesem Bereich. Aus Gründen der Billigkeit wollte man eine nicht gerechtfertigte Verkürzung der Konkursmasse verhindern[79]. Für eine wichtige Funktion der Rechtsordnung erklärte man die Aufgabe, die Gläubiger in der kritischen Phase vor dem wirtschaftlichen Zusammenbruch nicht schutzlos zu lassen[80].

Dieser Auffassung war schließlich auch der Gesetzgeber. In den vorbenannten Verhaltensweisen in der kritischen Zeit erkannte er eine Schädigung der Interessen der Gesamtheit der Gläubiger und damit zugleich einen Schaden für den allgemeinen Kredit[81]. Der Schutz der Gläubiger müsste daher auch schon in der Zeit vor der Eröffnung des Verfahrens gewährleistet sein[82]. Für die Lösung des Problems hat die Gesetzgebung das Institut der Konkursanfechtung bestimmt. In den Motiven hieß es dazu:

> „Daß Schuldner in ihrer Noth beträchtliche Werthe verschleudern, um den drohenden Konkurs abzuwenden, daß bedrängte Schuldner ihr Vermögen unter ihre Gläubiger vertheilen, nicht nach Recht und Billigkeit, sondern nach Zufall und eigener Willkür, daß Schuldner, leicht zugänglich und in Erwartung von Gegendiensten, die letzten Augenblicke ihrer Verfügungsfreiheit dazu benutzen, einzelne Gläubiger vor anderen zu begünstigen, daß böswillige Schuldner oft schon von langer Hand Vermögensstücke bei Seite schaffen, um dann in Konkurs zu gehen, oder daß sonst die Gläubiger, wenn es endlich zum Konkurs kommt, ein

77 Vgl. zum Schutzzweck: Seuffert, Deutsches Konkursprozessrecht, § 34, S. 197 ff.

78 Kohler, Lehrbuch des Konkursrechts, § 1, S. 1 ff.; Ogris, Artikel Konkurs, in: Erler/ Kaufmann, Handwörterbuch der deutschen Rechtsgeschichte, Band 2, Sp. 1083-1085; Jaeger, Lehrbuch des Deutschen Konkursrechts, § 1, S. 1 ff.; Völderndorff, Konkursordnung für das Deutsche Reich, Einleitung, § 1, S. 3 ff.; Aufseß, Konkursrecht und Konkursverfahren, § 1, S. 1 f.; Kleinfeller, Lehrbuch des deutschen Konkursrecht, § 1, S. 1 ff.; Fitting, Das Reichs-Konkursrecht und Konkursverfahren, § 4, S. 13 ff.

79 Vgl. Meyer, Die Konkursordnung für das Deutsche Reich, § 29, Nr. 1, S. 124 f.; Wilmowski, Deutsche Reichs-Konkursordnung, Anfechtung, Einleitung, S. 128 ff.; Seuffert, Deutsches Konkursprozessrecht, § 34, S. 197 ff.

80 Vgl. Wengler, Die Konkursordnung für das Deutsche Reich, § 22, S. 175 ff.; Fuchs, Der deutsche Concursproceß, § 8, S. 43 ff.

81 Motive IV, S. 108 ff.

82 Motive IV, S. 108 ff.

leeres Nachsehen finden, ist eine zu häufige Erscheinung des Lebens, als daß die Gesetzgebung sich dazu schweigend verhalten dürfte."[83]

Das gegenläufige Prinzip, welches im Rahmen eines billigen Interessenausgleichs bedeutsam ist, erkannte man in dem Prinzip der Rechtssicherheit[84]. Rechtsgeschäfte, die im Vorfeld des Zusammenbruchs erfolgten, waren trotz allem grundsätzlich zunächst voll wirksam, sofern nicht ein außerhalb des Konkurses liegender Nichtigkeitsgrund ausnahmsweise ein anderes Ergebnis erforderlich machte. Im Rechtsleben galt danach der Grundsatz, dass einmal erworbene Rechte wider den Willen des Berechtigten nicht mehr ohne Weiteres der Einziehung unterlagen. Die Anfechtung war in dieser Hinsicht eine Ausnahme im Interesse der Rechtssicherheit. Der Gesetzgeber begründete das Bedürfnis für den Schutz des Verkehrs in den Motiven wie folgt:

> „Wenn aber auf der einen Seite es geboten ist, zum Schutz der Gläubiger betrüglichen und willkürlichen Handlungen ihres Schuldners rechtliche Wirkung zu versagen, so steht dem auf der anderen Seite die Nothwendigkeit gegenüber, die Rechtssicherheit des Verkehrs und den allgemeinen Kredit zu schützen, und diese gebieten, daß die Handlungen eines nicht, wenigstens nicht erkennbar, in seiner Verfügung Beschränkten aufrecht erhalten bleiben."[85]

Das normative Problem der Konkursanfechtung lag in der gerechten Lösung der gegenläufigen Prinzipien[86]. In der Situation der Anfechtung treffen die Interessen des Schuldners, der Gläubiger und des Anfechtungsgegners aufeinander[87]. Diese Frage galt als eine der schwierigsten Aufgaben bei der Gestaltung des Konkursrechts[88]. Der Gesetzgeber hat schließlich drei Tatbestände der Anfechtung im Konkurs normiert[89]. Neben dem Grundfall der Konkursanfechtung (§ 23 KO) gibt es als Sonderfälle die Absichtsanfechtung (§ 24 KO) und die Schenkungsanfechtung (§ 25 KO)[90].

83 Motive IV, S. 108 f.

84 Motive IV, S. 108 ff.

85 Motive IV, S. 109.

86 Motive IV, S. 109 ff.

87 Vgl. zur Interessenlage: Kohler, Lehrbuch des Konkursrechts, § 1, S. 1 ff., § 37, S. 192 ff.

88 Vgl. Wengler, Die Konkursordnung für das Deutsche Reich, § 22, S. 175 ff.; Jaeger, Konkursordnung, Band 1, 5. Aufl., § 29, Anm. 1, S. 427; Jaeger, Lehrbuch des Deutschen Konkursrechts, § 20, S. 135 ff.

89 Vgl. allgemein zur Anfechtung: Bruski, Die Voraussetzungen der Konkursanfechtung; Baumann, Konkurs und Vergleich, § 11, S. 127 ff.; Eichenberger, Die besondere Konkursanfechtung; Warneyer, Konkursordnung, § 29, S. 88 ff.

90 Vgl. zur Intention des Gesetzgebers: Motive IV, S. 108 ff.

2. Lösungsmodell des Gesetzgebers

a) Die Konkursanfechtung (§ 23 KO)

(1) Zahlungseinstellung oder Konkursantrag (§ 23 Nr. 1 KO)

„§ 23

Anfechtbar sind:

1. die nach der Zahlungseinstellung oder dem Antrage auf Eröffnung des Verfahrens von dem Gemeinschuldner eingegangenen Rechtsgeschäfte, durch deren Eingehung die Konkursgläubiger benachtheiligt werden, wenn dem anderen Theile zu der Zeit, als er das Geschäft einging, die Zahlungseinstellung oder der Eröffnungsantrag bekannt war; sowie die nach der Zahlungseinstellung oder dem Eröffnungsantrage erfolgten Rechtshandlungen, welche einem Konkursgläubiger Sicherung oder Befriedigung gewähren, wenn dem Gläubiger zu der Zeit, als die Handlung erfolgte, die Zahlungseinstellung oder der Eröffnungsantrag bekannt war;

2. […].“[91]

Nach § 23 Nr. 1 Hs. 1 KO waren alle Rechtshandlungen anfechtbar, die nach der Zahlungseinstellung oder nach dem Antrag auf Eröffnung des Konkursverfahrens erfolgen, wenn durch deren Eingehung eine Benachteiligung der Gläubiger entsteht und dem Anfechtungsgegner die Zahlungseinstellung oder der Eröffnungsantrag bekannt war.

Nach § 23 Nr. 1 Hs. 2 KO waren weiterhin Rechtshandlungen anfechtbar, die nach Zahlungseinstellung oder nach dem Antrag auf Eröffnung des Konkursverfahrens erfolgen, wenn diese einem Gläubiger eine Sicherung oder Befriedigung gewähren und dem Gläubiger die Zahlungseinstellung oder der Eröffnungsantrag bekannt war.

Die Anfechtung nach § 23 Nr. 1 KO kann man als die weitaus wichtigste Anfechtungsart bezeichnen[92]. Den Zweck dieses Rechtsinstituts kann man mit einem möglichst weitreichenden Schutz für die Interessen der Gläubiger beschreiben[93]. Der Grundgedanke war, dass bereits mit der Zahlungseinstellung oder mit dem Eröffnungsantrag ein sogenannter materieller Konkurs vorliegt[94]. Rechtshandlungen in dieser Zeit galten allgemein als verdächtig, der Verschleuderung von Massegegenständen zu dienen[95]. Der Gesetzgeber formulierte das Ziel der Anfechtung in den Motiven wie folgt:

---

91 RGBl. 1877, Nr. 10, S. 355 f.

92 Jaeger/Lent, Konkursordnung, Band 1, 8. Aufl., § 30, Einleitung, S. 440 f.

93 Vgl. Schultze, Das deutsche Konkursrecht in seinen juristischen Grundlagen, S. 22 ff.

94 Vgl. Wagner, Insolvenzrecht, S. 219 ff.

95 Vgl. Baur/Stürner, Insolvenzrecht, § 19, S. 250 ff.; Kuhn/Uhlenbruck, Konkursordnung, § 30, Rn. 18, S. 554 f.

„Es gilt, dem Befriedigungsverfahren die Grundlage, die Befriedigungsmasse, zu sichern, unrechtmäßig entzogene Vermögensstücke derselben wieder zuzuführen.“[96]

In dieser Ausgestaltung half das Recht der Anfechtung besonders den Gläubigern in ihrem Interesse am Erhalt der Masse. Der Begriff der Rechtshandlung zeigt, dass der Gesetzgeber eine umfassende Anzahl von Lebensvorgängen einbeziehen wollte[97]. Als Rechtshandlung erfasste man jede Übertragung, Abtretung, Belastung, Veränderung oder Aufhebung einer Rechtsposition[98]. Auch Rechtshandlungen, die ein einzelner Gläubiger im Wege der Zwangsvollstreckung erwirkt hatte, hielt man grundsätzlich für eingeschlossen[99]. Außerdem ließen sich hierunter sowohl positives Handeln als auch Stillschweigen oder Unterlassen verstehen[100].

Allerdings war eine uferlose Ausweitung des Tatbestands in zeitlicher Hinsicht dadurch ausgeschlossen, dass die Anfechtbarkeit erst ab der Zahlungseinstellung oder dem Antrag auf Eröffnung des Konkursverfahrens bestand. Die Anknüpfung an ein äußerlich deutlich wahrnehmbares Ereignis diente der Sicherung des Verkehrs[101]. Außerdem waren im Interesse des Verkehrs sämtliche anfechtbaren Rechtshandlungen zunächst einmal ohne Einschränkung wirksam[102]. Die erfolgreiche Anfechtung setzte nämlich immer voraus, dass der Konkursverwalter sie im Interesse der Gemeinschaft der Gläubiger überhaupt geltend machte[103]. Rechtsgeschäfte in der kritischen Zeit waren also nicht generell verboten, aber sie unterlagen der Anfechtung im Interesse der Masse[104]. Für den Anfechtungsgegner bedeutete diese Konstruktion eine vergleichsweise ungünstige Rechtsposition, weil sein Rechtserwerb stets mit dem Risiko der Anfechtbarkeit belastet war.

Freilich kommt der so formulierte Tatbestand nicht ohne eine negative Unterstellung aus, nämlich dass alle Rechtshandlungen in der kritischen Zeit eine Benachteiligung der Masse intendieren. Andererseits war die Gegenseite der

---

96 Motive IV, S. 109.

97 Vgl. zum Begriff der Rechtshandlung: Warneyer, Konkursordnung, § 29, Nr. I, S. 88 ff.

98 Vgl. Jaeger, Lehrbuch des Deutschen Konkursrechts, § 21, S. 137 ff.

99 Vgl. Endemann, Das deutsche Konkursverfahren, § 41, S. 231 ff.; Kleinfeller, Lehrbuch des deutschen Konkursrecht, § 19, S. 61 ff.; Motive IV, S. 148.

100 Wilmowski, Deutsche Reichs-Konkursordnung, § 29, Nr. 1, S. 132 f.; Endemann, Das deutsche Konkursverfahren, § 41, S. 231 ff.

101 Vgl. zum Problem der Zahlungseinstellung: Jaeger, Konkursordnung, Band 1, 5. Aufl., § 30, Anm. 1, S. 488 f.; Warneyer, Konkursordnung, § 30, Nr. II, S. 101 ff.

102 Vgl. Motive IV, S. 122 ff.

103 Vgl. zur relativen Unwirksamkeit: Jaeger, Konkursordnung, Band 1, 5. Aufl., § 29, Anm. 22, S. 444 f.

104 Vgl. Wilmowski, Deutsche Reichs-Konkursordnung, § 30, Nr. 1, S. 143.

Anfechtung durch die Tatsache geschützt, dass der Tatbestand die Bösgläubigkeit voraussetzte[105]. Der Beweis der Bösgläubigkeit oblag demjenigen, der die Anfechtung geltend machen wollte. Im Falle der nachgewiesenen Bösgläubigkeit hielt der Gesetzgeber den Gegner der Anfechtung nicht für schutzwürdig[106]. Dazu hieß es in den Motiven:

> „Der Kontrahent des Gemeinschuldners, welcher dessen Lage für sich ausbeutet, begeht eine Unredlichkeit gegen die Gläubiger; [...].“[107]

Der Gesetzgeber suchte also einen Ausgleich der widerstreitenden Interessen zwischen der Gemeinschaft der Gläubiger einerseits und dem Anfechtungsgegner andererseits durch die Kombination aus einem objektiven und einem subjektiven Moment[108]. Objektiv war eine Benachteiligung innerhalb der kritischen Zeit erforderlich. Subjektiv machte man die Bösgläubigkeit des Anfechtungsgegners zu einer Bedingung. Ein Grundproblem im Recht der Anfechtung lag aufgrund dieser Konstruktion in der schwierigen Beweisführung in Bezug auf die subjektiven Voraussetzungen[109]. Die Schwierigkeit der Beweisführung begrenzte das Recht der Anfechtung in der praktischen Durchsetzbarkeit.

Den Schuldner hielt der Gesetzgeber im Rahmen der Anfechtung nicht für schutzwürdig. Der Gesetzgeber beschwerte den Schuldner in der kritischen Phase des wirtschaftlichen Zusammenbruchs mit einer Verantwortung für die Interessen der Gläubiger. Das zeigt folgender Auszug aus den Motiven:

> „Von dem Augenblick an, wo der Rechtsanspruch seiner Gläubiger besteht, darf der Schuldner nicht mehr frei schalten und walten, er muß sich so zu sagen als Verwalter seines Gutes betrachten. So will es die Konsequenz des Rechts, und so verlangt es das Bedürfniß.“[110]

Nach der Vorstellung des Gesetzgebers stand dem Schuldner sein Vermögen in der Situation des Konkurses ohnehin wirtschaftlich nicht mehr zu[111]. Das Vermögen des Schuldners sollte ausschließlich für die Erfüllung der noch ausstehenden Forderungen verwendet werden. Der Interessengegensatz konzentrierte sich folglich auf das Rechtsverhältnis zwischen der Gesamtheit der Gläubiger und dem jeweiligen Anfechtungsgegner.

Der konkrete Tatbestand stellte nur auf eine objektive Benachteiligung ab und verzichtete damit auf eine besondere unredliche Absicht auf der Seite des

105 Vgl. Kohler, Lehrbuch des Konkursrechts, § 41, S. 231 ff.; Motive IV, S. 127 ff.
106 Vgl. Motive IV, S. 127 ff.
107 Motive IV, S. 127.
108 Vgl. Kohler, Lehrbuch des Konkursrechts, § 41, S. 231 ff.
109 Vgl. zum subjektiven Element: Kohler, Lehrbuch des Konkursrechts, § 37, S. 192 ff.
110 Motive IV, S. 115.
111 Vgl. zum Konkursanspruch der Gläubiger: Motive IV, S. 44 ff.

Schuldners sowie auf der Seite des Anfechtungsgegners [112]. Offenbar hielt der Gesetzgeber einen Verzicht auf weitergehende subjektive Voraussetzungen für zweckmäßig. Allein das Vorliegen einer objektiven Benachteiligung sowie die Kenntnis hiervon hielt er für erforderlich, um das Recht zur Anfechtung zu begründen. In den Motiven begründete er dieses Vorgehen wie folgt:

> „Alle diese Rechtsgeschäfte, diese Zahlungen und Sicherstellungen enthalten keinen Betrug, aber sie verletzen nicht bloß juristisch jenen Rechtsanspruch aller Gläubiger, sie gefährden auch, indem sie einen Kampf Aller gegen Aller verursachen und indem hierbei der Wohnort, die nahen Beziehungen, der Charakter der Einzelnen u.s.w. eine ungleiche Rolle spielen, den allgemeinen Kredit."[113]

Das Recht der Anfechtung sollte danach eine Funktion haben, die über den Schutz der Gläubiger hinausgeht. Mit dem Institut der Anfechtung wollte der Gesetzgeber auch den allgemeinen Kredit sichern. Hierin sollte gleichsam eine friedensstiftende Aufgabe des Konkursrechts liegen. Die Schutzrichtung war dabei auf das kollektive Wohl im Interesse der gesamten Wirtschaft gerichtet.

(2) Begünstigung einzelner Gläubiger (§ 23 Nr. 2 KO)

> „§ 23
>
> Anfechtbar sind:
>
> 1. [...];
>
> 2. die nach der Zahlungseinstellung oder dem Antrage auf Eröffnung des Verfahrens oder in den letzten zehn Tagen vor der Zahlungseinstellung oder dem Eröffnungsantrage erfolgten Rechtshandlungen, welche einem Konkursgläubiger eine Sicherung oder Befriedigung gewähren, die er nicht oder nicht in der Art oder nicht zu der Zeit zu beanspruchen hatte, sofern er nicht beweist, daß ihm zur Zeit der Handlung weder die Zahlungseinstellung und der Eröffnungsantrag, noch eine Absicht des Gemeinschuldners, ihn vor den übrigen Gläubigern zu begünstigen, bekannt war."[114]

Nach § 23 Nr. 2 Hs. 1 KO waren alle Rechtshandlungen anfechtbar, die nach der Zahlungseinstellung oder nach dem Antrag auf Eröffnung des Konkursverfahrens oder in den letzten zehn Tagen vor der Zahlungseinstellung oder dem Eröffnungsantrag erfolgten, wenn sie einem Konkursgläubiger eine Sicherung oder Erfüllung gewährten, die er nicht oder nicht in dieser Art oder nicht zu dieser Zeit beanspruchen durfte.

---

112 Vgl. zum Tatbestand: Warneyer, Konkursordnung, § 30, S. 99 ff.

113 Motive IV, S. 115.

114 RGBl. 1877, Nr. 10, S. 356.

Nach § 23 Nr. 2 Hs. 2 KO war die Anfechtung ausgeschlossen, wenn der Anfechtungsgegner beweisen konnte, dass ihm zur Zeit der Handlung weder die Zahlungseinstellung oder der Eröffnungsantrag noch eine Begünstigungsabsicht des Schuldners bekannt war.

Diese Variante der Anfechtung betraf die Rechtsstellung eines einzelnen Gläubigers im Verhältnis zu der Gemeinschaft der Gläubiger. Ausgangspunkt war die Befürchtung einer Gefahr für die Masse durch einzelne Gläubiger, die kurz vor dem wirtschaftlichen Zusammenbruch eine nicht legitime Sicherung oder Erfüllung zu erlangen versuchen könnten[115]. Gleichzeitig könnte auch der Schuldner motiviert oder genötigt sein, einem einzelnen Gläubiger kurz vor dem Zusammenbruch eine Leistung zu verschaffen, welche derselbe nicht zu fordern berechtigt war. Der Erwerb einer solchen inkongruenten Deckung erscheint in Zeiten der Krise besonders verdächtigt[116].

Der Gesetzgeber teilte diese Bedenken und fand daher ein Bedürfnis für einen besonderen Schutz zur Vermeidung ungerechtfertigter Begünstigungen einzelner Gläubiger. In den Motiven drückte er dieses Ziel wie folgt aus:

> „Die tägliche Erfahrung lehrt, daß es gerade diese Handlungen sind, welche den Gegenstand der häufigsten und heftigsten Klagen bilden, und daß sie zumeist in Formen eingekleidet werden, welche es schwierig machen, mit den gewöhnlichen Rechtsmitteln auszukommen. Durch verschärfte Vorschriften einen erhöhten Schutz gegen sie zu gewähren, ist nothwendig. Es darf dem Schuldner nicht gelingen, am Vorabend seines Bankerutts willkürlich und ohne rechtliche Nothwendigkeit zu Gunsten eines seiner Gläubiger zu disponiren und den übrigen nur die leere Schaale zu lassen.“[117]

Die Anfechtung ist aus diesen Gründen in zweifacher Hinsicht erleichtert[118]. Die erste Erleichterung bestand in der zeitlichen Ausdehnung der Anfechtungsmöglichkeit[119]. Der Gesetzgeber hat eine Frist von zehn Tagen vor der Zahlungseinstellung oder vor dem Antrag auf Eröffnung des Konkursverfahrens vorgesehen. Die Frist war mehr oder weniger willkürlich gewählt[120]. Sie war ein Kompromiss zwischen den beiden gegenläufigen Prinzipien, die typischerweise das Recht der Anfechtung im Konkurs dominieren. Auf der einen Seite wollte man die Masse erhalten, auf der anderen Seite wollte man dane-

---

115 Vgl. Petersen/Kleinfeller, Konkursordnung für das Deutsche Reich, § 23, S. 110 ff.

116 Vgl. Jaeger/Lent, Konkursordnung, Band 1, 8. Aufl., § 30, Anm. 48, S. 472; vgl. zum Begriff der inkongruenten Deckung: Sydow, Konkursordnung, § 30, Nr. 14, S. 158 ff.

117 Motive IV, S. 131.

118 Vgl. Jaeger/Lent, Konkursordnung, Band 1, 8. Aufl., § 30, Anm. 48, S. 472; Jaeger, Lehrbuch des Deutschen Konkursrechts, § 22, S. 141 ff.

119 Vgl. zur Rückdatierung: Kohler, Lehrbuch des Konkursrechts, § 41, S. 231 ff.

120 Vgl. allgemein zur Fristproblematik: Jaeger/Lent, Konkursordnung, Band 1, 8. Aufl., Einleitung, S. LV ff.

ben die Sicherheit des Verkehrs bewahren. Dem Schutz des Verkehrs diente eine strenge und objektiv eindeutig bestimmbare Frist von zehn Tagen. Außerhalb dieser Frist bestanden im Interesse der Masse keinerlei Möglichkeiten der Anfechtung.

Die zweite Erleichterung der Anfechtung lag in dem Verzicht auf ein subjektives Tatbestandsmerkmal. Der Gesetzgeber unterstellte für den relevanten Zeitraum ein vorwerfbares subjektives Moment. Innerhalb der Frist erschienen die betreffenden Rechtshandlungen allgemein als unredlich und unterlagen daher der Anfechtung. Dazu hieß es in den Motiven:

> „Wenn der Gläubiger kurz vor oder nach dem Ausbruch der Zahlungsunfähigkeit eine Sicherstellung oder eine Befriedigung erlangt, auf welche er keinen Anspruch zu erheben hatte, so wird man zu der Vermuthung gedrängt, daß der Gläubiger die Lage des Schuldners, die stattgefundene Zahlungseinstellung oder die Einbringung des Konkursantrages gekannt, oder daß er gewußt habe, daß der Schuldner ihn vor Thores Schluß habe begünstigen wollen; wenigstens wird man von ihm verlangen dürfen, daß er sich nach den bestehenden Verhältnissen erkundige."[121]

Allerdings wollte der Gesetzgeber die Rechte des redlichen Anfechtungsgegners nicht vollkommen ohne Beachtung lassen. Der Anfechtungsgegner sollte hierfür die Möglichkeit des Entlastungsbeweises haben[122]. Zur Begründung dieser Vorgehensweise findet sich in den Motiven der folgende Auszug:

> „Mit der Zulassung des Gegenbeweises einer bona fides schwinden die Bedenken, die gegen die Anfechtbarkeit irgend eines der vorstehend gedachten Fälle erhoben werden könnten. Es fällt überhaupt jeder Grund hinweg, die Anfechtbarkeit auf einzelne Kategorieen von Rechtsgeschäften zu beschränken. Man gewinnt die Möglichkeit, ein allgemeines Prinzip hinzustellen, die Erfordernisse zu bezeichnen, an welche das Gesetz die erleichterte Anfechtung knüpft, und es der richterlichen Beurtheilung des einzelnen Falles zu überlassen, ob diese Erfordernisse vorliegen."[123]

Der Gegenbeweis sollte also ein Korrektiv für das weitreichende Anfechtungsrecht sein[124]. Der Redliche hatte dadurch eine Möglichkeit, die Anfechtung abzuwehren. Wie schon bei § 23 Nr. 1 KO wollte man den Gutgläubigen aus Gründen der Billigkeit und aus Gründen des Verkehrsschutzes schützen. Ein Gläubiger, der lediglich ein ihm bereits zustehendes Recht in Anspruch nimmt, sollte folglich keiner Rechtsverletzung schuldig sein[125]. Anders

121 Motive IV, S. 134.

122 Vgl. Jaeger, Lehrbuch des Deutschen Konkursrechts, § 22, S. 141 ff.

123 Motive IV, S. 135.

124 Vgl. zur Problematik des Beweises: Sydow, Konkursordnung, § 30, Nr. 15, S. 161 f.

125 Vgl. Motive IV, S. 127 ff.

betrachtet sollte der wachsame Gläubiger, der gutgläubig seine Rechte wahrnimmt, den Lohn seiner Sorgfalt nicht verlieren[126].

Wenn aber der begünstigte Gläubiger Kenntnis von den Umständen hatte, die den materiellen Konkurs begründen, so galt er bedenkenlos als weniger schutzwürdig. In dieser Lage sollte ihm jedenfalls wenigstens eine Erkundigungspflicht obliegen[127]. Anders als bei § 23 Nr. 1 KO musste bei § 23 Nr. 2 KO nun aber der Gutgläubige seinen guten Glauben nachweisen. Gelang ihm dieser Nachweis nicht, verlor er den Anfechtungsprozess. Das Beweisrisiko ging somit stets zu seinen Lasten.

In praktischer Hinsicht dürfte in dieser Hinsicht problematisch gewesen sein, dass subjektive innere Tatsachen regelmäßig schwer nachweisbar sind. Der Anfechtungsgegner wird den Entlastungsbeweis nur schwerlich mit Erfolg führen können. Mit der Beweislastverteilung zulasten des Anfechtungsgegners intendierte das Gesetz eine Bevorzugung der Masseerhaltung im Wege der erleichterten Anfechtung. Die Anfechtung war nicht nur tatbestandlich erleichtert, sondern auch durch die günstigere Beweislastverteilung zugunsten des Konkursverwalters privilegiert.

Darüber hinaus erfuhr bei § 23 Nr. 2 KO der Schutz der Gläubigergemeinschaft (wie auch schon bei § 23 Nr. 1 KO) eine besonders starke Ausprägung dadurch, dass der Kreis der anfechtbaren Vorgänge weit gefasst war[128]. Voraussetzung war lediglich eine irgendwie geartete Besserstellung eines Gläubigers, die dieser nicht zu beanspruchen hatte. Auch das Vorgehen eines Gläubigers im Wege der Zwangsvollstreckung oder des Arrests konnte wiederum grundsätzlich hierunter fallen. Entscheidend war nur, dass eine sogenannte inkongruente Deckung vorlag[129]. Das war der Fall, wenn der begünstigte Gläubiger die Leistung rechtlich nicht verlangen durfte, wenn also ein Anspruch auf die betreffende Leistung weder durch Gesetz noch durch Richterspruch bestand[130].

Unter normalen Bedingungen außerhalb des Konkurses bliebe es eigentlich dem Schuldner unbenommen, beliebige Leistungen an einzelne Gläubiger vorzunehmen, zu denen er nicht in dieser Form nicht verpflichtet ist. Die Parteien könnten im Rahmen der Privatautonomie gleichsam beliebige Änderung ihrer rechtlichen Beziehungen beschließen. Unter der Bedingung des materiellen Konkurses waren solche Vorgehensweisen allerdings anfechtbar. In den praktischen Auswirkungen beschränkte diese Regelung gewissermaßen

126 Vgl. Motive IV, S. 127 ff.

127 Vgl. Motive IV, S. 131 ff.

128 Vgl. zur Definition der anfechtbaren Vorgänge: Warneyer, Konkursordnung, § 30, S. 99 ff.

129 Vgl. Sydow, Konkursordnung, § 30, Nr. 14, S. 158 ff.

130 Vgl. Sydow, Konkursordnung, § 30, Nr. 14, S. 158 ff.

die Privatautonomie im Interesse der Gläubiger als Gesamtheit. Das Prinzip der Gemeinschaft der Gläubiger erhielt hierdurch eine strukturelle Bevorzugung.

b) Die Absichtsanfechtung (§ 24 KO)

(1) Rechtshandlungen mit Dritten (§ 24 Nr. 1 KO)

> „§ 24
>
> Anfechtbar sind:
>
> 1. Rechtshandlungen, welche der Gemeinschuldner in der dem anderen Theile bekannten Absicht, seine Gläubiger zu benachtheiligen, vorgenommen hat;
>
> 2. […]."[131]

Nach § 24 Nr. 1 KO waren alle Rechtshandlungen anfechtbar, welche der Schuldner in der dem anderen Teil bekannten Absicht, die Gläubiger zu benachteiligen, vorgenommen hat.

Nach Ernst Jaeger war die Absichtsanfechtung in der geschichtlichen Entwicklung der Ursprung des Anfechtungsrechts im Konkurs[132]. Die Erfahrung lehrt danach, dass es eine Versuchung des Schuldners geben kann, einzelne Gläubiger vorsätzlich zu begünstigen. Die Gründe könnten in einer besonderen persönlichen oder geschäftlichen Beziehung gefunden werden. Die Begünstigung eines einzelnen Gläubigers könnte ein Widerspruch zu dem Prinzip der gleichmäßigen und anteilsmäßigen Erfüllung der Forderungen sein. Der Gesetzgeber hat diese Gefahr ebenfalls gesehen und für die Lösung des Problems die Absichtsanfechtung normiert. Die Notwendigkeit der Absichtsanfechtung beschrieb er in den Motiven wie folgt:

> „[...] wie andererseits bei augenblicklich noch vorhandener Suffizienz ein Spekulant arglistig verfahren und, seine dereinstige Zahlungseinstellung voraussehend oder gar vorbereiten, werthvolle Stücke für sich und seine Familie vor den Angriffen der Gläubiger ins Sichere zu bringen beabsichtigen kann."[133]

Mit der Absichtsanfechtung wollte der Gesetzgeber die Gläubiger gegen die Gefahren, die von unredlichen Schuldnern ausgehen können, schützen. Die tatbestandlichen Voraussetzungen waren in dieser Intention absichtlich gering gehalten[134]. Der Gesetzgeber setzte den Unwert des geschilderten Verhaltens mit einer betrügerischen Handlung gleich und erklärte sie ohne weitere objek-

---

131 RGBl. 1877, Nr. 10, S. 356.

132 Vgl. Jaeger, Lehrbuch des Deutschen Konkursrechts, § 22, S. 141 ff.

133 Motive IV, S. 138.

134 Vgl. zum Tatbestand: Warneyer, Konkursordnung, § 31, S. 133 ff.

tive Bedingungen für anfechtbar[135]. In seiner konkreten Ausgestaltung setzte der Tatbestand des § 24 Nr. 1 KO lediglich eine schädigende Absicht des Schuldners voraus[136]. Die Absicht des Schuldners musste darauf gerichtet sein, die Gläubiger durch die Entziehung von Vermögensgegenständen, die für die Masse bestimmt waren, zu schädigen[137].

Die einzige praktische Einschränkung lag darin, dass dem Anfechtungsgegner die Absicht der Benachteiligung bekannt sein musste. Der Gutgläubige war also privilegiert, indem der Konkursverwalter die vorwerfbare Kenntnis nachweisen musste. Auf diese Weise versuchte der Gesetzgeber, den Interessengegensatz über die Beweislastverteilung aufzulösen. Die tatbestandlichen Voraussetzungen waren absichtlich gering gehalten, aber der konkrete Nachweis erforderte einen erhöhten Aufwand und bildete dadurch eine immanente Grenze des Anfechtungsrechts.

Aufgrund der schwierigen Beweisführung gab es schließlich auch Bedenken gegen diese Ausgestaltung der Absichtsanfechtung[138]. Wenn die Anforderungen an den Beweis hoch sind, kann der Schutz der Gläubiger gefährdet sein. Die Mehrzahl der Autoren sprach sich in diesem Zusammenhang dafür aus, dass oftmals der Schluss von der Kenntnis der Umstände auf das Vorliegen einer Benachteiligungsabsicht möglich sein müsste[139]. Nach dieser Ansicht würde folglich der Nachweis eines bedingten Vorsatzes ausreichen. Unter dieser Prämisse hielt man die Absichtsanfechtung für ein geeignetes Instrument, um die Interessen der Gläubiger wirksam zu schützen.

(2) Rechtshandlungen mit Verwandten (§ 24 Nr. 2 KO)

„§ 24

Anfechtbar sind:

1. […];

2. die in dem letzten Jahre vor der Eröffnung des Verfahrens geschlossenen, entgeltlichen Verträge des Gemeinschuldners

---

135 Vgl. Motive IV, S. 138 f.

136 Vgl. zum Problem der Absicht: Endemann, Das deutsche Konkursverfahren, § 43, S. 258 ff.; Wilmowski, Deutsche Reichs-Konkursordnung, § 31, Nr. 1 ff., S. 158 ff.

137 Vgl. Motive IV, S. 138 f.

138 Vgl. zur Problematik der Beweisführung: Jaeger, Lehrbuch des Deutschen Konkursrechts, § 22, S. 141 ff.

139 Vgl. zum Problem des subjektiven Elements: Kohler, Lehrbuch des Konkursrechts, § 39, S. 212 ff.; Warneyer, Konkursordnung, § 31, Nr. II, S. 135 ff.; Endemann, Das deutsche Konkursverfahren, § 42, S. 258 ff.; Sydow, Konkursordnung, § 31, Nr. 4, S. 165 ff.; Jaeger, Konkursordnung, Band 1, 5. Aufl., § 31, Anm. 5 ff., S. 537 ff.; Mentzel, Konkursordnung, § 31, Anm. 6 ff., S. 222 ff.

mit seinem Ehegatten, vor oder während der Ehe,

mit seinen oder seines Ehegatten Verwandten in auf- und absteigender Linie, mit seinen oder seines Ehegatten voll- und halbbürtigen Geschwistern, oder mit dem Ehegatten einer dieser Personen,

sofern durch den Abschluß des Vertrages die Gläubiger des Gemeinschuldners benachtheiligt werden und der andere Theil nicht beweist, daß ihm zur Zeit des Vertragsabschlusses eine Absicht des Gemeinschuldners, die Gläubiger zu benachtheiligen, nicht bekannt war."[140]

Nach § 24 Nr. 2 Hs. 1 KO waren alle entgeltlichen Verträge des Schuldners anfechtbar, die er in dem letzten Jahr vor der Eröffnung des Verfahrens mit seinem Ehegatten oder mit Verwandten abgeschlossen hatte, wenn diese Verträge die Gläubiger benachteiligten.

Nach § 24 Nr. 2 Hs. 2 KO hatte der Anfechtungsgegner die Möglichkeit des Entlastungsbeweises für der Tatsache, dass er die Absicht des Schuldners nicht gekannt hat.

Der Tatbestand erleichterte die Anfechtung von Rechtshandlungen des Schuldners mit seinen Verwandten. Die Kenntnis der Benachteiligungsabsicht war in diesem Fall keine konstitutive Voraussetzung der Anfechtung. Das Gesetz räumte dem Verwandten lediglich die Möglichkeit des Entlastungsbeweises ein[141].

Rechtshandlungen, welche der Schuldner mit seinem Ehegatten oder Verwandten durchführte, galten als besonders anfällig für missbräuchliche Transaktionen[142]. Vor diesem Hintergrund hielt der Gesetzgeber eine Erleichterung der Anfechtung für erforderlich. Dazu führte er in den Motiven das Folgende aus:

„Der Umstand jedoch, daß es ein naher Verwandter gewesen, welcher mit dem Gemeinschuldner nicht lange vor der Konkurseröffnung den Vertrag einging, und die Erfahrung, daß solche Verträge in der Regel sich als betrügerisch erwiesen haben, berechtigen und zwingen die Gesetzgebung, die Anfechtung dieser Verträge zu erleichtern und dem Verwandten den Einwand der Redlichkeit zu überlassen."[143]

Der Gesetzgeber ging davon aus, dass sich Verträge zwischen dem Schuldner und seinem Ehegatten oder seinen Verwandten regelmäßig als betrügerisch erwiesen hätten, weshalb es berechtigt wäre, dem Ehegatten oder dem Ver-

140 RGBl. 1877, Nr. 10, S. 356.

141 Jaeger, Konkursordnung, Band 1, 5. Aufl., § 31, Anm. 20, S. 545 f., Anm. 35, S. 551 f.; Jaeger, Lehrbuch des Deutschen Konkursrechts, § 22, S. 141 ff.

142 Petersen/Kleinfeller, Konkursordnung für das Deutsche Reich, § 24, S. 128 ff.; Aufseß, Konkursrecht und Konkursverfahren, § 17, S. 39 f.

143 Motive IV, S. 139.

wandten den Nachweis seiner Redlichkeit zu überlassen. Die Konkursordnung unterstellte zulasten des Ehegatten oder des Verwandten gewissermaßen die Unredlichkeit und beschwerte ihn mit dem Gegenbeweis[144].

Dieser Befund macht deutlich, dass die Gesetzgebung eine vorrangige Aufgabe in dem Schutz der Gläubiger und nicht in dem Schutz der Familie des Schuldners erkannte. Der redliche Verwandte war aufgrund dieser Rechtslage stets gezwungen, seine Redlichkeit nachzuweisen. Der Entlastungsbeweis war praktisch kaum erfolgreich zu führen, weil der Verwandte hierfür die Nichtexistenz einer inneren Tatsache nachweisen müsste. Als einziges Beweismittel für eine innere Tatsache käme allein seine eigene Aussage als Parteivortrag in Frage. Die Ausgestaltung der Absichtsanfechtung nach § 24 Nr. 2 KO kann man daher als besonders gläubigerfreundlich bezeichnen. Die Unterstellung eines unredlichen subjektiven Moments und die Beweislastverteilung verschafften dem Erhaltungsinteresse der Masse eine wesentlich günstigere Rechtsstellung. Die Rechtsposition der Verwandten des Schuldners war vergleichsweise ungünstig ausgestaltet.

c) Die Schenkungsanfechtung (§ 25 KO)

(1) Schenkungen zugunsten Dritter (§ 25 Nr. 1 KO)

> „§ 25
>
> Anfechtbar sind:
>
> 1. die in dem letzten Jahre vor der Eröffnung des Verfahrens von dem Gemeinschuldner vorgenommenen unentgeltlichen Verfügungen, sofern nicht dieselben gebräuchliche Gelegenheitsgeschenke zum Gegenstande hatten;
>
> 2. […].“[145]

Nach § 25 Nr. 1 KO waren Schenkungen zugunsten Dritter anfechtbar, welche der Schuldner in dem letzten Jahr vor Eröffnung des Konkursverfahrens vorgenommen hat.

Nach diesem normativen Befund waren grundsätzlich alle Schenkungen zugunsten Dritter anfechtbar. Der Gesetzgeber räumte dem Erhaltungsinteresse der Masse einen unbedingten Vorrang ein. Der unentgeltliche Erwerb war in dieser Wertung ohne rechtliche Sicherung. In den Motiven drückte der Gesetzgeber diesen Grundsatz wie folgt aus:

---

144 Vgl. zur Rechtslage des Ehegatten und der Verwandten bei der Anfechtung im Konkurs: Warneyer, Konkursordnung, § 31, Nr. III, S. 157 ff., § 32, Nr. II, S. 174 f.; Aufseß, Konkursrecht und Konkursverfahren, § 17, S. 38 ff.; Gerhardt/Merz, Aktuelle Probleme der Gläubigeranfechtung im Konkurs, S. 72 ff.

145 RGBl. 1877, Nr. 10, S. 356.

„Wer einen Vortheil ohne rechtlichen Anspruch unentgeltlich erlangt, muß demjenigen weichen, welcher dadurch von seinem Rechtsanspruch etwas einbüßen müßte; [...].“[146]

Die Normierung der Schenkungsanfechtung stand in Übereinstimmung mit einer verbreiteten Anschauung über das Wesen des unentgeltlichen Erwerbs. Das Interesse des Empfängers an der Aufrechterhaltung einer unentgeltlichen Zuwendung musste gegenüber dem Komplettierungsinteresse der Masse zurücktreten[147]. Wer einen Vorteil unentgeltlich erlangt hatte, sollte demnach den Gläubigern weichen, deren Forderungen beeinträchtigt werden[148]. Der Begünstigte einer unentgeltlichen Zuwendung galt in dieser Situation als nicht schutzwürdig, weil er keine Gegenleistung erbracht hat[149]. Die Interessen der Gläubiger erhielten eine höhere Gewichtung als das Behaltensinteresse und der Vertrauensschutz des Begünstigten.

Der Gesetzgeber stellte in der konkreten Normierung sodann nur auf das objektive Moment der Unentgeltlichkeit ab, ohne darüber hinaus eine subjektive Komponente zu verlangen[150]. Allein die Tatsache der Unentgeltlichkeit begründete danach die Anfechtung[151]. Insbesondere war dabei das Motiv der Zuwendung unerheblich[152]. Eine Bereicherung des Empfängers machte der Gesetzgeber ebenfalls nicht zu einer notwendigen Bedingung[153]. Das Anfechtungsrecht hatte dadurch im Interesse der Masse eine große Reichweite.

Der Verzicht auf ein subjektives Moment war eine wesentliche Abweichung vom vormals geltenden gemeinen Recht[154]. Denn dort war die Anfechtung einer Schenkung nur möglich, wenn der Gläubiger gleichzeitig in subjektiver Hinsicht die Absicht hatte, seine Gläubiger zu schädigen[155]. Das römische Recht verlangte auf der Seite des Schuldners in verschiedener Form eine vorwerfbare Absicht[156]. Die Konkursordnung verzichtete demgegenüber auf

---

146 Motive IV, S. 141.

147 Vgl. Wilmowski, Deutsche Reichs-Konkursordnung, § 32, Nr. 1, S. 164.

148 Petersen/Kleinfeller, Konkursordnung für das Deutsche Reich, § 25, S. 140 ff.; Aufseß, Konkursrecht und Konkursverfahren, § 17, S. 40 ff.; Wolff, Die Konkursordnung, § 32, S. 182 ff.

149 Vgl. zur Schenkungsanfechtung: Warneyer, Konkursordnung, § 32, S. 166 ff.; Aufseß, Konkursrecht und Konkursverfahren, § 17, S. 40 ff.

150 Vgl. zum Tatbestand: Kohler, Lehrbuch des Konkursrechts, § 40, S. 224 ff.; Mentzel, Konkursordnung, § 32, Anm. 1, S. 232; Petersen/Kleinfeller, Konkursordnung für das Deutsche Reich, § 25, S. 140 ff.

151 Jaeger, Konkursordnung, Band 1, 5. Aufl., § 32, Einleitung, S. 554 f.

152 Jaeger, Konkursordnung, Band 1, 5. Aufl., § 32, Anm. 2, S. 556 f.

153 Sydow, Konkursordnung, § 32, Nr. 4, S. 174 ff.

154 Völderndorff, Konkursordnung für das Deutsche Reich, § 25, S. 356 ff.

155 Völderndorff, Konkursordnung für das Deutsche Reich, § 25, S. 356 ff.

156 Vgl. zum römischen Recht: Fuchs, Der deutsche Concursproceß, § 9, S. 49 ff.

jedes subjektive Erfordernis. Weder eine unredliche Absicht des Gläubigers noch eine Kenntnis des Beschenkten von den Umständen waren notwendige Bedingungen für einen Erfolg der Anfechtung[157]. Der Gesetzgeber hatte die Schenkungsanfechtung gegenüber dem früheren Rechtszustand im Interesse der Gläubiger gestaltet. Dieses Vorgehen begründete der Gesetzgeber in den Motiven wie folgt:

> „Von der guten oder bösen Absicht des Schuldners darf die Anfechtbarkeit seiner Schenkung nicht ablangen. Den Gläubigern verschlägt es wenig, ob der Schuldner aus Großmuth, aus Eitelkeit, um seinen Kredit aufrecht zu erhalten oder um seine Gläubiger zu betrügen, die Schenkung vorgenommen hat. Er hat sie nicht befriedigt, sie finden keine hinreichenden Befriedigungsmittel, die Schenkung hat ihnen Mittel zu ihrer Befriedigung entzogen."[158]

Dieser Auszug aus den Motiven macht offensichtlich, dass der Gesetzgeber sich vorrangig um die Interessen der Gläubiger bemühte. Für ein wichtiges Ziel hielt er es, eine Verkleinerung der Masse zu verhindern. Andere Aspekte waren für den Gesetzgeber bei der Normierung der Schenkungsanfechtung weniger bedeutsam. Grundsätzlich waren daher alle unentgeltlichen Zuwendungen anfechtbar. Nach § 25 Nr. 1 Hs. 2 KO gab es nur eine Ausnahme für gebräuchliche Gelegenheitsgeschenke.

Der Begünstigte einer unentgeltlichen Zuwendung war in der Wertung des Gesetzgebers nur sehr eingeschränkt geschützt. Für die Sicherung der Interessen des Begünstigten sollte die zeitliche Beschränkung der Anfechtung auf einen Zeitraum von einem Jahr dienen. Dazu hieß es in den Motiven:

> „Wird hiernach einerseits zum bessern Schutz der Gläubiger die Anfechtbarkeit frei gemacht von der inneren Thatsache der bestimmenden Absicht und dem äußerlich nicht erkennbaren Werth des Vermögens bei der Schenkung, so gewinnt andererseits auch der Beschenkte größeren Schutz, indem der Entwurf nach Ablauf der einjährigen Frist den redlichen Erwerbern im Besitz seines Gutes sichert; [...]."[159]

Das Vertrauen des Begünstigten auf einen rechtssicheren Erwerb war danach erst nach dem Ablauf der Frist geschützt[160]. Davor musste der Begünstigte das Risiko tragen, dass die unentgeltliche Zuwendung von einem wirtschaftlich angeschlagenen Wirtschaftssubjekt stammte und damit im Falle des Kon-

157 Kohler, Lehrbuch des Konkursrechts, § 40, S. 224 ff.

158 Motive IV, S. 141.

159 Vgl. Motive IV, S. 142.

160 Vgl. zur Fristproblematik: Jaeger, Lehrbuch des Deutschen Konkursrechts, § 22, S. 141 ff.

kurses der Anfechtung unterliegen könnte. Erst nach Ablauf der Jahresfrist billigte man dem Begünstigten ein schutzwürdiges Erhaltungsinteresse zu[161].

Insgesamt stellt sich der Befund so dar, dass der Gesetzgeber konsequent die Interessen der Gläubiger fördern wollte. Der Vertrauensschutz des Begünstigten war beschränkt auf die zeitliche Dimension. Anders als bei § 23 KO und § 24 KO war die Frage der Gut- oder Bösgläubigkeit nicht erheblich. Der Gesetzgeber verfolgte damit ein Prinzip, welches auch beim später entstandenen BGB zu beobachten ist, nämlich die grundsätzliche rechtliche Benachteiligung des unentgeltlichen Erwerbs[162].

(2) Schenkungen zugunsten des Ehegatten (§ 25 Nr. 2 KO)

> „§ 25
>
> Anfechtbar sind:
>
> 1. […];
>
> 2. die in den letzten zwei Jahren vor der Eröffnung des Verfahrens von dem Gemeinschuldner vorgenommenen unentgeltlichen Verfügungen zu Gunsten seines Ehegatten, sowie eine innerhalb dieses Zeitraums von ihm bewirkte Sicherstellung oder Rückgewähr eines Heirathsguts oder des gesetzlich in seine Verwaltung gekommenen Vermögens seiner Ehefrau, sofern er nicht zu der Sicherstellung oder Rückgewähr durch das Gesetz oder durch einen vor diesem Zeitraume geschlossenen Vertrag verpflichtet war.“[163]

Nach § 25 Nr. 2 KO waren Schenkungen zugunsten des Ehegatten anfechtbar, die der Schuldner in den letzten zwei Jahren vor der Eröffnung des Verfahrens vorgenommen hat.

Gegenüber Schenkungen zugunsten Dritter waren Schenkungen zugunsten des Ehegatten noch schlechter gestellt, indem die Frist für die Möglichkeit der Anfechtung nun zwei Jahre betrug. Der Gesetzgeber erkannte bei Schenkungen zugunsten des Ehegatten offenbar ein größeres Schutzbedürfnis für die Interessen der Gläubiger[164]. In den Motiven erklärte er die Notwendigkeit für eine Erweiterung der Anfechtung wie folgt:

---

161 Vgl. zur Rechtsposition des Beschenkten: Petersen/Kleinfeller, Konkursordnung für das Deutsche Reich, § 25, S. 140 ff.; Kohler, Lehrbuch des Konkursrechts, § 40, S. 224 ff.

162 Vgl. Baumann, Konkurs und Vergleich, § 11, S. 136 f.; Baur/Stürner, Insolvenzrecht, § 19, S. 242 ff.

163 RGBl. 1877, Nr. 10, S. 356.

164 Vgl. zum Normzweck der Schenkungsanfechtung: Völderndorff, Konkursordnung für das Deutsche Reich, § 25, S. 356 ff.; Fuchs, Der deutsche Concursproceß, § 9, S. 49 ff.

„Der Mann würde sonst immer in der Lage bleiben, die Fonds seiner Frau, mit denen er gearbeitet und Kredit sich verschafft hat, bei eintretendem Vermögensverfall zum Nachtheil seiner Gläubiger lediglich seiner Ehefrau zuzuwenden.“[165]

Der Gesetzgeber hat danach eine Gefahr darin gesehen, dass der Schuldner kurz vor dem wirtschaftlichen Zusammenbruch zugunsten seines Ehegatten Vermögenswerte verschieben könnte, wodurch der Gemeinschaft der Gläubiger ein nicht zu billigender Schaden entstünde[166]. Im Interesse der Gläubiger erweiterte er daher die Möglichkeiten der Anfechtung. Die Rechtsposition des Ehegatten war dagegen vergleichsweise ungünstig gestaltet.

Für den Gesetzgeber war es weiterhin nicht entscheidend, ob der Schuldner sich regelmäßig und zwangsläufig bereits zwei Jahre vor der Eröffnung des Verfahrens in einer wirtschaftlichen Krisensituation befindet, welche die Annahme rechtfertigen würde, dass das Schuldnervermögen vorrangig für die Interessen der Gläubiger bestimmt wäre. Schenkungen innerhalb der letzten zwei Jahre waren ausnahmslos anfechtbar. Außer Betracht blieben dabei auch Gelegenheitsgeschenke des täglichen Lebens sowie Schenkungen aus nicht wirtschaftlichen Motiven. Der Gesetzgeber formulierte hierzu in den Motiven die folgende lakonische Erklärung:

„Die ohne rechtliche Nothwendigkeit geschehene Aufgabe von Rechten, auf welche das Gesetz dem Gemeinschuldner einen Anspruch gibt, läßt sich füglich einer Freigebigkeit gleich behandeln.“[167]

Die Interessen der Ehefrau des Schuldners waren dabei in der Wertung des Gesetzgebers weniger anerkennenswert. Die Frage der Gut- oder Bösgläubigkeit war für die Begründung der Anfechtung nicht erheblich. Die Ehefrau war im Falle der Anfechtung stets zur Herausgabe verpflichtet. Der Gesetzgeber erkannte in dieser Konstellation durchaus auch die Gefahr einer besonderen Härte[168]. Eine entsprechende Normierung für Sicherung der Rechtsposition der Ehefrau fand gleichwohl keinen Eingang in die Konkursordnung.

Den Schutz der Ehefrau sah der Gesetzgeber vielmehr außerhalb des Konkursrechts. Denn die Anfechtung sollte nach dem Wortlaut des § 25 Nr. 2 KO ausgeschlossen sein, wenn ein gesetzlicher oder vertraglicher Anspruch auf Rückgewähr oder Sicherstellung besteht. Ein solcher Anspruch müsste seinen Rechtsgrund folglich außerhalb des Konkursrechts haben. Sofern die Existenz einer derartigen Rechtsposition feststand, konnte sie im Konkurs eine Anerkennung finden. Das Konkursrecht selbst verfolgte aber in dieser

165 Motive IV, S. 143.
166 Vgl. Motive IV, S. 143 f.
167 Motive IV, S. 143.
168 Vgl. Motive IV, S. 143 f.

Wertung nicht das Ziel, die Situation des Familienverbands zu fördern. Das Recht der Anfechtung war streng an den Interessen der Gläubiger orientiert.

d) Folgen der Anfechtung

> „§ 30
>
> Was durch die anfechtbare Handlung aus dem Vermögen des Gemeinschuldners veräußert, weggegeben oder aufgegeben ist, muß zur Konkursmasse zurückgewährt werden.
>
> Der gutgläubige Empfänger einer unentgeltlichen Leistung hat dieselbe nur soweit zurückzugewähren, als er durch sie bereichert ist.
>
> § 31
>
> Die Gegenleistung ist aus der Konkursmasse zu erstatten, soweit sie sich in derselben befindet, oder soweit die Masse um ihren Werth bereichert ist. Darüber hinaus kann ein Anspruch nur als Konkursforderung geltend gemacht werden.“[169]

Als Rechtsfolge der Anfechtung war nach § 30 KO die Rückgewähr des betreffenden Gegenstandes zugunsten der Konkursmasse vorgeschrieben. Damit wollte der Gesetzgeber den Zustand herstellen, der vor der anfechtbaren Handlung bestanden hatte[170]. In den Motiven erläuterte der Gesetzgeber das Ziel der Anfechtung wie folgt:

> „Insofern könnte man als die allgemeine Folge der begründeten Anfechtung bezeichnen: Wiederherstellung des vor der Handlung bestandenen Rechtszustandes.“[171]

Aus dieser Intention des Gesetzgebers kann man folgern, dass der Zweck der Anfechtung in der Beseitigung sämtlicher Nachteile für die Masse bestand[172]. Falls die Sachrestitution nicht möglich war, sollte Verpflichtung zum Wertersatz darunter fallen[173]. Gesetzgebung und Literatur verstanden unter der Art und dem Umfang der Rückgewähr ein Instrument zur möglichst weitreichenden Erhaltung der Masse. Dies entsprach einem leitenden Prinzip der Konkursordnung, nämlich der konsequenten Sicherung der Interessen der Gläubiger.

Die betroffenen Anfechtungsgegner erhielten ihre Gegenleistung nach § 31 KO nur unter der Bedingung zurück, dass die Konkursmasse um ihren Wert

---

169 RGBl. 1877, Nr. 10, S. 357.

170 Jaeger, Konkursordnung, Band 1, 5. Aufl., § 37, Anm. 10, S. 599.

171 Motive IV, S. 151.

172 Vgl. Warneyer, Konkursordnung, § 37, Nr. IV, S. 183 ff.

173 Jaeger, Konkursordnung, Band 1, 5. Aufl., § 37, Anm. 16, S. 605 f.; Völderndorff, Konkursordnung für das Deutsche Reich, § 30, S. 403 ff.

bereichert war[174]. Im Vergleich zu dem Erhaltungsinteresse der Masse war ihre Rechtslage damit erheblich ungünstiger ausgestaltet[175]. Die Masse erlangte die Vermögenseinbuße ohne Weiteres zurück, der Anfechtungsgegner erlangte seine Gegenleistung dagegen nur zurück, wenn der Wert der Masse trotz der Rückgewähr erhalten blieb. Josef Kohler führte für die Berechtigung dieser Regelung das Folgende aus:

> „Allein diese ungünstige Behandlungsweise ist völlig gerechtfertigt, wenn man den seelischen Zustand des dritten Empfängers berücksichtigt. Der dritte Empfänger ist entweder der Genosse eines Deliktes, oder er handelt zwar nicht deliktuos, aber doch in einer antisozialen Weise; er verdient daher keine Rücksicht."[176]

Die Rechtsposition des Gegners der Anfechtung hielt man demnach generell nicht für schutzwürdig. Hierin kann man eine Konkretisierung der allgemeinen Intention des Gesetzgebers erkennen, nämlich die prinzipielle Bevorzugung der Gläubigerinteressen. Im Interesse der Gläubiger war die Rechtslage des Anfechtungsgegners vergleichsweise ungünstig konzipiert.

3. Ergebnis

a) Vorrang der Gläubigerinteressen

Im Rahmen der Anfechtung erkannte man prinzipiell keine soziale Funktion des Konkursrechts. Das Institut der Anfechtung sollte rechtspolitisch die spezifischen Interessen der Gläubiger schützen[177]. Für die Umsetzung dieser Intention konstruierte die Gesetzgebung das Recht der Anfechtung im Konkurs als ein weitreichendes Sicherungsmittel[178]. Nahezu alle Rechtshandlungen im Vorfeld des Konkurses waren mit der Möglichkeit der Anfechtung verbunden. Das leitende Ziel war die Erhaltung der Masse im Interesse der Gemeinschaft der Gläubiger.

Die Interessen der anderen Beteiligten mussten regelmäßig hinter die Interessen der Gläubiger zurücktreten. Die Rechtsposition des gutgläubigen Anfechtungsgegners fand in diesem Zusammenhang eine eingeschränkte Anerkennung. Die Anfechtung setzte bei § 23 KO und bei § 24 KO zwar grundsätzlich dessen Bösgläubigkeit voraus, wodurch die Rechtsposition des Gutgläubigen dem Grunde nach eine Absicherung erlangte. Allerdings war der

---

174 Vgl. Motive IV, S. 151 ff.

175 Vgl. Kohler, Lehrbuch des Konkursrechts, § 45, S. 260 ff.

176 Kohler, Lehrbuch des Konkursrechts, § 45, S. 263.

177 Vgl. Motive IV, S. 108 ff.

178 Vgl. Schultze, Das deutsche Konkursrecht in seinen juristischen Grundlagen, S. 22 ff.

Gutgläubige oftmals mit dem Entlastungsbeweis für die Frage seines guten Glaubens beschwert[179]. Das Prozessrisiko ging somit häufig zu seinen Lasten. Die Belastung des Anfechtungsgegners hielt man im Interesse der Gläubiger für zweckmäßig.

Bei der Schenkungsanfechtung nach § 25 KO verzichtete der Gesetzgeber gänzlich auf ein subjektives Moment. Im Bereich des unentgeltlichen Erwerbs kann man eine strukturelle Schlechterstellung gegenüber dem entgeltlichen Erwerb erkennen[180]. Die objektive Unentgeltlichkeit sollte ohne weitere Voraussetzungen die Anfechtung rechtfertigen. Das vorrangige Ziel war hierbei der Schutz der Gläubiger. Das Vertrauen des gutgläubigen Begünstigten erlangte aus diesem Grund nur eine begrenzte Anerkennung durch die Beschränkung auf Schenkungen innerhalb des letzten Jahres vor der Eröffnung des Verfahrens.

b) Rechtsposition des Schuldners

Der Schuldnerschutz war grundsätzlich kein Anliegen des Konkursrechts[181]. Das Ziel des Konkursverfahrens lag nach der Intention des Gesetzgebers in der zügigen Verwertung des Vermögens zur möglichst weitreichenden Erfüllung der Forderungen[182]. Der Gesetzgeber erkannte in der Durchführung des Konkursverfahrens allerdings auch ein heilsames Mittel zur wirtschaftlichen Rehabilitation des Schuldners[183]. Eine rasche Abwicklung sollte u.a. auch den wirtschaftlichen Neuanfang des Schuldners im Interesse aller Beteiligten begünstigen[184]. Das Ziel einer wirtschaftlichen Sanierung des Schuldners war demgegenüber kein Anliegen der Rechtspolitik auf dem Gebiet des Konkursrechts im ausgehenden 19. Jahrhundert.

Diese Ansicht entspricht dem sozio-ökonomischen Kontext der Entstehungszeit der Konkursordnung. Das 19. Jahrhundert war vor dem Ausbruch der Wirtschaftskrise geprägt von einem ausgeprägten Optimismus in Bezug auf den wirtschaftlichen Erfolg des Individuums[185]. Die große Depression zwischen 1873 und 1896 entfaltete ihre vollen Auswirkungen erst nach dem

179 Vgl. Jaeger, Lehrbuch des Deutschen Konkursrechts, § 22, S. 141 ff.
180 Vgl. Baumann, Konkurs und Vergleich § 11, S. 136 f.
181 Baumann, Konkurs und Vergleich, § 4, S. 14 ff.
182 Vgl. Motive IV, S. 44 ff.
183 Vgl. Motive IV, S. 348 ff.
184 Vgl. Motive IV, S. 348 ff.
185 Lütge, Deutsche Sozial- und Wirtschaftsgeschichte, S. 354 ff.; vgl. allgemein zum wirtschaftlichen Aufschwung zwischen 1830 und 1870: Lütge, Deutsche Sozial- und Wirtschaftsgeschichte, S. 417 ff.

Abschluss des Gesetzgebungsverfahrens[186]. Der Gedanke an eine Sanierung des Schuldners aufgrund einer unverschuldeten Notlage drängte sich während der Entstehungszeit der Konkursordnung daher nicht unmittelbar auf. Eine Notwendigkeit für konkursabwehrende Instrumente erkannte man zwar vereinzelt auch bereits im 19. Jahrhundert[187]. Der Sanierungsgedanke im Konkurs rückte allerdings erst im 20. Jahrhundert unter dem Eindruck von Krieg und Inflation in den Mittelpunkt der Aufmerksamkeit[188].

c) Argument der Missbrauchsbekämpfung

(1) Intention des Gesetzgebers

Der Gesetzgeber verfolgte mit der Ausrichtung an den Interessen der Gläubiger v.a. das Ziel einer Bekämpfung des Missbrauchs[189]. Missbräuchliche Vermögensverschiebungen waren ein reales gesellschaftliches Problem am Ende des 19. Jahrhunderts. Friedrich Zunkel berichtet in diesem Zusammenhang von einem allgemeinen Verfall der geschäftlichen Sitten in den 1870er Jahren[190]. Im Gefolge des Gründeraufschwungs verbreitete sich demnach ein wachsendes Profitstreben in den geschäftlichen Kreisen[191]. Das hemmungslose Gründertum betrachtete man als Ursache für eine moralische Korrumpierung des Wirtschaftslebens[192]. Die weitreichenden Anfechtungsmöglichkeiten hielt der Gesetzgeber offenbar für ein geeignetes Mittel für die Lösung dieses Problems. Die Bekämpfung des Missbrauchs war ein grundsätzliches Anlie-

186 Vgl. zur großen Depression zwischen 1873 und 1896: Henning, Handbuch der Wirtschafts- und Sozialgeschichte Deutschlands, Band 2: 19. Jahrhundert, S. 792 ff.; vgl. kritisch zum Begriff der großen Depression: Nipperdey, Deutsche Geschichte 1866-1918, Band 1: Arbeitswelt und Bürgergeist, S. 283 ff.

187 Kohler, Lehrbuch des Konkursrechts, § 12, S. 62 ff.; Puchta, Ueber den Concursprozeß, § 36, S. 81 ff.

188 Vgl. Nörr, Zwischen den Mühlsteinen, Eine Privatrechtsgeschichte der Weimarer Republik, S. 234 ff.; Jaeger, Die Konkursordnung 1879-1904, in: DJZ 9 (1904), Sp. 904-912, hier: Sp. 911 f.; Kleinfeller, Lehrbuch des deutschen Konkursrecht, § 1, S. 1 ff.; Uhlenbruck, Zur Geschichte des Konkurses, in: DZWIR 17 (2007), S. 1-5; Baur/Stürner, Insolvenzrecht, § 3, S. 9 ff.; Wagner, Insolvenzrecht, S. 24 ff.; Knieper, Konkurs und Sanierung, in: BB 32 (1977), S. 622-627; vgl. zur Vergleichsordnung: Eisenhardt, Sanierung statt Liquidation.

189 Vgl. Motive IV, S. 108 ff.

190 Zunkel, Die Entfesselung eines neuen Wirtschaftsgeistes 1850-1875, in: Born, Moderne deutsche Wirtschaftsgeschichte, S. 42-51.

191 Zunkel, Die Entfesselung eines neuen Wirtschaftsgeistes 1850-1875, in: Born, Moderne deutsche Wirtschaftsgeschichte, S. 42-51; Lütge, Deutsche Sozial- und Wirtschaftsgeschichte, S. 323 ff.

192 Zunkel, Die Entfesselung eines neuen Wirtschaftsgeistes 1850-1875, in: Born, Moderne deutsche Wirtschaftsgeschichte, S. 42-51.

gen der Rechtspolitik auf dem Gebiet des Konkursrechts im ausgehenden 19. Jahrhundert.

Diese Intention des Gesetzgebers befindet sich in Übereinstimmung mit einer verbreiteten Einschätzung der Interessenlage in der Literatur. Wolfgang Heinrich Puchta beschrieb bereits in seinem Buch aus dem Jahre 1827 eine grundsätzlich kritische Haltung gegenüber Schuldnern in einer schlechten wirtschaftlichen Verfassung[193]. Nach Wolfgang Heinrich Puchta könnte man nicht erwarten, dass Schuldner ehrlich denken und gegenüber ihren Gläubigern ihre schlechte Vermögenslage darlegen. Sie würden sich vielmehr selbst über ihre Vermögenslage täuschen und leichtfertige Spekulationen über eine Besserung anstellen. Hermann Fitting schrieb über die Situation des Schuldners in seinem Lehrbuch das Folgende:

> „Er handelt unehrlich und schädigt in schuldhafter Weise fremdes Vermögen, wenn er sich nicht bloß mit Absicht, sondern auch nur durch Lässigkeit, Leichtsinn oder unordentlicher Geschäftsführung zur Befriedigung seiner Gläubiger außerstande setzt."[194]

Eckart von Aufseß beschrieb in seinem Lehrbuch aus dem Jahre 1899 schließlich die Notwendigkeit der Bekämpfung des Missbrauchs wie folgt:

> „Die Erfahrung, daß Schuldner, wenn sie in bedrängte Lage kommen, ihr Vermögen häufig verschleudern oder in willkürlicher Weise namentlich zu Gunsten von Freunden und Verwandten verteilen oder sonst bei Seite schaffen und so dem Zugriffe der Gläubiger entziehen, hat zu der Notwendigkeit geführt, gewissen Handlungen des Gemeinschuldners, obgleich sie vor der Konkurseröffnung stattfanden, die Wirksamkeit zu entziehen."[195]

Die starke Rechtsposition der Gläubigergemeinschaft ist in diesem Zusammenhang zu verstehen als eine Reaktion auf die akuten sozio-ökonomischen Probleme der Zeit[196]. Die Bekämpfung des Missbrauchs förderte zugleich das Prinzip der Verlustgemeinschaft. Nicht gerechtfertigte Sondervorteile eines einzelnen Gläubigers wollte man auf diese Weise möglichst unterbinden. Hierin konkretisiert sich das rechtspolitisch gewollte Ideal eines gleichmäßigen Ausgleichs. Wolfgang Heinrich Puchta erkannte in einem staatlich geregelten Konkurs in diesem Sinne einen Aspekt der Fürsorge des Staates für seine Bürger[197].

---

193 Puchta, Ueber den Concursprozeß, § 3, S. 6 ff.

194 Fitting, Das Reichs-Konkursrecht und Konkursverfahren, § 4, S. 14.

195 Aufseß, Konkursrecht und Konkursverfahren, § 17, S. 36 f.

196 Vgl. zum Zusammenhang von Recht und Wirtschaft: Walter, Einführung in die Wirtschafts- und Sozialgeschichte, S. 233 f.

197 Puchta, Ueber den Concursprozeß, § 20, S. 43 ff.

(2) *Zustimmung der Praxis*

Das Argument der Missbrauchsbekämpfung fand in der Praxis im Allgemeinen eine verbreitete Zustimmung. Jedenfalls gab es in den ersten Jahren ihrer Geltung keine fundamentale Kritik an der neuen Konkursordnung. Man hielt das neue Gesetz überwiegend für zweckmäßig. Max Gottschalk schrieb hierzu in der Deutschen Juristen-Zeitung, dass die Konkursordnung sich grundsätzlich bewährt hätte[198]. Hermann Makower drückte seine Zustimmung folgendermaßen aus:

> „Alle Welt ist aber darüber einig, dass im Grossen und Ganzen das Gesetz sich bewährt hat."[199]

Felix Landau schrieb dazu als Vertreter des Berliner Anwaltsvereins für die Deutschen Juristen-Zeitung den folgenden Beitrag:

> „Von den seit dem 1. Oktober 1879 in Kraft befindlichen Reichsjustizgesetzen hat die Reichskonkursordnung in Wissenschaft und Praxis die allgemeinste Anerkennung gefunden. Die folgerichtige Durchführung ihrer Grundsätze, welche im allgemeinen den Anforderungen der Gerechtigkeit und des Verkehrs entsprachen, und die Vollendung ihrer Sprache sichern ihr unter großen Gesetzgebungswerken zu allen Zeiten einen hervorragenden Platz."[200]

Die Stellungnahmen zeigen, dass man offenbar mit dem Rechtszustand zufrieden war. Es gab in den ersten Jahren der Konkursordnung keine grundlegenden Kritik und keine Forderungen nach einer Änderung. Das rechtspolitische Ziel des Gesetzgebers fand damit in der Praxis wenigstens eine stillschweigende Zustimmung.

(3) *Revision der Konkursordnung*

Eine Diskussion über einen möglichen Änderungsbedarf der Konkursordnung setzte zu Beginn der 1890er Jahre ein[201]. Unter der Führung des Reichstagsabgeordneten Victor Rintelen gab es einen Vorschlag zum Abbau der Rechte des Schuldners im Interesse eines besseren Schutzes der Gläubiger[202].

---

198 Gottschalk, Zur Novelle der Konkurs-Ordnung, in: DJZ 3 (1898), S. 113-116.

199 Makower, Zur Revision der deutschen Konkursordnung, in: ZZP 20 (1894), S. 441-485, hier: S. 441.

200 Landau, Die Vorschläge des Berliner Anwaltsvereins zur Konkursnovelle, in: DJZ 3 (1898), S. 132-135, hier: S. 132.

201 Vgl. Landau, Die Vorschläge des Berliner Anwaltsvereins zur Konkursnovelle, in: DJZ 3 (1898), S. 132-135.

202 Vgl. Makower, Zur Revision der deutschen Konkursordnung; Ortloff, Die wichtigeren Vorschläge zur Revision des Konkursrechts, in: SABRP 4 (1894), S. 641-672.

Hermann Makower berichtete in diesem Zusammenhang aus der 39. Sitzung des Reichstages vom 08.02.1893[203]. Danach vertrat Victor Rintelen den Standpunkt, dass die weitaus größte Zahl der Konkurse darauf beruhen würde, dass der Gemeinschuldner leichtsinnig, frivol und betrügerisch verfahren würde. Der Konkurs wäre demnach kein Unglück, sondern die Folge eines Fehlverhaltens des Schuldners. Die Konkursordnung würde es erleichtern, Konkurs zu machen und andere um ihr Eigentum zu bringen. Victor Rintelen forderte daher u.a. eine Erweiterung der Straftatbestände im Konkurs. Wer unter Verschweigung seiner Vermögenslage jemanden dazu veranlasst, ihm persönlich Kredit zu geben, müsste bestraft werden.

Max Gottschalk berichtete schließlich, dass Victor Rintelen in den Lesungen betont hätte, dass seine Vorschläge rein sozialpolitischer Natur wären[204]. Ein konstruktiver Fehler der Konkursordnung würde darin bestehen, dass sie auf den Großhandel zugeschnitten wäre und dass man den Konkurs als ein Unglück betrachtete. In der Praxis wären dagegen Fälle von Bereicherungen durch wiederholte Konkurse nicht selten.

Im Mittelpunkt der Diskussion über die Konkursordnung am Ende des 19. Jahrhunderts stand seitdem die Auseinandersetzung mit den Vorschlägen des Abgeordneten Victor Rintelen. Die entscheidende Frage war dabei nicht das Problem, ob die Konkursordnung im Interesse der Missbrauchsbekämpfung die Rechte der anderen Beteiligten zu wenig beachtete. Im Fokus der Aufmerksamkeit stand demgegenüber die Frage, ob möglicherweise eine weitere Verschärfung der Konkursordnung im Interesse der Gläubiger und zulasten des Schuldners notwendig wäre.

Die Vorschläge zum Ausbau der Strafvorschriften fanden schließlich keinen Eingang in das Gesetz[205]. Überwiegend hielt man die Vorschläge des Abgeordneten Victor Rintelen nicht für zweckmäßig[206]. Insbesondere Hermann Makower wiedersprach der Intention von Victor Rintelen. Zur Begründung für seine Ablehnung der Vorschläge schrieb er in diesem Zusammenhang:

> „Die Gründe beruhen im Wesentlichen darauf, dass jene Vorschläge die Nothlage des allmählich in Konkurs verfallenden Menschen zu wenig beachten und

203 Vgl. Makower, Zur Revision der deutschen Konkursordnung.

204 Vgl. Gottschalk, Zur Novelle der Konkurs-Ordnung, in: DJZ 3 (1898), S. 113-116.

205 Oetker, Zur Reform der Konkursordnung, in: DJZ 16 (1911), Sp. 445-449.

206 Vgl. Gottschalk, Zur Abänderung der deutschen Konkursordnung; Landau, Die Vorschläge des Berliner Anwaltsvereins zur Konkursnovelle, in: DJZ 3 (1898), S. 132-135; Ortloff, Die wichtigeren Vorschläge zur Revision des Konkursrechts, in: SABRP 4 (1894), S. 641-672.

eine Verbesserung der Sitten oder der Moral in Bezug auf die Erfüllung ökonomischer Verpflichtungen durch Strafen herbeizuführen hoffen."[207]

Die Reaktion des Staates im Wege des Strafrechts hielt Hermann Makower für einen zu weitreichenden Eingriff in die Rechtsposition des Schuldners[208]. Der Makel der Vorstrafe würde den Schuldner ein ganzes Leben lang belasten. Das Strafrecht wäre nur angebracht für eindeutige Fälle des Betruges. Nach Hermann Makower müsste man außerdem bedenken, dass der Schuldner wieder in die Lage kommen müsste, den Lebensunterhalt für sich und seine Familie zu sichern[209]. Wenn der Schuldner seine Existenz wieder aufbauen könnte, dann würde er nicht der Armenfürsorge anheimfallen. Zudem könnte er den Gläubigern dadurch mehr zurückzahlen. Das entscheidende Interessengeflecht zwischen dem Schuldner und seinen Gläubigern fasste Hermann Makower abschließend folgendermaßen zusammen:

> „Ist es denn nothwendig, so harte Folgen an wenn auch inkorrekte und zu missbilligende Handlungen zu knüpfen, falls im Grunde doch nichts weiter vorliegt als eine mehr oder minder verschuldete Vermögensbeschädigung solcher Personen, welche leichthin ohne Sicherheit kreditirt, ja den Kredit vielleicht aufgedrungen haben?"[210]

Danach stellte Hermann Makower insbesondere in Frage, inwieweit geschäftliche Transaktionen im Vorfeld des Konkurses zwingend mit einer vorwerfbaren Schädigungsabsicht auf der Seite des Schuldners verbunden sind. Außerdem konstruierte er eine Mitverantwortung der Gläubiger für die wirtschaftliche Situation des Schuldners. In diesem Sinne kommt hierin das Prinzip des Schutzes des Schwächeren zum Ausdruck.

Max Gottschalk richtete sich ebenfalls gegen eine von ihm selbst beobachtete Tendenz, „überall den Strafrichter heranzuziehen"[211]. Die Lösung der Probleme über den Strafrichter würde seiner Meinung nach nicht den praktischen Bedürfnissen entsprechen. Man müsste ansonsten praktisch schon im Falle der drohenden Überschuldung den Konkurs anmelden, um straffrei aus dem Konkurs herauszukommen. In der Praxis könnten diese Umstände eine Manipulation der Inventur begünstigen.

---

207 Makower, Zur Revision der deutschen Konkursordnung, in: ZZP 20 (1894), S. 441-485, hier: S. 442.

208 Makower, Zur Revision der deutschen Konkursordnung, in: ZZP 20 (1894), S. 441-485.

209 Makower, Zur Revision der deutschen Konkursordnung.

210 Makower, Zur Revision der deutschen Konkursordnung, in: ZZP 20 (1894), S. 441-485, hier: S. 443.

211 Gottschalk, Zur Novelle der Konkurs-Ordnung, in: DJZ 3 (1898), S. 113-116.

Die Anträge des Abgeordneten Victor Rintelen fanden im weiteren Verlauf schließlich keine Zustimmung im Verfahren der Gesetzgebung[212]. Die Diskussion um eine inhaltliche Revision der Konkursordnung war damit beendet. Im Mittelpunkt der Rechtspolitik stand am Ende des 19. Jahrhunderts fortan die Anpassung der Konkursordnung an die Regelungen des neuen BGB, das zum 01.01.1900 in Kraft trat[213].

Erst eine Petition der Handwerkkammer von Oberbayern im Jahre 1909 beschäftigte sich erneut mit diesen Vorschlägen[214]. Der Würzburger Professor der Rechte Friedrich Oetker schrieb im Jahre 1911 in diesem Zusammenhang das Folgende:

> „Die Reichsjustizverwaltung hat sich freilich bisher gegenüber allen solchen Anregungen grundsätzlich ablehnend verhalten. Aber es ist zu hoffen, daß die Petition zu nochmaliger Prüfung mit positivem Erfolge führen wird.“[215]

Die Rechtspolitik erkannte aufgrund dieser Petition keine Notwendigkeit für eine Änderung der Konkursordnung. Die alten Vorschläge des Abgeordneten Victor Rintelen gelangten auch in diesem Fall nicht zu einer praktischen Umsetzung. Die Idee einer Verschärfung des Konkursrechts im Interesse der Gläubiger und zulasten des Schuldners konnte keine mehrheitliche Zustimmung gewinnen.

d) Prinzip der Verlustgemeinschaft

Einen Aspekt des Sozialen realisierte die Konkursordnung im Rahmen der Anfechtung mit dem Prinzip der Verlustgemeinschaft[216]. Im Mittelpunkt der Betrachtung stand grundsätzlich nicht der individuelle Gläubiger, sondern die Gemeinschaft der Gläubiger[217]. Hermann Fitting beschrieb das Ideal der Verlustgemeinschaft in seinem Lehrbuch folgendermaßen:

---

212 Oetker, Zur Reform der Konkursordnung, in: DJZ 16 (1911), Sp. 445-449.

213 Vgl. Meier, Die Geschichte des deutschen Konkursrechts; Kleinfeller, Die Änderungen der Konkursordnung, in: ZZP 25 (1899), S. 80-127; Kleinfeller, Das Bürgerliche Gesetzbuch und die Konkursordnung, in: DJZ 1 (1896), S. 474-478; Seuffert, Zur Revision der Konkursordnung bei Einführung des Bürgerlichen Gesetzbuches, in: ZZP 22 (1896), S. 475-526; Oetker, Die Konkursordnung in neuer Gestalt, in: DJZ 4 (1899), S. 265-268.

214 Vgl. Oetker, Zur Reform der Konkursordnung, in: DJZ 16 (1911), Sp. 445-449.

215 Oetker, Zur Reform der Konkursordnung, in: DJZ 16 (1911), Sp. 445-449, hier: Sp. 447.

216 Vgl. zum Prinzip der Verlustgemeinschaft: Sellert, Die Reichsjustizgesetze von 1879, in: JuS 17 (1977), S. 781-789; Pagenstecher/Grimm, Der Konkurs, § 1, S. 1 f.; Eickmann, Konkurs- und Vergleichsrecht, S. 13 ff.; Ogris, Artikel Konkurs, in: Erler/Kaufmann, Handwörterbuch der deutschen Rechtsgeschichte, Band 2, Sp. 1083-1085.

217 Vgl. zum Prinzip der Gleichheit der Gläubiger: Kohler, Lehrbuch des Konkursrechts, § 1, S. 1 ff.; Schultze, Das deutsche Konkursrecht in seinen juristischen Grundlagen, S. 9 ff.

> „Es müßte sonach von dem allgemeinen Rechtsgefühl als grobe Ungerechtigkeit empfunden werden, wenn jetzt auch noch einzelne Gläubiger mit Benutzung besonderer Gunst der Umstände oder des Schuldners sich ohne Rücksicht auf die übrigen aus jenem Aktivvermögen volle Befriedigung verschaffen und so die Folgen des gemeinsamen Mißgeschickes ausschließlich auf die übrigen abwälzen könnten.“[218]

Dieses Ziel konkretisiert sich normativ betrachtet in der Schaffung der weitreichenden Möglichkeiten zur Anfechtung nach §§ 23 ff. KO. Der einzelne Gläubiger sollte im Vorfeld des Konkurses keinen Vorteil zulasten der Masse erlangen. Der Verwalter sollte gegebenenfalls gegen jeden einzelnen Gläubiger im Wege der Anfechtung vorgehen können. Der Gesetzgeber wollte damit die Entstehung eines individuellen Sondervorteils verhindern. Das Ideal des Konkursverfahrens erkannte man in der gleichmäßigen Verteilung des noch vorhandenen Vermögens des Schuldners innerhalb der Gemeinschaft der Gläubiger[219]. Lothar von Seuffert beschrieb die Aufgabe des Konkursverfahrens in diesem Sinne folgendermaßen:

> „Konkursprozeß ist das gerichtliche Verfahren zum Zwecke der gleichmäßigen Befriedigung aller Gläubiger aus dem zur völligen Befriedigung vermutlich nicht ausreichenden Vermögen ihres Schuldners.“[220]

Das Leitmotiv war dabei die Idee, dass es bei einer Gruppe von Gläubigern, welche sich allesamt in der gleichen Situation befinden, gerechter sein müsste, jedem Gläubiger eine anteilsmäßige Erfüllung seiner Forderung zu sichern[221]. Anderenfalls würde praktisch das Recht des Stärkeren die Rechtswirklichkeit dominieren. Die Verteilung bliebe mehr oder weniger dem Zufall überlassen. Wolfgang Heinrich Puchta bezeichnete in dieser Hinsicht den Konkurs als eine „Wohlthat für die Gläubiger“[222]. Eine der wichtigsten Gründe für die Notwendigkeit eines staatlich geregelten Konkurses war es danach, dem einseitigen Vordringen einzelner Gläubiger eine Grenze zu setzen.

Nach Lothar von Seuffert entfaltete der Konkurs in dieser Hinsicht eine sozialpolitische Aufgabe[223]. In seinem Lehrbuch aus dem Jahre 1899 schrieb er in diesem Zusammenhang das Folgende:

---

218 Fitting, Das Reichs-Konkursrecht und Konkursverfahren, § 4, S. 16 f.

219 Motive IV, S. 44 ff.

220 Seuffert, Deutsches Konkursprozessrecht, § 1, S. 1.

221 Vgl. zum Problem der Priorität: Aufseß, Konkursrecht und Konkursverfahren, § 1, S. 1 f.; Jaeger, Lehrbuch des Deutschen Konkursrechts, § 1, S. 1 ff.; Schultze, Das deutsche Konkursrecht in seinen juristischen Grundlagen, S. 9 ff.; Kohler, Lehrbuch des Konkursrechts, § 1, S. 1 f.; Kleinfeller, Lehrbuch des deutschen Konkursrecht, § 1, S. 1 ff.

222 Puchta, Ueber den Concursprozeß, § 2, S. 4 ff.

223 Seuffert, Deutsches Konkursprozessrecht, § 1, S. 1.

„Können die Gläubiger aus dem Vermögen ihres Schuldners nicht ganz befriedigt werden, so müssen sie einen Ausfall erleiden. Der Erwägung, daß es billiger ist, wenn dieser Ausfall auf die Gläubiger verteilt wird, als wenn ein Gläubiger ganz befriedigt wird, während der andere leer ausgeht, verdankt der Konkursprozeß seine Entstehung und seine Berechtigung. Diese Erwägung berührt sich mit dem socialpolitischen Bestreben, einen Schaden durch Versicherung oder durch andere Maßregeln auf weite Kreise zu verteilen, um ihn für den Einzelnen zu verringern. Auch der Schaden, der für die Gläubiger dadurch eintritt, daß das vorhandene Vermögen nicht für alle ausreicht, wird leichter getragen, wenn er alle, als wenn er nur einzelne Gläubiger trifft."[224]

Der Gesichtspunkt der gleichmäßigen Verteilung des Schadens stand hierbei im Vordergrund. Wenn man den Schaden auf alle verteilen würde, dann wäre er für den Einzelnen geringer und leichter zu tragen. Darin erkannte Lothar von Seuffert die Idee der Versicherung wieder. Diese Auffassung betonte in besonderer Weise den Gedanken der Gemeinschaft der Gläubiger. Außerdem orientierte sich dieser Ansatz an dem Ideal des gleichmäßigen Ausgleichs. Die kollektive Tragung des Schadens sollte die individuelle Situation aller Beteiligten fördern.

e) Schutz des Verkehrs

Der Gesetzgeber erkannte in der Sicherheit des Verkehrs ein Ziel, das neben dem Schutz der Gläubiger ein Anliegen des Konkursverfahrens sein sollte[225]. Als Korrektiv für die weiten Anfechtungsmöglichkeiten konstruierte man daher eine Regelung für den Schutz der redlichen und gutgläubigen Anfechtungsgegner. Den Schutz des Verkehrs realisierte die Konkursordnung über das Prinzip des Vertrauensschutzes. Der Redliche sollte durch sein Vertrauen in die tatsächlichen Zustände keine Nachteile erleiden.

Die Anfechtung setzte aus diesem Grund grundsätzlich dessen Bösgläubigkeit voraus. Den Bösgläubigen hielt man generell für weniger schutzwürdig. Die einzige Ausnahme von dem Erfordernis des bösen Glaubens war die Schenkungsanfechtung. In diesem Bereich verlangte das Gesetz kein subjektives Moment. Das Vertrauen des gutgläubigen Begünstigten erlangte allerdings eine begrenzte Anerkennung durch die Beschränkung auf Schenkungen innerhalb des letzten Jahres vor der Eröffnung des Verfahrens.

Die Schutzrichtung orientierte sich hierbei weniger an den Interessen des Einzelnen. Mit dem Schutz des Verkehrs wollte der Gesetzgeber vorrangig die Interessen der Gesamtwirtschaft fördern. Der Wirtschaftsverkehr sollte

---

224 Seuffert, Deutsches Konkursprozessrecht, § 1, S. 1.
225 Motive IV, S. 108 ff.

möglichst nicht mit Unsicherheiten behaftet sein. Die Intention richtete sich auf das kollektive Wohl im Interesse der Volkswirtschaft.

III. Aussonderung

1. Regelungsproblem

Das praktische Bedürfnis für das Aussonderungsrecht fand man in dem Umstand begründet, dass sich oftmals schuldnerfremde Sachen im Besitz des Schuldners befanden[226]. Mit der Eröffnung des Verfahrens unterfielen diese Sachen zunächst der Beschlagnahme. Es bestand jedoch Einigkeit darüber, dass nur Sachen im Eigentum des Schuldners der Verwertung zugunsten seiner Gläubiger unterliegen sollten[227]. Sachen im Eigentum eines Dritten sollten dagegen nicht in das Beschlagrecht fallen[228]. Die Einbeziehung des Dritteigentums könnte man gleichsam als einen rechtswidrigen Eingriff in die Vermögenssphäre des Dritten bezeichnen[229].

Zum Schutz seines Eigentums gegen die Verwertung im Konkurs verlieh die Rechtsordnung dem Dritten daher ein Recht auf Aussonderung[230]. Die Aussonderungsberechtigten waren diejenigen, die mit dem Konkurs eigentlich gar nichts anderes zu tun hatten, als dass ihre Vermögensgegenstände rein tatsächlich in die Masse geraten waren[231]. Es handelte sich anders ausgedrückt um die Verteidigung eines massefremden Rechts[232].

Eine normative Aufgabe der Rechtsordnung war es demnach, ein Verfahren für die Extraktion aus der Masse zur Verfügung zu stellen. Letztlich ging es dabei um den Schutz des Dritten, dessen Vermögen ungewollt in die Verwertung geraten war. Für die Wahrung seiner Rechte war der Dritte regelmäßig auf die Hilfe durch staatliche Institutionen angewiesen. Der Gesetzgeber erkannte hierin eine Grundaufgabe des Konkursrechts. Die Notwendigkeit

226 Vgl. zur Geschichte der Aussonderung: Danckelmann, Aus- und Absonderungsrechte im deutschen Konkursrecht; vgl. zum Begriff des Eigentums: Hagemann, Artikel Eigentum, in: Erler/Kaufmann, Handwörterbuch zur deutschen Rechtsgeschichte, Band 1, Sp. 882-896.

227 Vgl. Kohler, Lehrbuch des Konkursrechts, § 33, S. 155 ff.; Jaeger/Lent, Konkursordnung, Band 1, 8. Aufl., § 43, Anm. 1, S. 598 f.

228 Vgl. Völderndorff, Konkursordnung für das Deutsche Reich, Aussonderung, Einleitung, S. 433 ff.

229 Seuffert, Deutsches Konkursprozessrecht, § 16, S. 89 ff.

230 Vgl. Jaeger, Lehrbuch des Deutschen Konkursrechts, § 16, S. 99 ff.

231 Baumann, Konkurs und Vergleich, § 10, S. 100 ff.

232 Kilger/Schmidt, Konkursordnung, § 43, Nr. 1, S. 253 f.

für ein Recht der Aussonderung im Konkurs begründete er in den Motiven wie folgt:

> „Die Gläubiger können ihre Befriedigung nur aus dem Vermögen erhalten, welches dem Schuldner gehört; nur dieses bildet die Konkursmasse [...]. Der Begriff derselben schließt fremdes Eigenthum aus. Wenn daher fremde Vermögensstücke bei Eröffnung des Konkurses mit denen des Gemeinschuldners in Beschlag genommen sind, so müssen dieselben wieder ausgeschieden und an die Berechtigten herausgegeben werden."[233]

Darüber hinaus berührte dieser Fragenkreis auch gesamtwirtschaftliche Aspekte. Die Gewährung eines Aussonderungsrechts sicherte den Kredit und war dadurch geeignet, die allgemeine Wirtschaft zu fördern[234]. Die Sicherung des Eigentums im Konkurs ermöglichte dem Warenlieferant die Lieferung auf Kredit, ohne dass er auf die sofortige und vollständige Bezahlung bestehen müsste. Ohne einen effektiven Schutz des Dritteigentums im Konkurs würde ein jeder Handeltreibender dagegen seine Ware tunlichst bis zum Zahlungseingang zurückbehalten.

In der konkreten Gestaltung der Konkursordnung hat der Gesetzgeber sodann drei Tatbestände für die Aussonderung vorgesehen. Neben dem allgemeinen Aussonderungsrecht (§ 35 KO) hat er Spezialtatbestände für das Aussonderungsrecht des Verkäufers (§ 36 KO) und das Aussonderungsrecht der Ehefrau (§ 37 KO) normiert.

2. Lösungsmodell des Gesetzgebers

a) Das allgemeine Aussonderungsrecht (§ 35 KO)

> „§ 35
>
> Die Ansprüche auf Aussonderung eines dem Gemeinschuldner nicht gehörigen Gegenstandes aus der Konkursmasse auf Grund eines dinglichen oder persönlichen Rechts bestimmen sich nach den außerhalb des Konkursverfahrens geltenden Gesetzen."[235]

In § 35 KO stellte die Konkursordnung den allgemeinen Grundsatz auf, dass die Ansprüche auf Aussonderung eines dem Gemeinschuldner nicht gehörigen Gegenstandes aus der Konkursmasse sich nach den außerhalb des Konkursverfahrens geltenden Gesetzen richtet.

233 Motive IV, S. 157.

234 Vgl. Hofer, „So haben Wir zur Beförderung des Credits vor nöthig befunden (…)" - Kreditsicherung durch Konkursrecht in der frühen Neuzeit, in: ZNR 26 (2004), S. 177-188.

235 RGBl. 1877, Nr. 10, S. 358.

Der Gesetzgeber verfolgte damit eine umfassende Anerkennung des Eigentums Dritter[236]. Der Hintergrund dieser Norm war die Vorstellung, dass die Rechte des Dritten durch den Konkurs weder einer Erweiterung noch einer Beschränkung unterliegen sollten[237]. Der Dritte sollte daher grundsätzlich einen uneingeschränkten Anspruch auf Aussonderung haben. Das Recht der Aussonderung hielt man im öffentlichen Interesse an der Bewährung des Eigentumsrechts für nicht durch Parteivereinbarung abdingbar[238]. Wenn das konkrete Objekt des Eigentums unterging, bestand freilich auch kein Aussonderungsrecht mehr, sondern gegebenenfalls ein Ersatzanspruch, welcher als Konkursforderung anzumelden wäre[239]. In den Motiven beschrieb der Gesetzgeber das praktische Bedürfnis für die Anerkennung eines Aussonderungsrechts wie folgt:

> „Der Anspruch gründet sich entweder auf ein Eigenthum an den zu gewährenden Gegenstand, - [...] -, oder der Anspruch verfolgt die Rückgabe des Gegenstandes auf Grund eines persönlichen Rechts. Das gemeinsame Kriterium liegt darin, daß der Gegenstand ein fremder ist, dem Gemeinschuldner nicht gehört."[240]

In der konkreten Normierung findet sich schließlich eine Generalklausel in der Gestalt des § 35 KO[241]. Die Aufzählung einzelner Fallgruppen erschien dem Gesetzgeber unter dem Gebot der Vollständigkeit unmöglich. Der Eigentumsschutz hatte somit eine große Reichweite. Der Gesetzgeber begründete seine Vorgehensweise wie folgt:

> „Die Aufzählung der einzelnen Fälle, in welchen ein Gegenstand aus der Konkursmasse herauszugeben, ist nirgend Sache des Gesetzes; besonders hier würde eine Aufzählung, selbst bei größter Sorgfalt, dem Vorwurf der Unvollständigkeit nicht entgehen, und, bei der Verschiedenheit der bürgerlichen Rechte, fast der Möglichkeit sich entziehen."[242]

Für die praktische Realisierung der Aussonderung verwies der Gesetzgeber danach auf die Vorschriften, die außerhalb des Konkurses galten. Die Frage der Eigentumszuweisung und der Herausgabeansprüche hielt man für eine Materie, deren Klärung ein Anliegen der allgemeinen Zivilrechtsordnung war

---

236 Vgl. Motive IV, S. 157 ff.

237 Vgl. Fuchs, Der deutsche Concursproceß, § 11, S. 57 ff.

238 Vgl. Warneyer, Konkursordnung, § 43, Nr. I, S. 209; Jaeger/Lent, Konkursordnung, Band 1, 8. Aufl., § 43, Anm. 10, S. 603.

239 Vgl. Völderndorff, Konkursordnung für das Deutsche Reich, § 35, S. 436 ff.

240 Motive IV, S. 160.

241 Vgl. Motive IV, S. 160 ff.

242 Motive IV, S. 160.

und nicht des Konkursrechts[243]. Der Dritte war in diesem Sinne eigentlich gar nicht am Verfahren beteiligt, allein sein Eigentum war in die Masse geraten. Dieser Natur entsprechend verwies die Konkursordnung zur Klärung dieser Frage auf die außerhalb des Konkurses geltenden Gesetze.

Das individuelle Eigentum erhielt in dieser Ausgestaltung des Aussonderungsrechts eine starke Rechtsposition. Hierin kann eine Gefahr für die Interessen der Gläubiger liegen[244]. Der Besitz des Schuldners könnte einen mehr oder weniger starken Rechtsschein in Bezug auf die Zugehörigkeit des betreffenden Gegenstandes zum Vermögen des Schuldners suggerieren. Die Gläubiger können mangels Kenntnis der konkreten Hintergründe des Einzelfalles aber die jeweilige Eigentumslage nicht prüfen. Die redlichen Gläubiger vertrauen deswegen möglicherweise darauf, dass die betreffende Sache als Haftungsobjekt zur Verfügung stehen würde.

Aspekte des Verkehrsschutzes befand der Gesetzgeber in diesem Kontext gleichwohl nicht für beachtlich. Die unbedingte Anerkennung des individuellen Eigentums hatte für ihn anscheinend ein größeres Gewicht. Das individuelle Eigentum hatte in dieser Betrachtung einen grundsätzlichen Vorrang vor der allgemeinen Sicherheit des Verkehrs[245]. Während beim Anfechtungsrecht der Gemeinschaftsgedanke in Bezug auf die Gläubiger vorherrschte, betonte die Kodifikation im Recht der Aussonderung die Individualrechte. Die Definition der Reichweite und der Grenzen des individuellen Eigentums ist eine Grundfrage der Rechtsordnung. Eine Diskussion über eine soziale Dimension der subjektiven Rechte fand im Rahmen der Kodifikation des allgemeinen Aussonderungsrechts nicht statt.

b) Das Aussonderungsrecht des Verkäufers (§ 36 KO)

„§ 36

Der Verkäufer oder Einkaufskommissionär kann Waaren, welche von einem anderen Orte an den Gemeinschuldner abgesendet und von dem Gemeinschuldner noch nicht vollständig bezahlt sind, zurückfordern, sofern nicht dieselben schon vor der Eröffnung des Verfahrens an dem Orte der Ablieferung angekommen und in den Gewahrsam des Gemeinschuldners oder einer anderen Person für ihn gelangt sind.

Die Bestimmungen des § 15 finden Anwendung.“[246]

243 Vgl. Völderndorff, Konkursordnung für das Deutsche Reich, § 35, S. 436 ff.

244 Vgl. Jaeger/Lent, Konkursordnung, Band 1, 8. Aufl., Einleitung, S. LV ff.

245 Vgl. Motive IV, S. 157 ff.

246 RGBl. 1877, Nr. 10, S. 358.

Nach § 36 KO konnte der Verkäufer Waren, welche er von einem anderen Ort an den Gemeinschuldner abgesendet hat und die noch nicht vollständig bezahlt sind, zurückfordern, sofern diese nicht schon vor der Eröffnung der Verfahrens an dem Ort der Ablieferung angekommen und in den Gewahrsam des Gemeinschuldners gelangt waren.

Das besondere Aussonderungsrecht des Verkäufers entstammte ursprünglich dem englischen Recht, war aber zum Zeitpunkt der Entstehung der Konkursordnung in den Rechtsordnungen der meisten Staaten anerkannt[247]. Der Gesetzgeber stellte hierzu das Folgende fest:

> „Das Recht des Verkäufers, in diesem Fall die unbezahlten Waaren zurückzufordern (right of stoppage in transitu, droit de suite) ist bei allen Handelsvölkern alt hergebracht. Es ist ein besonderer Fall und von besonderen Gesichtspunkten zu beurtheilen.“[248]

Es handelte sich hierbei um eine Ausnahme von dem allgemeinen Grundsatz der Aussonderung. Danach war dieses Rechtsinstitut in Gestalt des § 35 KO für den Schutz des individuellen Eigentums bestimmt. Abweichend von diesem Prinzip erweiterte die Möglichkeit der Aussonderung nach § 36 KO die Rechtsposition des Verkäufers, indem dieser unabhängig von der Eigentumslage ein Recht zur Aussonderung der Ware geltend machen konnte.

Die normative Berechtigung für diese Ausnahme sah man in der Tatsache begründet, dass der Verkäufer beim Versendungskauf regelmäßig zur Vorleistung verpflichtet war[249]. In den praktischen Auswirkungen erkannte man in dieser Vorschrift einen legitimen Aspekt des Schutzes zugunsten des einzelnen Verkäufers[250]. Der Verkäufer im Fernhandel wusste regelmäßig aufgrund der räumlichen Distanz nicht viel über die wirtschaftlichen Verhältnisse des Käufers[251]. Gleichwohl konnte er vertraglich zur Versendung der Ware verpflichtet sein, ohne dass er die vollständige Bezahlung für dieselbe bereits erhalten hätte. Andererseits waren die Käufer nicht ausnahmslos gewillt, die Abwicklung der Transaktion im Wege der Vorauskasse zu akzeptieren. Die Verweisung auf eine sofortige Zahlung würde den Handel zwischen entfernten Orten praktisch unmöglich machen[252]. Friedrich Oetker beschrieb in die-

247 Jaeger, Konkursordnung, Band 1, 5. Aufl., § 44, Einleitung, S. 688.

248 Motive IV, S. 165.

249 Vgl. Jaeger, Konkursordnung, Band 1, 5. Aufl., § 44, Anm. 2, S. 688 f.; Jaeger/Lent, Konkursordnung, Band 1, 8. Aufl., § 44, Anm. 2, S. 646.

250 Fuchs, Der deutsche Concursproceß, § 11, S. 57 ff.; Völderndorff, Konkursordnung für das Deutsche Reich, § 36, S. 455 ff.

251 Oetker, Das Verfolgungsrecht, § 17, S. 141 ff.

252 Petersen/Kleinfeller, Konkursordnung für das Deutsche Reich, § 36, S. 184 ff.

sem Zusammenhang in seiner Abhandlung über das Verfolgungsrecht nach § 36 KO aus dem Jahre 1883 den Normzweck folgendermaßen:

> „Der Kauf als die wichtigste Rechtsform des Güterumsatzes ist das eigentliche Handelsgeschäft, der Mittelpunkt jener vielgestaltigen Beziehungen des socialen Verkehrs, die man unter dem Worte „Handel" begreift. [...] Die wohltätigen Folgen des Verfolgungsrechts treffen den Handel in seinem Hebel, dem Credit. [...] In der großen Mehrzahl der Fälle aber ist ein Distanzgeschäft nicht nur im beschränkten factischen Sinne, sondern rechtlich Creditgeschäft. [...] Der auswärtige Verkäufer, der auswärtige Commissionär würden von dem Verluste der Waare um so härter betroffen werden, als es ihnen häufig unmöglich ist, zuverlässige Nachrichten über die Creditwürdigkeit ihres Mitcontrahenten zu erhalten. [...]. Dem Betruge wäre Thür und Thor geöffnet, der Credit auf das empfindlichste geschädigt, wenn ein solcher Verkäufer das gewährte Vertrauen mit dem dauernden Verluste seiner Waare zu büßen hätte."[253]

Die Rechtspolitik fühlte sich aus diesem Grund schließlich veranlasst, für die Interessen des Handelsverkehrs einen Spezialtatbestand der Aussonderung zu normieren. Die Akzeptanz dieser Privilegierung erfolgt allerdings nicht gänzlich ohne Bedenken. Das veranschaulicht der folgende Auszug aus den Motiven:

> „Nicht unwichtige Bedenken stehen entgegen. Der Verkäufer, welcher die Waare absendet, giebt - so kann man sagen - die Sache auf, er vertraut der Zahlung des Preises; hätte er Argwohn, so behielte er das Gut zurück."[254]

Der Gesetzgeber stellte danach die generelle Schutzbedürftigkeit des Verkäufers in Abrede, weil die Aufgabe des Besitzes an dem Objekt des Kaufes freiwillig geschah. Wollte der Verkäufer das damit verbundene Risiko nicht eingehen, hätte er nach dieser Sichtweise auf den Abschluss des Geschäfts verzichten müssen. Dabei blieb freilich die Frage außer Betracht, ob der Verkäufer aufgrund seiner wirtschaftlichen Situation in der Lage war, sämtliche Distanzgeschäfte abzulehnen. Möglicherweise war er zum Erhalt seines Umsatzes auf die Geschäfte mit auswärtigen Kunden angewiesen. In dieser Lage würde unabhängig von den wirtschaftlichen Möglichkeiten des Verkäufers zwar kein rechtlicher Zwang, aber eine faktische Notwendigkeit für die Lieferung auf Kredit existieren.

Im weiteren Verlauf der Beratungen hat der Gesetzgeber seine Bedenken gegen das Verfolgungsrecht des Verkäufers aufgegeben. Dazu hieß es in den Motiven:

---

253 Oetker, Das Verfolgungsrecht, § 17, S. 141 ff.
254 Motive IV, S. 165.

„Trotz solcher Bedenken hat bis auf die jüngste Zeit der Handelsverkehr dieses Recht nicht entbehren mögen.“[255]

Der Auszug zeigt, dass die Interessen des Handelsstandes für den Gesetzgeber der Grund dafür waren, dass Aussonderungsrecht des Verkäufers in die Konkursordnung aufzunehmen. Maßgeblich hierfür war eine allgemein wirtschaftfördernde Funktion, die man mit dem Recht der Aussonderung zu fördern meinte. In den Motiven finden sich für das praktische Bedürfnis dieser Regelung die folgenden Ausführungen:

„Sofortige Zahlung des Preises bei Abschluß des Handels wird, wenn nicht der Käufer schon an Ort und Stelle die Waare abnimmt, die Seltenheit bilden; auf sie die umsichtige Verkehrswelt zu verweisen, würde einen Hauptzweig des Handels lahm legen. Kann der Käufer die Waare nicht bis zur Zahlung zurückhalten, so muß, wenn der Konkurs die Zahlung in Frage stellt, die Waare ihm gesichert bleiben.“[256]

Der Gesetzgeber wollte danach ein Schutzrecht zugunsten des einzelnen Verkäufers normieren. Beachtenswert ist in diesem Zusammenhang, dass zu diesem Zeitpunkt das BGB noch nicht bestand. Nach dem jeweiligen partikularen bürgerlichen Recht gab es Fälle, in denen das Eigentum bereits durch den Vertragsschluss, die Absendung der Ware oder die Überlieferung des Ladescheins übergehen konnte[257]. Der Eigentumsübergang setzte also nicht stets voraus, dass eine tatsächliche Übergabe der Sache zwischen dem Verkäufer und dem Käufer stattfand. Dadurch konnte es vorkommen, dass die Waren bereits vor oder während des Transports in das Eigentum des Schuldners übergegangen sein konnten.

Durch die Norm des § 36 KO konnte der Verkäufer nunmehr auch dann die Ware aussondern, wenn sie bereits in das Eigentum des Schuldners übergegangen sein sollte. Der Verkäufer sollte sein Eigentum nicht wirksam an den Schuldner verlieren, wenn die Kaufpreiszahlung ausfällt. Das Recht zur Aussonderung förderte damit die Reichweite des individuellen Eigentumsrechts im Interesse des Verkäufers. Der weitreichende Schutz des Eigentums entspricht dem Grundanliegen, das bereits bei der Normierung des allgemeinen Aussonderungsrechts nach § 35 KO leitend war. Das Eigentum hatte im Konkurs eine vergleichsweise starke Rechtsposition.

Darüber hinaus zeigt der Auszug aus den Motiven, dass der Gesetzgeber noch einen weitergehenden Zweck mit der Anerkennung des Aussonderungsrechts des Verkäufers verfolgte. Die Förderung des allgemeinen Handels soll-

255 Motive IV, S. 165.
256 Motive IV, S. 166.
257 Vgl. Fuchs, Der deutsche Concursproceß, § 11, S. 57 ff.

te ebenfalls eine Aufgabe der Konkursordnung sein[258]. Die Rechtspolitik war darauf bedacht, den zunehmenden Versandhandel in keiner Weise zu behindern[259]. In der Konsequenz förderte dieses Vorgehen die Interessen der Wirtschaft als Gesamtheit. Die Förderung des allgemeinen Handels zielte weniger auf die individuellen Rechte, sondern auf den kollektiven Nutzen. Der Kauf war im 19. Jahrhundert in wirtschaftlicher Hinsicht die wichtigste Rechtsform des Güterumsatzes[260]. In diesem Kontext förderte das Verfolgungsrecht die allgemeine Kreditbereitschaft der Verkäufer und damit den gesamten Handel[261].

Daneben förderte das Aussonderungsrecht auch die Rechtslage des einzelnen Schuldners. Seine Kreditwürdigkeit war durch die Zubilligung eines Aussonderungsrechts zugunsten des Verkäufers in der Regel größer. Der Verkäufer erhielt dadurch kraft Gesetzes eine Sicherheit für seinen Kredit. Dies erleichterte dem Schuldner die Beschaffung von Waren und reduzierte gleichzeitig das Risiko für den Verkäufer. Für den Verkäufer war das Verfolgungsrecht günstig, weil er sich im Fernhandel oftmals nur eingeschränkt über die Kreditwürdigkeit des Schuldners informieren konnte[262].

Neben dem primär wirtschaftlichen Aspekt verfolgte der Gesetzgeber noch ein weiteres Ziel mit der Anerkennung des Aussonderungsrechts des Verkäufers. Dieses Institut sollte zusätzlich ein Mittel für die Bekämpfung des Missbrauchs des Konkursverfahrens sein.[263]. In den Motiven beschreibt der Gesetzgeber diese Intention wie folgt:

> „Entscheidend aber dafür, es beizubehalten, ist der Umstand, daß sonst gewissenlosen Schuldnern die Handhabe geboten würde, noch am Vorabend ihrer Zahlungseinstellung und kurz vor der Konkurseröffnung von auswärts Waaren zu bestellen, um dadurch die Aktivmasse und die Dividende auf Kosten vorwurfsfreier Verkäufer zu vergrößern, [...].“[264]

Die Etablierung eines Instruments zur Verhinderung von Missbrauch war für den Gesetzgeber demnach mindestens ebenso entscheidend wie der Aspekt der allgemeinen Wirtschaftsförderung oder der Schutz des einzelnen Verkäufers. Es bestätigt sich hierin ein Befund, der bereits beim Recht der Anfechtung im Konkurs zu erkennen war. Für den Gesetzgeber bestand in der Existenz unredlicher Schuldner eine große abstrakte Gefahr. Die Bekämpfung des

258 Vgl. Wengler, Die Konkursordnung für das Deutsche Reich, § 36, S. 261 ff.
259 Vgl. Motive IV, S. 163 ff.
260 Oetker, Das Verfolgungsrecht, § 17, S. 141 ff.
261 Vgl. Oetker, Das Verfolgungsrecht, § 17, S. 141 ff.
262 Vgl. Oetker, Das Verfolgungsrecht, § 17, S. 141 ff.
263 Vgl. Völderndorff, Konkursordnung für das Deutsche Reich, § 36, S. 455 ff.
264 Motive IV, S. 166.

Missbrauchs kann man gleichsam als ein Leitmotiv im Rahmen der Kodifikation der Konkursordnung identifizieren. Die Interessen die anderen Beteiligten waren demgegenüber vergleichsweise weniger gewichtig.

Im Ergebnis förderte die Bekämpfung des Missbrauchs das Ideal eines gerechten Ausgleichs. Durch unredliche Verhaltensweisen in der zuvor geschilderten Art könnte für die Gemeinschaft der Gläubiger ein Vorteil zulasten eines Einzelnen entstehen. Es würde sich gleichsam als ein Sonderopfer des Betroffenen darstellen, zu welchem er keinen rechtlichen Zwang hatte.

Für eine relevante Frage im Rahmen der Aussonderung hielt der Gesetzgeber schließlich auch noch den Schutz des allgemeinen Verkehrs. Dazu hieß es in den Motiven:

> „[...] daß die übrigen Konkursgläubiger durch die Rückforderung der Waare nicht getäuscht werden können, weil zu der Zeit, als sie Kredit gaben, die Waare noch nicht im Besitz des Gemeinschuldners sich befand, [...].“[265]

Bezugspunkt der Erwägung ist der Rechtsschein des Besitzes. Hierin könnte eine allgemeine Gefahr der Täuschung liegen. Der Gesetzgeber erkannte im Ergebnis aber letztlich keine hinreichend konkrete Gefahr, die eine abweichende Normierung notwendig machen würde. Hintergrund war die Tatsache, dass nach § 36 KO das Aussonderungsrecht des Verkäufers nicht mehr bestand, sobald die Ware in den Gewahrsam des Schuldners gelangte. Erst mit der Erlangung des Besitzes durch den Schuldner würde eine Gefahr der Täuschung über die Vermögensverhältnisse vorliegen können. Solange sich die Ware noch auf dem Transportweg befand, wollte der Gesetzgeber dagegen keinen schutzwürdigen Vertrauenstatbestand anerkennen.

In der Zusammenschau zeigt sich, dass der Gesetzgeber die Interessen der Gläubiger und die Interessen des Verkehrs für wichtige Aspekte des Konkursverfahrens hielt. Obschon man rechtspolitisch mit dem Recht der Aussonderung vorrangig einen umfänglichen Schutz des individuellen Eigentums intendierte, nahm man zum Abschluss gewissermaßen eine Überprüfung vor, ob die gefundene Normierung mit den Rechten der Gläubiger und mit dem Schutz des Verkehrs zu vereinbaren wäre.

265 Motive IV, S. 166.

c) Das Aussonderungsrecht der Ehefrau (§ 37 KO)

> „§ 37
>
> Die Ehefrau des Gemeinschuldners kann Gegenstände, welche sie während der Ehe erworben hat, nur in Anspruch nehmen, wenn sie beweist, daß dieselben nicht mit Mitteln des Gemeinschuldners erworben sind.“[266]

Einen weiteren Spezialtatbestand der Aussonderung hat der Gesetzgeber für die Ehefrau des Schuldners geschaffen. Nach § 37 KO konnte die Ehefrau Gegenstände, welche sie während der Ehe erworben hatte, in Anspruch nehmen, wenn sie beweisen konnte, dass sie dieselben nicht mit Mitteln des Gemeinschuldners erworben hatte.

Das Aussonderungsrecht der Ehefrau hatte eine lange und gleichermaßen wechselhafte Tradition[267]. Das römische Recht wollte die Ehefrau im Konkurs begünstigen, das deutsche Recht ließ sie dagegen zurücktreten[268]. Dieser Fragenkreis galt außerdem als eine der wichtigsten und schwierigsten Fragen des Konkursrechts[269].

In der konkreten Normierung der Konkursordnung findet sich in Gestalt des § 37 KO eine Anerkennung des Aussonderungsrechts der Ehefrau. Allerdings unterlag dieses Recht gegenüber dem allgemeinen Aussonderungsrecht nach § 35 KO einer Einschränkung. Nach dem Grundsatz des allgemeinen Aussonderungsrechts könnte die Ehefrau alle Sachen, die sich in ihrem Eigentum befanden, aussondern. Nach der Spezialvorschrift des § 37 KO konnte sie nunmehr aber keine Sachen aussondern, die sie mit Mitteln des Schuldners erworben hatte.

Es bestand hier letztlich eine Kollision zwischen dem Eigentumsschutz der Ehefrau und dem Forderungsrechte der Gläubiger. Die Ehefrau hatte unabhängig von der Frage der Mittelbeschaffung zunächst formal wirksam Eigentum erworben. Insoweit spräche einiges dafür, ihr ein Recht der Aussonderung zuzuerkennen. Für die Gläubiger wäre es andererseits günstig, wenn die Masse für die Erfüllung ihrer Forderungen möglichst auch auf das Eigentum der Ehefrau ausgedehnt wäre. Sie erhielten dann aufgrund der größeren Masse einen größeren Teil ihrer Forderungen erstattet. Nach dieser Prämisse wäre eine Beschränkung der Rechte der Ehefrau anzustreben gewesen.

Die Konkursordnung verfolgte in dieser Gemengelage einen Kompromiss. Das Aussonderungsrecht der Ehefrau fand zunächst eine prinzipielle Anerkennung. Die praktische Reichweite des Rechts war allerdings eingeschränkt.

266 RGBl. 1877, Nr. 10, S. 358.
267 Vgl. Motive IV, S. 170 ff.
268 Motive IV, S. 170 ff.; Wilmowski, Deutsche Reichs-Konkursordnung, § 45, Nr. 1, S. 210.
269 Völderndorff, Konkursordnung für das Deutsche Reich, § 37, S. 470 ff.

Die Notwendigkeit für eine Einschränkung begründete man mit einer Gefahr des Missbrauchs[270]. Man befürchtete insbesondere das Risiko von absichtlichen oder fahrlässigen Verschiebungen des Vermögens innerhalb der Familie[271]. Die formale Zuweisung des Eigentumsrechts zugunsten der Ehefrau des Schuldners bei gleichzeitiger wirtschaftlicher Nutzung der Sache durch den Schuldner könnte die Gläubiger über die Kreditwürdigkeit täuschen[272].

Der Gesetzgeber hat diese Gefahr ebenfalls gesehen. Eine Aufgabe des Konkursrechts sollte deswegen darin bestehen, die Rechte der Gläubiger vor diesen Gefahren zu schützen. In den Motiven begründete der Gesetzgeber die Notwendigkeit einer Beschränkung der Rechte der Ehefrau schließlich wie folgt:

> „Es liegt in der Natur der Ehe und ist im allgemeinen nicht zu umgehen, daß thatsächlich und unvermerkt eine Vermischung des Vermögens von Mann und Frau eintritt, daß durch Hin- und Hergeben, durch Austausch und durch veränderte Anlage die Selbständigkeit des beiderseitigen Vermögens der äußeren Erkennbarkeit entrückt wird. Gegen diese Gefahren einer absichtlichen, fahrlässigen oder unvermeidlichen Täuschung müssen die Gläubiger rechtlich geschützt werden."[273]

Die Motive beschäftigten sich aus diesem Anlass mit der Frage, ob das Eigentum der Ehefrau im Konkurs des Schuldners generell schutzwürdig sein sollte[274]. Dem lag die Vorstellung zugrunde, dass es in den ehelichen Verhältnissen begründet liegen könnte, dass die Ehefrau in Zeiten der Bedrängnis ihr Vermögen für ihren Mann und seine Gläubiger opfern müsste[275]. Diese Auffassung konstruierte gewissermaßen das Modell einer ehelichen Haftungsgemeinschaft. Der Gesetzgeber hat diesen Ansatz allerdings im weiteren Verlauf nicht weiter verfolgt. Offenbar hielt er dieses Konzept für eine zu weitgehende Belastung für das Eigentum der Ehefrau. In den Motiven findet sich hierzu der folgende Gedanke:

> „Aber nicht in allen und wohl kaum in den meisten Fällen wird die Aufopferung ihres Vermögen als sittlich geboten erscheinen. Ein rechtlicher Zwang, der alle Fälle ohne Unterschied erfaßte, würde geradezu gegen die Moral verstoßen."[276]

---

270 Fuchs, Der deutsche Concursproceß, § 11, S. 57 ff.; Jaeger/Lent, Konkursordnung, Band 1, 8. Aufl., § 45, Anm. 1, S. 658 f.

271 Vgl. Jaeger, Konkursordnung, Band 1, 5. Aufl., § 45, Anm. 1, S. 701 f.

272 Vgl. Jaeger, Konkursordnung, Band 1, 5. Aufl., § 45, Anm. 1, S. 701 f.

273 Motive IV, S. 176.

274 Motive IV, S. 170 ff.

275 Motive IV, S. 170 ff.

276 Motive IV, S. 175.

Der Gesetzgeber erkannte eine Aufgabe der Konkursordnung darin, das Eigentum der Ehefrau im Konkurs des Ehemannes abzusichern. Die Interessen der Gemeinschaft der Gläubiger mussten nach dieser Ansicht prinzipiell hinter das individuelle Eigentumsrecht zurücktreten. In den Motiven begründete man dieses Vorgehen folgendermaßen:

> „Andererseits vermag der Umstand, daß der Ehemann zahlungsunfähig geworden, die vom Civilrecht anerkannten Eigenthumsrechte der Frau an und für sich nicht zu beschränken."[277]

Im weiteren Verlauf der Ausführungen fasste der Gesetzgeber diesen Aspekt wie folgt zusammen:

> „Als Regel wird man daher auszugehen haben von dem Satze: die Ehefrau ist befugt, dasjenige, was sie außerhalb des Konkurses nach Civilrecht als ihr Eigenthum beanspruchen kann, auch nach Eintritt des Konkursverfahrens über das Vermögen ihres Ehemanns zu verfolgen."[278]

Eine normative Lösung für das Problem des möglichen Missbrauchs verfolgte die Rechtspolitik mit einer Beschränkung der Aussonderung auf die Sachen, die die Ehefrau mit eigenen Mitteln angeschafft hatte. Nur in diesem Fall hielt man das Eigentumsrecht der Ehefrau für anerkennungsfähig. Sachen, die die Ehefrau mit den Mitteln des Schuldners angeschafft hatte, behandelte man in wirtschaftlicher Hinsicht als Bestandteile des Vermögens des Schuldners. Durch diese Konstruktion hatte das formale Eigentum der Ehefrau nur zum Teil eine Anerkennung im Konkurs.

Für die Gemeinschaft der Gläubiger erkannte der Gesetzgeber durch die Anerkennung des Eigentums der Ehefrau keine relevante Gefahr. Dazu führte er in den Motiven das Folgende an:

> „Bei gediegenem Kreditiren fällt das Vermögen Anderer nicht ins Gewicht, das Vermögen der Frau so wenig, wie das der Kinder."[279]

Das allgemeine Ziel des Gläubigerschutzes war folglich (wie bei allen untersuchten Institutionen des Konkursrechts) beim Recht der Aussonderung ein Leitmotiv der Gesetzgebung. Es handelte sich gewissermaßen wiederum um eine Kontrollüberlegung des Gesetzgebers. Einerseits wollte er das Eigentum der Ehefrau im Konkurs prinzipiell anerkennen, andererseits erfolgte im unmittelbaren Zusammenhang eine Prüfung, ob dieses Anliegen mit dem Schutz der Gläubiger zu vereinbaren wäre. In der Wertung des Gesetzgebers konnte

277 Motive IV, S. 175.
278 Motive IV, S. 174.
279 Motive IV, S. 175.

ein Schutz des Eigentums nur unter der Prämisse stattfinden, dass die Interessen der Gläubiger dadurch nicht gefährdet waren.

Ein Problem des Tatbestandes bestand in der Tatsache, dass die Ehefrau den Erwerb aus eigenen Mitteln im Falle eines Prozesses nachweisen musste[280]. Das formale Eigentumsrecht war zwar gesichert, praktisch war es aber aufgrund der Beweislastverteilung nur schwierig durchzusetzen.

Der Gesetzgeber hatte in diesem Bereich keine Bedenken. Er stellte sich die Lage so vor, dass dem Verwalter die Beweisführung regelmäßig unmöglich wäre, während die Ehefrau anhand ihrer Unterlagen den Nachweis ohne Weiteres zu führen vermochte[281]. In den Motiven finden sich dazu die folgenden Erwägungen:

> „Der von der Ehefrau verlangte Nachweis kann allerdings Schwierigkeiten unterliegen. Je schwieriger aber das Zurückgehen in der Reihe der Erwerbsgeschäfte ist, desto klarer wird die Nothwendigkeit erhellen, der Ehefrau und nicht dem Konkursverwalter die Angabe der Rechtsgeschäfte aufzuerlegen. Dieser würde zu der Nachforschung nicht in der Lage sein; die Ehefrau ist es."[282]

Diese Annahme setzt eine hohe Sorgfaltsobliegenheit voraus. Jedenfalls aber trug die Ehefrau das Prozessrisiko für den Fall, dass sie den Nachweis nicht erbringen konnte. Diese Belastung hielt der Gesetzgeber offenbar für zumutbar.

Der Abgeordnete Levin Goldschmidt äußerte in den Beratungen der Konkursordnung eine Kritik an der ungünstigen Rechtsposition der Ehefrau im Konkurs auf der Grundlage der konkreten Fassung des § 37 KO und beantragte die Streichung dieser Norm[283]. Der Regierungsrat Carl Hagens führte daraufhin aus, dass die Regelung des § 37 KO keine besondere Härte zulasten der Ehefrau begründen wollte[284]. Nach dem Inkrafttreten der neuen Konkursordnung würde es lediglich die Pflicht der Eheleute sein, den Erwerb der Ehefrau nachweisbar zu machen.

Die Abgeordneten Hermann von Vahl und Wolf Frankenburger teilten sodann mit, dass sie die Norm des § 37 KO trotzdem für hart bzw. rigoros halten würden, aber sich dennoch für den Erhalt dieser Regelung aussprechen wollten[285]. Schließlich erklärte auch der Abgeordnete Heinrich Gerhard Au-

280 Vgl. Petersen/Kleinfeller, Konkursordnung für das Deutsche Reich, § 37, S. 197 ff.; Völderndorff, Konkursordnung für das Deutsche Reich, § 37, S. 470 ff.

281 Motive IV, S. 170 ff.

282 Motive IV, S. 179.

283 Vgl. Motive IV, S. 545 ff.

284 Vgl. Motive IV, S. 545 ff.

285 Vgl. Motive IV, S. 545 ff.

gust Hullmann einige Bedenken gegen die Fassung des § 37 KO[286]. Im Ergebnis sprachen sich die Mitglieder der Reichstagskommission aber letztlich für die Beibehaltung unveränderte Version des § 37 KO aus[287]. Die Bedenken über eine möglicherweise unbillige Härte für die Ehefrau fanden keine legislativ wirksame Zustimmung in der Kommission.

Die Beschränkung des Aussonderungsrechts sollte einen Beitrag für die allgemeine Aufgabe der Bekämpfung des Missbrauchs liefern. Für den Gesetzgeber war in diesem Zusammenhang der Schutz der Gläubiger das vorrangige Ziel. Im Interesse der Gläubiger fand in diesem Bereich die Anerkennung des Eigentumsrechts nur in einer eingeschränkten Form statt.

In der Normierung des § 37 KO erkannte man eine rechtspolitisch gewollte strukturelle Benachteiligung des Familienverbandes[288]. Das Institut der Ehe hatte in dieser Form prinzipiell keine rechtlichen Auswirkungen auf die Situation der Beteiligten im Konkurs. Die Ehefrau war im Konkurs in rechtlicher Hinsicht grundsätzlich den übrigen Gläubigern gleichgestellt. Die Rechtspolitik im ausgehenden 19. Jahrhundert erkannte in der Förderung der Familie als solcher keine Aufgabe des Konkursrechts.

3. Ergebnis

a) Schutz des Eigentums

Mit dem Institut der Aussonderung intendierte der Gesetzgeber hauptsächlich den Schutz des Eigentums. Die Anerkennung des individuellen Eigentums im Konkurs hatte einen hohen Stellenwert. Der Eigentümer einer massefremden Sache konnte dieselbe ohne weitere Voraussetzungen nach § 35 KO aussondern. Der Schutz der subjektiven Rechte des Einzelnen durch die Rechtsgemeinschaft ist zugleich eine Grundfrage der Rechtsordnung. Eine Diskussion über die Existenz einer sozialen Bedeutung des individuellen Eigentums war in diesem Bereich kein expliziter Gegenstand der Diskussion. Die absoluten subjektiven Rechte hatten im Konkurs eine umfassende Wirksamkeit.

b) Förderung des Handels

Mit dem Verfolgungsrecht des Verkäufers nach § 36 KO wollte man primär den zunehmenden Fernhandel unterstützen. Die Funktion dieses Rechtsinsti-

286 Vgl. Motive IV, S. 545 ff.
287 Vgl. Motive IV, S. 545 ff.
288 Vgl. Wilmowski, Deutsche Reichs-Konkursordnung, § 45, Nr. 1 ff., S. 210 ff.; Völderndorff, Konkursordnung für das Deutsche Reich, § 37, S. 470 ff.

tuts sollte vorrangig darin liegen, die allgemeine Kreditbereitschaft der Verkäufer zu steigern. Gleichzeitig sollte das Vorzugsrecht die Kreditwürdigkeit des Schuldners verbessern. Das Aussonderungsrecht richtete sich dabei nach seiner Intention auf die Förderung des kollektiven Nutzens. Die leitende Motivation der Rechtspolitik basierte vornehmlich auf wirtschaftlichen Erwägungen im Interesse der gesamten Gesellschaft.

In seiner praktischen Wirkung verstärkte das besondere Aussonderungsrecht nach § 36 KO daneben das individuelle Eigentumsrecht des Verkäufers. Im Falle des Konkurses des Käufers stand dem Verkäufer danach nämlich ein Recht zur Aussonderung auch dann zu, falls er das Eigentum an dem Objekt des Kaufes zuvor bereits verloren haben sollte. Der Verkäufer sollte sein Eigentum nicht verlieren, wenn seine Gegenleistung ausbleibt. Hierin liegt eine erhebliche Erweiterung für die Reichweite des Eigentumsrechts im Interesse des Verkäufers. Das Individualinteresse war für den Gesetzgeber in diesem Bereich allerdings weniger wichtig als die Förderung der gesamtwirtschaftlichen Belange.

c) Rechtsposition der Ehefrau

Das besondere Aussonderungsrecht der Ehefrau nach § 37 KO enthielt gegenüber dem allgemeinen Recht der Aussonderung nach § 35 KO eine substanzielle Einschränkung zulasten der Ehefrau[289]. Das Recht zur Aussonderung nach § 37 KO war daran gebunden, dass die Ehefrau den Beweis für die Tatsache erbrachte, dass sie die betreffende Sache mit eigenen Mitteln erworben hatte.

Hierin kann man eine zweifache Einschränkung erkennen. Die erste Einschränkung bestand darin, dass der Gesetzgeber das vollwirksame Eigentum der Ehefrau nicht in jeder Hinsicht anerkannte. Nur das mit eigenen Mitteln erworbene Eigentum galt in der Situation des Konkurses als schutzwürdig. Die zweite Einschränkung lag in der Beweislastverteilung. Die Ehefrau musste aufgrund der konkreten Normierung den Erwerb aus eigenen Mitteln im Falle eines Prozesses nachweisen. Damit beschwerte das Gesetz die Eheleute praktisch mit der Notwendigkeit, alle privaten wirtschaftlichen Transaktionen rechtssicher zu dokumentieren. Das Prozessrisiko wirkte sich dabei jedenfalls zum Nachteil der der Ehefrau aus.

Das Recht der Aussonderung nach § 37 KO kann man als einen Kompromiss zwischen zwei gegenläufigen Prinzipien beschreiben. Einerseits wollte der Gesetzgeber das Eigentumsrecht der Ehefrau im Konkurs grundsätzlich

289 Vgl. Wilmowski, Deutsche Reichs-Konkursordnung, § 45, Nr. 1 ff., S. 210 ff.; Völderndorff, Konkursordnung für das Deutsche Reich, § 37, S. 470 ff.

anerkennen. Andererseits waren aber auch die Gefahren des Missbrauchs ein Leitmotiv der Gesetzgebung. Unredliche Transaktionen innerhalb der Familie hielt man für ein reales Problem. Im Widerstreit der Interessen erkannte der Gesetzgeber in der Regelung des § 37 KO einen angemessenen Ausgleich der gegenläufigen Ziele. Der Rechtskreis der Gläubiger erlangte durch diese Ausgestaltung eine strukturelle Bevorzugung.

IV. Absonderung

1. Regelungsproblem

Die Absonderung war in der Tradition des europäischen Rechts schon lange bekannt, obgleich sie im Verlauf der Geschichte eine höchst unterschiedliche Ausgestaltung gefunden hatte[290]. Das besondere normative Problem konnte man in dem Umstand erkennen, dass die betreffende Sache sich in der Masse befand, obwohl ein Dritter ein Verwertungsrecht an derselben hatte[291]. Regelmäßig war der Dritte zugleich der Inhaber einer persönlichen Forderung gegen den Schuldner und hatte daher die Position eines Konkursgläubigers. Das Pfandrecht war zumeist ein Sicherungsinstrument für diese Forderung.

Im Rahmen der Absonderung trafen das individuelle Verwertungsrecht des einzelnen Gläubigers und das kollektive Verwertungsrecht der Gemeinschaft der Gläubiger aufeinander. Der durch ein Pfandrecht gesicherte Gläubiger hatte ein Interesse an der Anerkennung seines Verwertungsrechts. Die übrigen Gläubiger hatten dagegen ein Interesse an einer Vergrößerung der Masse durch die Einbeziehung der betreffenden Sache. Das normative Gestaltungsproblem lag in der Anerkennung des Schutzes individueller Verwertungsrechte unter der Bedingung des Konkurses.

Der Gesetzgeber entschied sich zunächst für die grundsätzliche Anerkennung von Vorzugsrechten im Konkurs. In den Motiven hieß es dazu:

> „Dient ein bestimmter Gegenstand oder Theil des Vermögens zur vorzugsweisen Befriedigung des einen oder des anderen Gläubigers, so scheidet der Anspruch aus dem Konkursverfahren. Der Berechtigte kann seine abgesonderte Befriedigung verlangen."[292]

---

290 Vgl. Völderndorff, Konkursordnung für das Deutsche Reich, Absonderung, Einleitung, S. 491 ff.; vgl. zur Geschichte der Absonderung: Danckelmann, Aus- und Absonderungsrechte im deutschen Konkursrecht.

291 Vgl. Jaeger/Lent, Konkursordnung, Band 1, 8. Aufl., § 47, Anm. 1, S. 681; Kohler, Lehrbuch des Konkursrechts, § 33, S. 155 ff.

292 Motive IV, S. 185.

Das individuelle Verwertungsrecht des Einzelnen erfuhr hierdurch eine Bevorzugung gegenüber den Interessen der Gemeinschaft der Gläubiger. Diese Regelung konnte eine Gefahr für die Gläubiger im Allgemeinen sein[293]. Das Vermögen des Schuldners konnte zuweilen mit Absonderungsrechten belastet sein, ohne dass diese Tatsache für die Kreditgeber äußerlich erkennbar wäre. Der Gesetzgeber verfolgte dessen ungeachtet eine prinzipielle Anerkennung bestimmter Vorzugsrechte im Konkurs.

Im Rahmen der Kodifikation der Konkursordnung erfolgte eine Normierung von drei Tatbeständen der Absonderung. Das Gesetz enthielt einen Tatbestand der Absonderung für die Grundpfandrechte (§ 39 KO). Außerdem normierte man zwei verschiedene Tatbestände für die Pfandrechte an beweglichen Sachen. Das Gesetz differenzierte in diesem Bereich zwischen den vertraglichen Pfandrechten (§ 40 KO) und den gesetzlichen Pfandrechten (§ 41 KO).

2. Lösungsmodell des Gesetzgebers

a) Grundpfandrechte (§ 39 KO)

> „§ 39
>
> Zur abgesonderten Befriedigung dienen die Gegenstande, welche in Ansehung der Zwangsvollstreckung zum unbeweglichen Vermögen gehören, insoweit ein dingliches oder sonstiges Recht auf vorzugsweise Befriedigung aus denselben besteht.
>
> Den Umfang der Immobiliarmasse, sowie den Umfang und die Rangordnung der aus derselben zu berichtigenden Ansprüche bestimmen die Reichsgesetze und Landesgesetze Konkursordnung."[294]

Die Norm des § 39 KO enthielt ein Recht zur Absonderung an den Sachen, die in Ansehung der Zwangsvollstreckung zum unbeweglichen Vermögen gehörten, insoweit ein Recht auf vorzugsweise Befriedigung aus denselben bestand. Der Gesetzgeber verschaffte mit dieser Regelung den Verwertungsrechten an Grundstücken eine unbeschränkte Anerkennung im Konkurs. In den Motiven führte er dazu das Folgende aus:

> „Das Recht der Realgläubiger auf Absonderung der ihnen dinglich verhafteten Gegenstände bedarf keiner weiteren Begründung. Naturgemäß wird man aber, von den Objekten ausgehend, die Separationsansprüche an unbeweglichen von denen an beweglichen Gegenständen unterscheiden müssen. In Beziehung auf

293 Vgl. Jaeger/Lent, Konkursordnung, Band 1, 8. Aufl., Einleitung, S. LV ff.

294 RGBl. 1877, Nr. 10, S. 359.

die Immobilien des Gemeinschuldners ist das Separationsrecht der Realgläubiger im Prinzip überall anerkannt."[295]

Die generelle Anerkennung von Grundpfandrechten war in den partikularen Gesetzgebungen weit verbreitet[296]. Die Gesetzgebung orientierte sich an diesem Befund, ohne in dieser Frage einen darüber hinausgehenden Anspruch auf Gestaltung zu verfolgen. Die Absicherung von Pfandrechten an Immobilien in der Situation des Konkurses hatte in rechtspolitischer Hinsicht für sich selbst betrachtet eine legitime Bedeutung. Die Interessen der übrigen Beteiligten und der allgemeinen Verkehrsschutzes blieben dabei ohne weitere Beachtung. Die Gläubiger, deren Forderungen mit einem Grundpfandrecht abgesichert waren, hatten im Konkurs eine vergleichsweise starke Rechtsposition.

Darüber hinaus erkannte man in rechtspolitischer Hinsicht bei den Pfandrechten an unbeweglichen Sachen eine große Bedeutung für den allgemeinen Kredit. Das veranschaulicht der folgende Auszug aus den Motiven:

> „Die einzelne bewegliche Sache nimmt nicht wie das unbewegliche Gut für Recht und Kredit ein besonderes Gebiet ein. Sie ist dazu bestimmt, im Verkehr den Eigenthümer zu wechseln; das Eigenthum an ihr tritt nicht individuell in die Erscheinung."[297]

Der Gesetzgeber ging davon aus, dass Immobilien regelmäßig eine besonders wichtige Bedeutung für die Absicherung von Krediten hätten. Die Funktion des Grundstücks als ein Mittel der Kreditsicherung wollte man unterstützen. Die Intention richtete sich auf dabei auf das kollektive Interesse an geordneten Kreditverhältnissen. Weiterführende Erwägungen über die Bedeutung der Grundpfandrechte waren in diesem Zusammenhang nicht feststellbar.

b) Vertragliche Pfandrechte (§ 40 KO)

> „§ 40
>
> Gläubiger, welche an einer beweglichen körperlichen Sache, an einer Forderung oder an einem anderen Vermögensrechte des Gemeinschuldners ein Faustpfandrecht haben, können aus den ihnen verpfändeten Gegenständen abgesonderte Befriedigung wegen ihrer Pfandforderung verlangen, zunächst wegen der Kosten, dann wegen der Zinsen, zuletzt wegen des Kapitals."[298]

Nach § 40 KO konnten Gläubiger, die an einer beweglichen Sache ein Faustpfandrecht hatten, die abgesonderte Erfüllung ihrer Pfandforderung verlangen. Das Gesetz verschaffte bei den beweglichen Sachen ausschließlich dem

295 Motive IV, S. 186.

296 Vgl. Völderndorff, Konkursordnung für das Deutsche Reich, § 39, S. 493 ff.

297 Motive IV, S. 190.

298 RGBl. 1877, Nr. 10, S. 359.

Faustpfandrecht eine Anerkennung im Konkurs. Alle anderen vertraglichen Pfandrechte bei beweglichen Sachen blieben ohne Akzeptanz.

Eines der größten Probleme im Recht der Absonderung erkannte man vormals in der Unklarheit über die Existenz und die Reichweite eventueller Verwertungsrechte[299]. Das gemeine römische Recht verlangte für die Verpfändung keine zwingende Form[300]. Die formlose Begründung von Pfandrechten war in der Praxis des 16. bis 18. Jahrhunderts sogar die vorherrschende Variante[301]. Die dadurch bedingte fehlende Transparenz und Erkennbarkeit hielt man für eine Störung für die Kreditgewährung und damit für den Handel[302].

Der Einwand richtete sich insbesondere darauf, dass große Teile des Vermögens mit Verwertungsrechten belastet sein könnten, ohne dass dieser Umstand äußerlich für die Gläubiger erkennbar wäre[303]. Die Gläubiger konnten dadurch leicht einer Täuschung über den Zustand des Vermögens unterliegen. Die Beschränkung auf das Faustpfand sollte ein geeignetes Mittel sein, um den Schutz der Gläubiger und den Schutz des Verkehrs sicherzustellen[304]. Die Erkennbarkeit in Bezug auf die Existenz und die Reichweite der anerkannten Pfandrechte war als eine Maßnahme gedacht, mit deren Hilfe man die Willkür verhindern und die Gerechtigkeit fördern könnte[305].

In der Lösung dieses Problems fand der Gesetzgeber eine Hauptaufgabe bei der Normierung der Absonderung. Mit der Beschränkung auf das Faustpfandrecht wollte er dem Problem der fehlenden Erkennbarkeit der Pfandrechte abhelfen[306]. Das zeigt folgender Auszug aus den Motiven:

> „Zwei Eigenschaften sind es, welche der Entwurf zur Gewährung des Absonderungsanspruchs glaubt verlangen zu müssen. Die rechtliche Trennung des Gegenstandes von der Konkursmasse muß unabhängig von dem Konkursverfahren begründet und Jedermann erkennbar gewesen sein."[307]

---

299 Vgl. Endemann, Das deutsche Konkursverfahren, § 61, S. 369 ff.

300 Hofer, „So haben Wir zur Beförderung des Credits vor nöthig befunden (…)" - Kreditsicherung durch Konkursrecht in der frühen Neuzeit, in: ZNR 26 (2004), S. 177-188.

301 Hofer, „So haben Wir zur Beförderung des Credits vor nöthig befunden (…)" - Kreditsicherung durch Konkursrecht in der frühen Neuzeit, in: ZNR 26 (2004), S. 177-188.

302 Hofer, „So haben Wir zur Beförderung des Credits vor nöthig befunden (…)" - Kreditsicherung durch Konkursrecht in der frühen Neuzeit, in: ZNR 26 (2004), S. 177-188.

303 Jaeger/Lent, Konkursordnung, Band 1, 8. Aufl., Einleitung, S. LV ff.

304 Vgl. Kohler, Lehrbuch des Konkursrechts, § 33, S. 155 ff.; Völderndorff, Konkursordnung für das Deutsche Reich, § 40, S. 498 ff.

305 Vgl. Völderndorff, Konkursordnung für das Deutsche Reich, Absonderung, Einleitung, S. 491 ff.

306 Vgl. zum Problem der Erkennbarkeit: Jaeger/Lent, Konkursordnung, Band 1, 8. Aufl., Einleitung, S. LV ff.

307 Motive IV, S. 185.

Der Gesetzgeber stellte damit zwei Voraussetzungen auf, unter denen eine Anerkennung eines Pfandrechts im Konkurs möglich wäre. Das Vorzugsrecht musste bereits vor dem Konkursfall mit der Forderung verbunden sein. Außerdem musste das Vorzugsrecht äußerlich erkennbar sein. In den Motiven konkretisierte man diese beiden Voraussetzungen im Weiteren wie folgt:

> „Soll daher das Absonderungsrecht nicht zur willkürlichen Bevorzugung des einen Gläubigers vor dem anderen ausarten, so muß die Forderung dasselbe in sich tragen. [...] Und sollen die späteren Gläubiger in der Beurtheilung der Vermögenslage ihres Schuldners nicht ungebührlich getäuscht und der Kredit überhaupt nicht empfindlich verletzt werden, so muß Jedermann in der Lage gewesen sein, diese rechtliche Absonderung des Gegenstandes thatsächlich zu erkennen.“[308]

In diesem Auszug aus den Motiven benannte der Gesetzgeber die Gründe, aus welchen eine eingeschränkte Anerkennung von Vorzugsrechten im Konkurs geboten wäre. Der Schutz der Gläubiger, der Schutz des Verkehrs sowie der Schutz der allgemeinen Kreditbereitschaft sollten demnach schutzwürdige Belange sein, die eine Beschränkung der anerkannten Fallgruppen legitimieren könnte. Für das entscheidende Kriterium für die Anerkennung eines Pfandrechts im Konkurs hielt der Gesetzgeber die äußerliche Erkennbarkeit des Pfandrechts. In den Motiven stellte er dazu das Folgende fest:

> „Bei dem völligen Mangel dieses Erfordernisses muß der Entwurf den Pfandrechten ohne Besitz, der Hypothek des gemeinen Rechts, in welcher Form sie sich finde, die Anerkennung im Konkurse versagen.“[309]

Die Konkursordnung bewirkte eine erhebliche Einschränkung der Rechtsposition zulasten der betreffenden Gläubiger. Nur die Inhaber eines Faustpfandrechts konnten sich im Konkurs erfolgreich auf ein Verwertungsrecht berufen. Alle anderen Pfandrechte fanden im Konkurs keine Anerkennung. Die Rechtsposition der betreffenden Gläubiger hatte im Konkurs praktisch keinen Wert. Diese Beschränkung hielt der Gesetzgeber offenbar im Interesse der Gemeinschaft für zumutbar. Bei der Kodifikation des Rechts der Absonderung waren der Schutz des Verkehrs sowie der Schutz des Kredits die vorrangigen Ziele. Die rechtspolitische Motivation lag hierbei in der Förderung der Kreditbereitschaft im Interesse des Handels.

---

308 Motive IV, S. 185 f.
309 Motive IV, S. 191.

c) Gesetzliche Pfandrechte (§ 41 KO)

(1) Grundsatz

Eine wichtige Aufgabe der Konkursordnung erkannte man in dem Problem, ob und ggf. in welchem Umfang die existierenden gesetzlichen Pfandrechte an beweglichen Sachen im Konkurs eine Anerkennung finden sollten[310]. Die Gesetzgebung entschied sich dem Grunde nach für einen Schutz dieser Rechte. In den Motiven hieß es dazu:

> „Gesetzliche Pfandrechte an einzelnen Mobilien sind an sich nicht verwerflich. Wenigstens gefährden sie den Personalkredit und die Konkursgläubiger in noch geringerem Grade, als das Vorrecht, welches Vertragspfänder unabweislich genießen müssen. Die letzteren finden nur in dem Willen des Schuldners Begrenzung an Zahl und Umfang; die gesetzlichen Pfandrechte sind der Privatwillkühr entrückt, ihr Vorrecht ist in der Beschaffung der Forderung begründet."[311]

Der Gesetzgeber hielt auch hier wiederum die individuellen Verwertungsrechte für schutzwürdig. Gleichzeitig erkannte er bei den gesetzlichen Pfandrechten eine vergleichsweise geringere Gefahr für die anderen Beteiligten. Insbesondere sollte in diesem Bereich kein Problem der Täuschung oder des Missbrauchs existieren, weil die Existenz gesetzlicher Pfandrechte (im Gegensatz zu den vertraglichen Pfandrechten) von dem Willen der Parteien unabhängig war. Trotz allem erkannte die Gesetzgebung gleichwohl eine Notwendigkeit für eine restriktive Normierung. Das veranschaulicht der folgende Auszug aus den Motiven:

> „[...]; auch sie müssen dadurch erkennbar sein, daß der Gläubiger die Sache in Besitz hat, [...]. Und zum anderen kann das Gesetz, - ohne und gegen den Willen des Schuldners und mit Zurücksetzung der übrigen Gläubiger - nur solchen Gläubigern das Recht auf vorzugsweise Befriedigung aus einer Sache einräumen, deren Forderung zu dieser Sache in unmittelbarer Beziehung stehen."[312]

Als vorrangige Aufgabe der Konkursordnung betrachtete man folglich die Sicherung der Gläubiger. Dazu benannte der Gesetzgeber zwei Kriterien, die er für die Anerkennung eines Pfandrechts für erforderlich hielt. Die gesicherte Forderung musste mit der Pfandsache zusammenhängen. Außerdem musste das Pfandrecht durch den Besitz nach außen erkennbar sein. Es handelte sich also um die gleichen Voraussetzungen wie bei der Anerkennung der vertraglichen Pfandrechte. Durch diese beiden Bedingungen hielt der Gesetzge-

---

310 Vgl. zu den gesetzlichen Pfandrechten im Konkurs: Kohler, Lehrbuch des Konkursrechts, § 33, S. 155 ff.; Völderndorff, Konkursordnung für das Deutsche Reich, § 41, S. 506 ff.; Petersen/Kleinfeller, Konkursordnung für das Deutsche Reich, § 41, S. 215 ff.

311 Motive IV, S. 201.

312 Motive IV, S. 201.

ber den Schutz der Gläubiger und den Schutz des allgemeinen Verkehrs für ausreichend gewahrt. Die rechtspolitische Aufgabe der Absonderungsrechte erklärte man in den Motiven schließlich wie folgt:

> „Nach diesen Gesichtspunkten ist es nöthig, die in manchen Gebieten das Maß der Berechtigung überschreitenden Legalpfand- und Vorzugs-Rechte erheblich zu beschränken."[313]

Der Gesetzgeber orientierte sich an dem Ideal der Verlustgemeinschaft. Die Förderung dieses Ziels sollte geeignet sein, eine Einschränkung der Vorzugsrechte im Konkurs zu rechtfertigen. Die Frage der Verteilung innerhalb der anerkannten Pfandrechte hielt man dagegen nicht für eine Aufgabe des Konkursrechts, obgleich diese Frage eine beträchtliche gesellschaftliche Relevanz gehabt hätte. Für die Gesetzgebung war allein die Frage entscheidend, welche Pfandrechte man im Konkurs dem Grunde nach anerkennen wollte. In den Motiven findet sich hierzu die folgende Feststellung:

> „[...]; die Reihenfolge des § 41 ist keine Rangfolge. Gegeneinander mögen die einzelnen Absonderungsberechtigten ihre Prioritätsrechte nach den Vorschriften des bürgerlichen Rechts zum Austrag bringen."[314]

Der Gesetzgeber hat schließlich nach § 41 KO bestimmte gesetzliche Pfandrechte dem Faustpfandrecht gleichgestellt. Es handelt sich um einen abschließenden enumerativen Katalog von insgesamt neun Pfandrechten. Nur diese Pfandrechte erfüllten nach der Ansicht des Gesetzgebers die zuvor definierten Bedingungen für eine Anerkennung. Alle anderen gesetzlichen Pfandrechte hatten im Konkurs keine Wirkung.

(2) Fiskus (§ 41 Nr. 1 KO)

> „§ 41
>
> Den Faustpfandgläubigern stehen gleich:
>
> 1. die Reichskasse, die Staatskassen und die Gemeinden, sowie die Amts-, Kreis- und Provinzialverbände wegen öffentlicher Abgaben, in Ansehung der zurückgehaltenen oder in Beschlag genommenen zoll- und steuerpflichtigen Sachen,
>
> [...]."[315]

Nach § 41 Nr. 1 KO fand das Vorzugsrecht des Fiskus eine Anerkennung im Konkurs. Viele Steuerforderungen waren kraft Gesetzes durch ein Pfandrecht gesichert[316]. Das allgemeine Interesse des Staates an seiner Finanzierung war

313 Motive IV, S. 201.
314 Motive IV, S. 211.
315 RGBl. 1877, Nr. 10, S. 359.
316 Vgl. Jaeger, Konkursordnung, Band 1, 5. Aufl., § 49, Anm. 1, S. 745 f.

für die Gesetzgebung ein schutzwürdiger Belang. Im Konkurs zeigte sich dieses Ziel bei der Anerkennung eines Absonderungsrechts des Fiskus. Die Notwendigkeit für diese Privilegierung begründete der Gesetzgeber in den Motiven folgendermaßen:

> „Dieses Recht hängt mit der bestehenden Zoll- und Steuergesetzgebung des Reichs und der einzelnen Staaten und mit den mit ausländischen Staaten geschlossenen Zoll- und Handelsverträgen so eng zusammen, daß es ohne Eingriff in diese nicht aufgehoben werden könnte."[317]

Für die Gesetzgebung waren steuerrechtliche Gründe das entscheidende Motiv für die Anerkennung des Fiskusprivilegs. Über die wirtschaftlichen Auswirkungen dieser Bevorzugung finden sich keine weiteren Ausführungen. Die Normierung des Vorzugsrechts hielt man gewissermaßen für eine Notwendigkeit, die als Konsequenz aus dem vorgefundenen normativen Zustand auf dem Gebiet des Steuerrechts unumgänglich war. Die Gesetzgebung war im Allgemein darauf bedacht, durch die Kodifikation der Konkursordnung nicht in andere Rechtsgebiete einzugreifen.

Einen Anspruch auf die Gestaltung der Gesellschaft mit den Mitteln des Konkursrechts verfolgte die Gesetzgebung in diesem Bereich nicht. In der konkreten Gestaltung hatte die Regelung dieses Fragenkreises eine doppelte Wirkung. Die Sicherung der Staatsfinanzierung war einerseits günstig für die Interessen der Rechtsgemeinschaft als Ganzes. Andererseits verkürzte die Privilegierung des Staates zum Nachteil der übrigen Gläubiger die Masse. Die Legitimation dieser normativen Wirkung war in diesem Zusammenhang kein weiterer Gegenstand der rechtspolitischen Diskussion.

(3) Verpächter, Pächter (§ 41 Nr. 2, 3 KO)

> „§ 41
>
> Den Faustpfandgläubigern stehen gleich:
>
> [...]
>
> 2. Verpächter wegen des laufenden und des rückständigen Zinses, sowie wegen anderer Forderungen aus dem Pachtverhältnisse, in Ansehung der Früchte des Grundstücks und der eingebrachten Sachen, sofern die Früchte oder Sachen sich noch auf dem Grundstücke befinden;
>
> 3. Pächter in Ansehung des in ihrem Gewahrsam befindlichen Inventars wegen der Forderungen für dieses;
>
> [...]."[318]

317 Motive IV, S. 201.
318 RGBl. 1877, Nr. 10, S. 359.

Nach § 41 Nr. 2 KO konnte der Verpächter im Konkurs wegen des ausstehenden Zinses sowie wegen anderer Forderungen aus dem Pachtverhältnis ein gesetzliches Pfandrecht in Ansehung der Früchte und der eingebrachten Sachen geltend machen und die Absonderung verlangen.

Das Pfandrecht des Verpächters hatte im 19. Jahrhundert eine große Relevanz für die soziale Frage. Die Landwirtschaft bildete trotz der zunehmenden Industrialisierung einen vergleichsweise bedeutenden Sektor der Wirtschaft. Gleichzeitig war das Grundeigentum in der Hand weniger Teile der Gesellschaft konzentriert. Der Pachtvertrag war für die Landwirte regelmäßig das Mittel, um die wirtschaftlichen Grundlagen für ihren Betrieb zu beschaffen. Die Sicherheit und Zuverlässigkeit der Versorgung mit Nahrungsmitteln war zugleich ein wichtiges Anliegen der Rechtsgemeinschaft und in der Perspektive des 19. Jahrhunderts eine reales Problem.

Die Anerkennung des Pfandrechts etablierte ein Instrument, um die Rechte des Verpächters unmittelbar zu sichern[319]. In dieser Funktion fand es grundsätzlich Anerkennung. Darüber hinaus lag der Anerkennung dieses Pfandrechts aber noch ein weiterführender Zweck zugrunde. Den rechtspolitischen Hintergrund für diese Privilegierung erkannte man darin, dass die Konkursordnung die Verpächter zu umfangeichen Stundungen des Pachtzinses motivieren sollte, indem die Verpächter eine Sicherung für ihre Forderungen erhielten[320]. Die Anerkennung des Vorzugsrechts sollte dazu führen, dass Verpächter in landwirtschaftlichen Notlagen die rechtspolitisch wünschenswerte Nachsicht übten, indem sie den Pachtzins stundeten und von einer Vertragsauflösung absahen[321]. Der Gesetzgeber beschrieb diese Intention in den Motiven wie folgt:

> „[...] glaubt [der Entwurf] aber eine Beschränkung in Betreff des Pachtzinses im eigenen Interesse der Pächter und deren Gläubiger ablehnen zu müssen, damit die Verpächter in der Lage bleiben, bei Mißernten, Ueberschwemmungen oder sonstigen wirthschaftlichen Nothständen den Pachtzins angemessen zu stunden."[322]

Das Vorzugsrecht des Verpächters sollte nach der Ansicht des Gesetzgebers die Situation des einzelnen Pächters absichern. In dieser Funktion war es als ein Schutzrecht zugunsten des wirtschaftlichen Schwächeren konzipiert. Die Privilegierung war ein Instrument für die soziale Absicherung der wirtschaftlichen Existenz der Pächter. Die darüber hinausgehende Förderung der gesam-

---

319 Vgl. zum Pfandrecht des Verpächters: Völderndorff, Konkursordnung für das Deutsche Reich, § 41, S. 506 ff.

320 Vgl. zur Stundung: Wengler, Die Konkursordnung für das Deutsche Reich, § 41, S. 309 ff.

321 Jaeger, Konkursordnung, Band 1, 5. Aufl., § 49, Anm. 33, S. 764.

322 Motive IV, S. 202.

ten Landwirtschaft als Wirtschaftszweig im Interesse der Rechtsgemeinschaft sollte sich sodann als mittelbare Fernwirkung entfalten.

Daneben erkannte man in der Anerkennung des Pfandrechts des Verpächters eine Förderung der Interessen der Gläubiger[323]. Für die Gläubiger war es nämlich zumeist günstig, wenn der Pächter nach Möglichkeit seine wirtschaftliche Existenz fortführen konnte. Sie hatten dadurch in der Regel eine bessere Aussicht auf die vollständige Beitreibung ihrer Forderungen. Wenn der Pächter seinen landwirtschaftlichen Betrieb weiter führte, konnte er aus den laufenden Umsätzen die Forderungen möglicherweise vollständig erfüllen. Im Falle eines sofortigen Konkurses erhielten die Gläubiger dagegen im Rahmen der Verwertung der Masse regelmäßig nur eine anteilsmäßige Erfüllung.

Die Rechtsposition des Pächters erfuhr durch § 41 Nr. 3 KO eine weitere Verstärkung. Nach dieser Vorschrift konnte der Pächter im Konkurs des Verpächters ein Vorzugsrecht in Ansehung des in seinem Gewahrsam befindlichen Inventars geltend machen wegen der Forderung für dasselbe. Der wirtschaftliche Hintergrund dieser Norm liegt darin begründet, dass das Inventar regelmäßig im Eigentum des Verpächters stand, sofern keine anderslautende Vereinbarung erfolgte. Bei der Beendigung des Pachtverhältnisses hatte der Pächter sodann gegenüber dem Verpächter einen Anspruch auf Herausgabe der Wertsteigerung in Bezug auf das Inventar. Den höheren Wert des Inventars führte man auf eine wertschöpfende Tätigkeit des Pächters zurück. Das Vorzugsrecht war eine Absicherung für den Ausgleichsanspruch[324]. Zur Begründung hieß es dazu in den Motiven:

> „Aber der Pächter ist durch den Besitz des Inventars gesichert. Dadurch rechtfertigt sich das Absonderungsrecht des Pächters in dem Konkurse des Verpächters“[325]

Der Gesetzgeber ging davon aus, dass der Pächter durch den Besitz an dem Inventar regelmäßig bereits ein Sicherungsmittel hatte. Mit der Anerkennung des Vorzugsrechts bestätigte er gewissermaßen den vorgefunden Rechtszustand. Weitergehende Ausführungen über die Legitimation dieser Privilegierung finden sich in diesem Zusammenhang nicht.

---

323 Vgl. Wengler, Die Konkursordnung für das Deutsche Reich, § 41, S. 309 ff.

324 Vgl. Motive IV, S. 201 ff.

325 Motive IV, S. 204.

(4) Vermieter (§ 41 Nr. 4 KO)

„§ 41

Den Faustpfandgläubigern stehen gleich:

[...]

4. Vermiether wegen des laufenden und des für das letzte Jahr vor der Eröffnung des Verfahrens rückständigen Zinses, sowie wegen anderer Forderungen aus dem Miethverhältnisse, in Ansehung der eingebrachten Sachen, sofern die Sachen sich noch auf dem Grundstücke befinden;

[...].“[326]

Die Situation der Mieter hatte am Ende des 19. Jahrhunderts eine besondere Bedeutung für die soziale Frage[327]. Die fortschreitende Verstädterung führte zu einer stark ansteigenden Nachfrage nach Wohnraum in den Ballungsräumen. Das Angebot an Wohnungen war demgegenüber vergleichsweise knapp. Die Wohnungsfrage machte zusammen mit der Arbeiterfrage den wichtigsten Teil der sozialen Frage im 19. Jahrhundert aus[328]. Die Mieter befanden sich aufgrund der Marktsituation in einer strukturell ungünstigeren Rechtsposition. Gleichzeitig war die Versorgung mit Wohnraum eine Frage von existenzieller Bedeutung.

Auf der anderen Seite war der heimliche Auszug der Mieter ein verbreitetes Übel dieser Zeit[329]. Dem Pfandrecht des Vermieters drohte infolgedessen die Wertlosigkeit. Aufgrund der Wirtschaftskrise bestand außerdem die dringende Gefahr von gehäuften Mietausfällen. Bedingt durch diese Umstände konnten für die Vermieter wirtschaftlich kritische Situationen entstehen.

Der Gesetzgeber hat das individuelle Verwertungsrecht des Vermieters für den Fall des Konkurses dem Grunde nach anerkannt. Nach § 41 Nr. 4 KO konnte der Vermieter wegen des laufenden und des für das letzte Jahr vor Eröffnung des Verfahrens rückständigen Zinses sowie wegen anderer Forderungen aus dem Mietverhältnis in Ansehung der eingebrachten Sachen ein Recht der Absonderung geltend machen. Zur Begründung für die Anerkennung dieses Vorzugsrechts führte man in den Motiven das Folgende aus:

---

326 RGBl. 1877, Nr. 10, S. 359.

327 Vgl. zur Wohnungsfrage am Ende des 19. Jahrhunderts: Repgen, Das Vermieterpfandrecht im Kaiserreich, in: Falk/Mohnhaupt, Das Bürgerliche Gesetzbuch und seine Richter, S. 231-280, hier: S. 231 ff.

328 Repgen, Das Vermieterpfandrecht im Kaiserreich, in: Falk/Mohnhaupt, Das Bürgerliche Gesetzbuch und seine Richter, S. 231-280, hier: S. 231 ff.

329 Vgl. zum sogenannten Rücken am Ende des 19. Jahrhunderts: Repgen, Das Vermieterpfandrecht im Kaiserreich, in: Falk/Mohnhaupt, Das Bürgerliche Gesetzbuch und seine Richter, S. 231-280, hier: S. 231 ff.

„Das Recht des [...] Vermiethers an den Illaten des [...] Miethers [...], - die älteste gesetzliche Hypothek des römischen Rechts, die bald als Faustpfandrecht [...], bald als Retentionsrecht [...], bald als Vorzugsrecht [...] fast überall rezipirt ist.“[330]

Die entscheidenden Gründe für die Privilegierung der Vermieter waren demnach eine lange Tradition und eine verbreitete Anerkennung. Dieser Befund war für den Gesetzgeber eine ausreichende Rechtfertigung für die Anerkennung des Vorzugsrechts. Weiterführende Ausführungen über die Legitimation dieser normativen Gestaltung finden sich in diesem Zusammenhang nicht.

In dem Absonderungsrecht des Vermieters erkannte man teilweise aber gleichwohl einen sozialpolitischen Zweck. Das Vorzugsrecht sollte demnach in rechtspolitischer Hinsicht dem Schutz der minderbemittelten Volksschichten dienen[331]. Ohne Sicherung wären Vermieter gezwungen, ihre Wohnungen nur gegen Vorauszahlung der Miete oder zu höheren Mietpreisen abzugeben. Die Sicherung des Mietzinses sollte die Vermietung an ärmere Menschen begünstigen. Die Gesetzgebung verfolgte damit am Ende des 19. Jahrhunderts einen Aspekt des Mieterschutzes durch eine soziale Aufgabe des Konkursrechts.

Daneben gab es an der Anerkennung des Pfandrechts im weiteren Verlauf zum Teil Kritik[332]. Für ein gravierendes Problem hielt man die vergleichsweise hohen Mietpreise in den Großstädten. Die zunehmende Industrialisierung und Verstädterung hatte einen starken Anstieg der Mieten in den Städten zur Folge. Im Falle des Konkurses verbrauchten die ausstehenden Mietforderungen immer häufiger einen großen Teil der Masse. Gleichzeitig war für die übrigen Gläubiger nicht erkennbar, inwieweit der Schuldner seine Mietzahlungen regelmäßig erfüllt hatte. Der Umfang des Vorrechts und die Belastung der Masse waren deswegen in vielen Fällen äußerlich nicht erkennbar.

Die Forderung des Vermieters hatte durch das Hinzutreten des Vorzugsrechts zum Teil eine erhebliche bessere Stellung gegenüber den Forderungen der anderen Gläubigen. Der Gesetzgeber entschied sich trotz allem für die Akzeptanz des Vorzugsrechts[333]. Forderungen nach dessen Abschaffung fanden keine mehrheitliche Zustimmung[334]. Als Korrektiv enthielt das Gesetz eine Beschränkung auf die Forderungen aus dem letzten Jahr. Dadurch hielt

---

330 Motive IV, S. 201.

331 Vgl. Jaeger, Konkursordnung, Band 1, 5. Aufl., § 49, Anm. 13, S. 754.

332 Jaeger, Konkursordnung, Band 1, 5. Aufl., § 49, Anm. 13, S. 754; Jaeger, Lehrbuch des Deutschen Konkursrechts, § 17, S. 110 ff.

333 Vgl. Motive IV, S. 201 ff.

334 Vgl. Jaeger, Konkursordnung, Band 1, 5. Aufl., § 49, Anm. 13, S. 754.

der Gesetzgeber anscheinend die Interessen der übrigen Gläubiger für ausreichend gewahrt.

(5) Gastwirte, Werkmeister (§ 41 Nr. 5, 6 KO)

> „§ 41
>
> Den Faustpfandgläubigern stehen gleich:
>
> […]
>
> 5. Gastwirthe wegen ihrer Forderungen für Wohnung und Bewirthung des Gastes, in Ansehung der von demselben eingebrachten, von ihnen zurückbehaltenen Sachen;
>
> 6. Künstler, Werkmeister, Handwerker und Arbeiter wegen ihrer Forderungen für Arbeit und Auslagen, in Ansehung der von ihnen gefertigten oder ausgebesserten, noch in ihrem Gewahrsam befindlichen Sachen;
>
> […].“[335]

Nach § 41 Nr. 5, 6 KO fanden die Pfandrechte der Gastwirte, der Künstler, der Werkmeister, der Handwerker und der Arbeiter eine Anerkennung im Konkurs.

Die Rechtfertigung für die Anerkennung dieser Pfandrechte erkannte man darin, dass die aufgezählten Personen regelmäßig in Vorleistung treten mussten und dadurch den Wert der Sache erhöhten, obwohl sie erst nach Abschluss ihrer Arbeit eine Vergütung erhielten[336]. Sie mussten also mehr oder weniger unfreiwillig kreditieren. Der Gesetzgeber wollte sie in dieser Lage offenbar vor den Gefahren des Forderungsausfalls schützen. Eine besondere Begründung für die Anerkennung dieses Vorzugsrechts benannte er nicht[337].

(6) Verwender (§ 41 Nr. 7 KO)

> „§ 41
>
> Den Faustpfandgläubigern stehen gleich:
>
> […]
>
> 7. diejenigen, welche etwas zum Nutzen einer Sache verwendet haben, wegen des, den noch vorhandenen Vortheil nicht übersteigenden Betrages ihrer Forderung aus der Verwendung, in Ansehung der zurückbehaltenen Sache;
>
> […].“[338]

---

335 RGBl. 1877, Nr. 10, S. 359.

336 Vgl. Wengler, Die Konkursordnung für das Deutsche Reich, § 41, S. 309 ff.

337 Motive IV, S. 201 ff.

338 RGBl. 1877, Nr. 10, S. 360.

Der Gesetzgeber hat das Pfandrecht desjenigen anerkannt, der auf eine herauszugebende Sache Verwendungen gemacht hat und deswegen einen Ersatzanspruch hat (§ 41 Nr. 7 KO). Zur Begründung führte er das Folgende aus:

> „Fließt mit der Verabfolgung der Sache zugleich zur Konkursmasse der Vortheil aus einer zum Nutzen der Sache geschehenen Verwendung, so würde die Abforderung ohne Vergütung dieses Vortheils dolos sein. Schon nach allgemeinen Rechtsgefühl wirkt der Anspruch aus einer nützlichen Verwendung in rem und verleiht das Recht auf vorzugsweise Befriedigung.“[339]

In dieser Betrachtung hat der Besitzer der Sache ein Sonderopfer zugunsten der Masse erbracht. Die Verwendung steigerte den Wert der Masse im Interesse der Gläubiger. Der Gesetzgeber hielt es daher für zweckmäßig, das Ausgleichsinteresse des Besitzers durch ein Vorzugrecht zu schützen, sofern dieser zur Herausgabe der Sache zugunsten der Masse verpflichtet war. Eine Verpflichtung zur Herausgabe ohne eine Sicherung für den Ersatzanspruch hielt der Gesetzgeber aufgrund des allgemeinen Rechtsgefühls für ungerecht.

(7) Handelsrecht (§ 41 Nr. 8 KO)

> „§ 41
>
> Den Faustpfandgläubigern stehen gleich:
>
> [...]
>
> 8. diejenigen, denen nach dem Handelsgesetzbuche an gewissen Gegenständen ein Pfandrecht oder Zurückbehaltungsrecht zusteht, in Ansehung dieser Gegenstände;
>
> [...].“[340]

Der Gesetzgeber hat nach § 41 Nr. 8 KO die handelsrechtlichen Pfandrechte im Konkurs anerkannt. In den Motiven hieß es dazu:

> „Vortheilhaft sonach für den Gläubiger, wohlthätig für den Schuldner, dem es den weiteren Umlauf der Sache erhält, und ungefährlich für die anderen Gläubiger, da es den fortdauernden Besitz des Ersteren voraussetzt, kann es nicht durch vertragsmäßige Pfandbestellungen ersetzt werden; das Verlangen nach einer Pfandbestellung würde dem kaufmännischen Kredit nachtheilig und der kaufmännischen Ehre zuwider sein.“[341]

In dieser Privilegierung erkannte der Gesetzgeber mehrere Vorteile. Das Vorzugsrecht sicherte zunächst unmittelbar den betreffenden Gläubiger. Darüber hinaus sollte es gleichfalls die Kreditwürdigkeit des Schuldners fördern. Eine

339 Motive IV, S. 205 f.
340 RGBl. 1877, Nr. 10, S. 360.
341 Motive IV, S. 206.

Gefahr für die anderen Gläubiger hielt der Gesetzgeber im Übrigen aufgrund der Publizitätswirkung des Besitzes für ausgeschlossen.

Wenn man einen größeren Wirkungskreis betrachtet, sollte das Vorrecht fernerhin den allgemeinen Kredit und die allgemeine Ehre der Kaufleute bewahren. Für diesen Zweck wollte der Gesetzgeber den Kaufleuten insbesondere die Bestellung vertraglicher Pfandrechte ersparen. Der Auszug aus den Motiven offenbart, dass man gesetzliche Pfandrechte für die bevorzugte Variante hielt, sofern es um die Interessen des Handels ging. Die Intention richtete sich in diesem Sinne auf eine Förderung des Handelsstandes als Institution der Gesellschaft.

(8) Zwangsvollstreckung (§ 41 Nr. 9 KO)

> „§ 41
>
> Den Faustpfandgläubigern stehen gleich:
>
> [...]
>
> 9. diejenigen, welche durch Pfändung ein Pfandrecht erlangt haben, in Ansehung der gepfändeten Gegenstände.“[342]

Der Gesetzgeber hat nach § 41 Nr. 9 KO die im Rahmen der Zwangsvollstreckung erworbenen Pfandrechte im Konkurs anerkannt. Dieses Vorgehen begründete er in den Motiven mit der folgenden Erwägung:

> „Das im Wege der Zwangsvollstreckung oder des Arrests erlangte Pfandrecht ist von dem Entwurfe der Civilprozeßordnung (§§ 658, 755) aufgestellt und in dessen Begründung gerechtfertigt. Es bedarf hier keines näheren Eingehens auf dasselbe.“[343]

Die Anerkennung dieser Privilegierung erfolgte also nicht auf der Grundlage einer originären konkursrechtlichen Relevanz. Das Motiv kann man vielmehr mit dem Bestreben nach einer Einheit der Rechtsordnung beschreiben. Im Rahmen der Kodifikation der Reichsjustizgesetze hatte der Gesetzgeber neben der Konkursordnung u.a. auch die Zivilprozessordnung normiert. Die im Zuge der Zivilprozessordnung eingeführten Rechte fanden ohne weitere Begründung eine entsprechende Anerkennung in der Konkursordnung.

342 RGBl. 1877, Nr. 10, S. 360.
343 Motive IV, S. 207.

3. Ergebnis

a) Individuelle Verwertungsrechte

Der Gesetzgeber hielt individuelle Verwertungsrechte unter der Bedingung des Konkurses grundsätzlich für zulässig. Die Grundpfandrechte fanden in diesem Bereich nach § 39 KO eine in jeder Hinsicht umfassende Anerkennung. Die Pfandrechte an beweglichen Sachen wollte man allerdings nur vergleichsweise eingeschränkt akzeptieren. Bei den vertraglichen Pfandrechten in Bezug auf die beweglichen Sachen verschaffte das Gesetz nach § 40 KO nur dem Faustpfandrecht eine Anerkennung in der Situation des Konkurses. Alle anderen vertraglichen Pfandrechte blieben im Konkurs ohne Wirkung. Bei den gesetzlichen Pfandrechten in Bezug auf die beweglichen Sachen findet sich als Leitbild ebenfalls das Ziel einer restriktiven Normierung. Das Gesetz akzeptierte nach § 41 KO ausschließlich die dort abschließend aufgezählten Rechte. Alle anderen gesetzlichen Pfandrechte waren im Konkurs ohne Wirkung. Eine Diskussion über die normative Legitimation einer generellen Anerkennung individueller Verwertungsrechte unter der Bedingung des Konkurses war in diesem Bereich nicht feststellbar.

b) Schutz des Verkehrs

Mit der restriktiven Anerkennung von Pfandrechten im Konkurs wollte man in rechtspolitischer Hinsicht den allgemeinen Verkehr schützen[344]. Eines der größten Probleme im Bereich der Absonderungsrechte sah man bis dahin in ihrer Vielzahl und Unberechenbarkeit[345]. Der Gesetzgeber machte deswegen die Schaffung von Klarheit über die Reichweite und die Existenz der Vorzugsrechte zu einem wichtigen Ziel der Konkursordnung[346].

Die normative Lösung für die speziellen Probleme der Absonderung fand im Allgemeinen Zustimmung[347]. Die restriktive Anerkennung von Pfandrechten im Konkurs hielt man überwiegend für eine zweckmäßige Lösung. Die Interessen der Inhaber der anderen Pfandrechte blieben in dieser Betrachtung

344 Vgl. Motive IV, S. 184 ff.; Völderndorff, Konkursordnung für das Deutsche Reich, § 40, S. 498 ff.

345 Vgl. Völderndorff, Konkursordnung für das Deutsche Reich, S. 491 ff.; Endemann, Das deutsche Konkursverfahren, § 61, S. 369 ff.; Kohler, Lehrbuch des Konkursrechts, § 33, S. 155 ff.

346 Vgl. Motive IV, S. 184 ff.

347 Vgl. allgemein zur Absonderung: Völderndorff, Konkursordnung für das Deutsche Reich, Absonderung, Einleitung, S. 491 ff.; Kohler, Lehrbuch des Konkursrechts, § 33, S. 155 ff.; Endemann, Das deutsche Konkursverfahren, § 61, S. 369 ff.; vgl. zur Kritik am Recht der Absonderung: Jaeger/Lent, Konkursordnung, Band 1, 8. Aufl., Einleitung, S. LV ff.

ohne Beachtung. Die nicht anerkannten Pfandrechte waren im Konkurs praktisch wertlos. Gesetzgebung und Wissenschaft hielten diese Wirkung für akzeptabel, um den Schutz des allgemeinen Verkehrs zu fördern. Das kollektive Interesse an der Sicherheit des Verkehrs sollte in diesem Bereich ein Belang sein, der eine Begrenzung der Reichweite der individuellen Verwertungsrechte im Konkurs rechtfertigen konnte.

c) Förderung des Kredits

Der Schutz des Verkehrs war eine Maßnahme, mit deren Hilfe man den Kredit absichern und den Handel fördern wollte[348]. Die Gläubiger sollten nicht durch eine Täuschung über die tatsächlichen Verhältnisse einen Nachteil erleiden müssen. Die Schutzrichtung orientierte sich hierbei weniger an dem einzelnen Gläubiger, sondern an den wirtschaftlichen Interessen der gesamten Volkswirtschaft. Die Förderung der allgemeinen Kreditbereitschaft und die Förderung des Handels fanden ihre normative Legitimation in den Belangen der Rechtsgemeinschaft als Ganzes.

d) Schutz der Beteiligten

(1) Pächter

Das Pfandrecht des Verpächters nach § 41 Nr. 2 KO sollte in sozialpolitischer Hinsicht die Lage der Pächter fördern[349]. Unmittelbar verbesserte das Pfandrecht freilich nur Situation des Verpächters durch das Hinzutreten eines Sicherungsmittels für seine Forderung. Der Verpächter sollte aber durch die Sicherung seine Ansprüche zugleich eine Motivation haben, den rückständigen Pachtzins im Falle einer wirtschaftlichen Notlage zu stunden. Damit intendierte die Anerkennung des Pfandrechts mittelbar die Förderung der wirtschaftlichen Rehabilitation des Pächters.

Die besondere soziale Schutzbedürftigkeit des Pächters fand man in dem Umstand begründet, dass in der Landwirtschaft aufgrund der Abhängigkeit von der Natur die Erträge zuweilen unregelmäßig sein konnten. Die Pächter waren außerdem aufgrund ihres fehlenden Grundeigentums in wirtschaftlicher Hinsicht regelmäßig die strukturell schwächere Partei. Die Gesetzgebung wollte in diesem Kontext über das System der Vorzugsrechte im Konkurs einen Aspekt der Förderung des Schwächeren realisieren.

---

348 Vgl. Motive IV, S. 184 ff.

349 Vgl. Motive IV, S. 201 ff.; Jaeger, Konkursordnung, Band 1, 5. Aufl., § 49, Anm. 33, S. 764.

(2) *Mieter*

In dem Pfandrecht des Vermieters nach § 41 Nr. 4 KO erkannte man in rechtspolitischer Hinsicht einen Aspekt des sozialen Mieterschutzes[350]. Die Absicherung des Vermieters sollte die Vermieter dazu bewegen, Mietverträge mit wirtschaftlich schwächeren Mietern abzuschließen. Der Schutz der Mieter sollte demnach ein schutzwürdigen Belang sein, welcher prinzipiell eine Einschränkung der Rechte der anderen Gläubiger rechtfertigen konnte. Die Anerkennung dieses Absonderungsrechts intendierte eine Steuerung der Gesellschaft mit dem Ziel, die Interessen der wirtschaftlich schwächeren Partei zu fördern. Die Mieter befanden sich am Ende des 19. Jahrhunderts allgemein in einer problematischen Lage. Die Wohnungsfrage war zu dieser Zeit ein wesentlicher Aspekt der sozialen Frage[351].

Eine allgemeine Kritik an diesem Vorrecht entstand im Zuge der steigenden Mieten in den Großstädten[352]. In diesem Zusammenhang stellte man die Bevorzugung des Vermieters unter dem Gesichtspunkt des gerechten Ausgleichs innerhalb der Gemeinschaft der Gläubiger in Frage. Die Masse war durch den Umfang der offenen Mietforderungen oftmals erheblich verkürzt, ohne dass dieser Umstand äußerlich erkennbar gewesen wäre. Das Pfandrecht des Vermieters blieb allerdings trotz allem ein Teil der Konkursordnung. Der Gesetzgeber erkannte in diesem Bereich keinen Änderungsbedarf.

e) Relevanz der übrigen Pfandrechte

In Bezug auf das Vorzugsrecht des Fiskus nach § 41 Nr. 1 KO stellte der Gesetzgeber keine sozialpolitischen Erwägungen an. Das staatliche Finanzierungsinteresse galt für sich selbst betrachtet als ein schutzwürdiger Belang. Die Auswirkungen auf die übrigen Beteiligten des Konkurses blieben hierbei ohne weitere Beachtung.

Die anerkannten Pfandrechte der Gastwirte, Künstler und Handwerker nach § 41 Nr. 5, 6 KO sollten einen individuellen Schutzzweck entfalten. Die genannten Personen hielt man aufgrund ihrer Vorleistungspflicht für schutzwürdig. Eine entsprechende Beschränkung der Rechte der übrigen Gläubiger erschien dafür vertretbar zu sein. Der Gesetzgeber hielt es außerdem für unbillig, wenn die Masse um die Wertsteigerung der Sache vermehrt wäre, ohne dass zuvor die Gegenleistung erfolgt oder sichergestellt wäre. Ein Vorzugs-

350 Vgl. Jaeger, Konkursordnung, Band 1, 5. Aufl., § 49, Anm. 13, S. 754.

351 Vgl. Repgen, Das Vermieterpfandrecht im Kaiserreich, in: Falk/Mohnhaupt, Das Bürgerliche Gesetzbuch und seine Richter, S. 231-280, hier: S. 231 ff.

352 Vgl. Jaeger, Konkursordnung, Band 1, 5. Aufl., § 49, Anm. 13, S. 754; Jaeger, Lehrbuch des Deutschen Konkursrechts, § 17, S. 110 ff.

recht zugunsten der Personen, welche für die Wertsteigerung ursächlich waren, hielt der Gesetzgeber daher aus Gründen der Gerechtigkeit für angemessen.

Das Pfandrecht des Verwenders nach § 41 Nr. 7 KO hielt der Gesetzgeber aus dem gleichen Grund für berechtigt. Der Verwender hat auf seine Kosten eine Wertsteigerung der Sache herbeigeführt, weshalb es nicht legitim wäre, wenn diese Wertsteigerung ohne Gegenleistung der Masse zufließen würde. Um die Interessen des Verwenders zu wahren, hielt man die Anerkennung eines entsprechenden Pfandrechts für notwendig.

Mit der Anerkennung der handelsrechtlichen Pfandrechte nach § 41 Nr. 8 KO wollte der Gesetzgeber hauptsächlich die Interessen des Handels fördern. Die Vereinbarung von vertraglichen Pfandrechten hielt man nicht für vereinbar mit dem Kredit und mit der Ehre des Handelsstandes. Daneben sollte die Privilegierung des Handels den Kredit im Allgemeinen fördern. Die Schutzrichtung orientierte sich hierbei an den wirtschaftlichen Interessen der Gesellschaft als Ganzes.

Die Pfandrechte aufgrund des Zwangsvollstreckungsrechts nach § 41 Nr. 9 KO fanden ihre Anerkennung im Konkurs aus dem Prinzip der Einheit der Rechtsordnung. Im Rahmen der Reichsjustizgesetze normierte der Gesetzgeber neben der Konkursordnung u.a. auch die Zivilprozessordnung. Bei der Kodifikation der Konkursordnung unterstellte der Gesetzgeber die Berechtigung der Pfandrechte nach der ZPO und vollzog ohne weitere Begründung eine Anerkennung dieser Rechte im Konkurs.

V. Vorrechte

1. Regelungsproblem

Das System der Vorrechte im Konkurs hatte einen unverkennbaren Bezug zu dem normativen Problem der gerechten Verteilung der Masse. Die Forderung eines Gläubigers konnte durch das Hinzutreten einer Privilegierung eine erhebliche Verstärkung erlangen[353]. Die Rangfolge bei der Verteilung entschied oftmals über die Frage, ob überhaupt eine Beteiligung an der Masse möglich war. Wenn die Masse zugunsten der vorrangigen Klassen bereits aufgezehrt war, erhielten die nachrangigen Konkursgläubiger naturgemäß keinen Anteil. Die Bevorzugung eines Einzelnen belastete damit zwangsläufig die Interessen der Gesamtheit der Gläubiger.

---

353 Oetker, Konkursrechtliche Grundbegriffe, Band 1, § 17, S. 475 ff.

Gegen das System der Vorrechte im Konkurs gab es im Grundsatz am Ende des 19. Jahrhunderts durchgreifende Bedenken[354]. Vorrechte hielt man für einen Widerspruch zu einem fundamentalen Prinzip des Konkurses, welches man mit dem Ideal der Verlustgemeinschaft erklären wollte[355]. Anstelle der gleichmäßigen Verteilung des Verlustes erfolgte durch das System der Vorrechte eine Begünstigung eines einzelnen Gläubigers[356]. Nach ihrem Wesen sollten demgegenüber ursprünglich alle Forderungen gleich sein[357]. Die Privilegierung einer einzelnen Forderung kollidierte daher mit dem Primat eines gleichmäßigen Ausgleichs innerhalb der Gemeinschaft der Gläubiger[358].

Die Kritik hatte ihre Grundlage in den praktischen Erfahrungen, die man im Anwendungsbereich des gemeinen römischen Rechts mit den Vorrechten gemacht hatte. In dem Bestreben nach Gerechtigkeit entwickelte sich dort ein immer komplexeres System der Privilegien[359]. Das expandierende System der Vorrechte führte nach verbreiteter Ansicht zu einem Missstand für die allgemeine Kreditgewährung sowie zu einem Übel durch regelmäßige Verschleppungen des Konkursverfahrens durch Streitigkeiten über die Priorität[360]. Die Praxis des gemeinen Rechts galt seit langem als nicht mehr zweckmäßig[361].

Der Gesetzgeber der Konkursordnung teilte diese kritische Sichtweise und hielt das System der Privilegien ebenfalls nicht für eine geeignete normative Lösung. In den Motiven finden sich dazu die folgenden Ausführungen:

> „Das Streben, Gerechtigkeit bis in das Kleinste zu üben, führte dahin, eine jede Forderung gegen die andere auf die Wage der Billigkeit zu legen und danach ihren Vorzug zu bestimmen - ein Weg der immerwährende Nachhülfe verlangte und Vorrecht auf Vorrecht häufte, so daß ein Gläubiger priviligirt sein mußte, wollte er irgend Aussicht auf Befriedigung haben; [...].“[362]

354 Vgl. Motive IV, S. 235 ff.

355 Vgl. zum Prinzip der Verlustgemeinschaft: Eickmann, Konkurs- und Vergleichsrecht, S. 13 ff.

356 Vgl. Seuffert, Deutsches Konkursprozessrecht, § 13, S. 60 ff.; Jaeger/Lent, Konkursordnung, Band 1, 8. Aufl., Einleitung, S. LV ff.

357 Vgl. Völderndorff, Konkursordnung für das Deutsche Reich, Konkursgläubiger, Einleitung, S. 616 ff.

358 Vgl. Wilmowski, Deutsche Reichs-Konkursordnung, Konkursgläubiger, Einleitung, S. 264 f.; Jaeger, Lehrbuch des Deutschen Konkursrechts, § 11, S. 59 ff.; Wolff, Die Konkursordnung, § 61, Nr. 2, S. 293.

359 Vgl. Jaeger, Lehrbuch des Deutschen Konkursrechts, § 11, S. 59 ff.; Fuchs, Der deutsche Concursproceß, § 14, S. 71 ff.

360 Fuchs, Der deutsche Concursproceß, § 14, S. 71 ff.

361 Vgl. Petersen/Kleinfeller, Konkursordnung für das Deutsche Reich, § 54, S. 269 ff.; Motive IV, S. 235 ff.; Jaeger, Lehrbuch des Deutschen Konkursrechts, § 11, S. 59 ff.; Wengler, Die Konkursordnung für das Deutsche Reich, § 54, S. 373 ff.

362 Motive IV, S. 236.

Die ablehnende Haltung der Gesetzgebung gegenüber dem Prinzip der Vorrechte veranschaulicht außerdem der folgende Auszug aus den Motiven:

> „[...], so hat die Gegenwart überhaupt jene stützende Grundidee der Nothwendigkeit von Vorrecht und Rangordnung überall als schweren Irrthum erkannt. [...] Jede, noch so gute Vorrechtsordnung ist ein Uebel, je feiner ersonnen, je mehr abgestuft und ausgebildet, ein desto schlimmeres Uebel."[363]

Die Existenz von Vorrechten im Konkurs hielt der Gesetzgeber danach für eine Gefahr für die Gerechtigkeit. Das Prinzip des gleichmäßigen Ausgleichs innerhalb der Gemeinschaft der Gläubiger wäre hierdurch beschädigt. Diese rechtspolitische Wertung zeigt sich weiterhin auch in dem folgenden Auszug aus den Motiven:

> „Und noch weniger darf man sich auf Gerechtigkeit berufen. Das Recht verleiht entweder einer Forderung Anerkennung und Wirksamkeit oder versagt sie. Die vom Recht anerkannte Wirksamkeit aber besteht für jede Forderung darin, daß der Schuldner sie mit allen seinen Kräften erfülle, und darin steht eine jede persönliche Forderung der anderen gleich, [...]. Allen persönlichen Forderungen wohnt derselbe Inhalt und dieselbe Stärke bei. [...]. Jede Bevorzugung des einen Gläubigers enthält eine Rechtskränkung der anderen, die volle Befriedigung des Einen geschieht auf Kosten des Anderen."[364]

Die Gesetzgebung betrachtete es als eine wichtige Hauptaufgabe der Konkursordnung, das System der Vorrechte soweit wie möglich zu beseitigen. In den Motiven beschrieb man in dieser Hinsicht die rechtspolitische Intention wie folgt:

> „Die Beseitigung aller Vorrechte muß das Ziel sein, welches die Gesetzgebung nicht aus den Augen verlieren darf, und unter diesem Gesichtspunkt sind die Ausnahmen zu prüfen, welche die Gesetze machen zu müssen geglaubt haben."[365]

Für die Anerkennung einer Privilegierung forderte man eine besondere Legitimation. Gründe, welche die Akzeptanz eines Vorrechts im Konkurs rechtfertigen könnten, erkannte man am Ende des 19. Jahrhunderts hauptsächlich in sozialen oder fiskalischen Zielen[366]. Lothar von Seuffert beschrieb diesen Grundsatz in seinem Lehrbuch aus dem Jahre 1899 wie folgt:

> „Jedes Vorzugsrecht gefährdet den Kredit und erschwert das Konkursverfahren. Die Verminderung der Vorzugsrechte ist rationell; aber einige Vorzugsrechte

363 Motive IV, S. 237 f.

364 Motive IV, S. 238.

365 Motive IV, S. 238.

366 Vgl. Petersen/Kleinfeller, Konkursordnung für das Deutsche Reich, § 54, S. 269 ff.; Kohler, Lehrbuch des Konkursrechts, § 57, S. 332 ff.; Fuchs, Der deutsche Concursproceß, § 11, S. 71 ff.; Seuffert, Deutsches Konkursprozessrecht, § 13, S. 60 ff.

zum Schutze öffentlicher Interessen und zum Schutze von Kreditgebern, die nach den socialen Verhältnissen kreditieren müssen, sind nicht zu entbehren."[367]

Der Gesetzgeber der Konkursordnung benannte diese beiden Aspekte ebenfalls als mögliche Kriterien für die Anerkennung eines Vorrechts im Konkurs. In den Motiven drückte er diese Bedingung wie folgt aus:

> „Man ist gewohnt, die Vorrechte aus zwei Gründen zu rechtfertigen: Sie sollen bedingt sein entweder durch die Rücksicht auf das öffentliche Wohl, oder durch die besondere Schutzbedürftigkeit gewisser Gläubiger."[368]

In der Konkursordnung normierte man schließlich insgesamt fünf Rangklassen (§ 54 Nr. 1 KO bis § 54 Nr. 5 KO). Bei der Verteilung des Erlöses kamen die Rangklassen in der gesetzlich bestimmten Reihenfolge zum Zuge[369]. Die jeweils nachrangige Klasse erhielt erst dann einen Anteil an der Masse, wenn alle Forderungen der vorhergehenden Klassen vollständig erfüllt waren. Die Erfüllung der Forderungen ohne jede Rangzugehörigkeit erfolgte erst im Anschluss an die privilegierten Forderungen (§ 54 Nr. 6 KO).

2. Lösungsmodell des Gesetzgebers

a) Dienstleute (§ 54 Nr. 1 KO)

> „§ 54
>
> Die Konkursforderungen werden nach folgender Rangordnung, bei gleichem Range nach Verhältniß ihrer Beträge, berichtigt:
>
> 1. die für das letzte Jahr vor der Eröffnung des Verfahrens oder dem Ableben des Gemeinschuldners rückständigen Forderungen an Lohn, Kostgeld oder anderen Dienstbezügen der Personen, welche sich dem Gemeinschuldner für dessen Haushalt, Wirthschaftsbetrieb oder Erwerbsgeschäft zu dauerndem Dienste verdungen hatten;
>
> […]."[370]

Nach § 54 Nr. 1 KO erfolgte mit der erster Rangstelle eine Erfüllung der rückständigen Lohnforderungen für diejenigen Personen, welche sich dem Gemeinschuldner für dessen Haushalt oder Erwerbsgeschäft zu dauerndem Dienst verdungen hatten. Das Vorrecht war zeitlich beschränkt auf die rückständigen Forderungen für das letzte Jahr vor Eröffnung des Verfahrens oder dem Ableben des Gemeinschuldners.

367 Seuffert, Deutsches Konkursprozessrecht, § 13, S. 60.
368 Motive IV, S. 239.
369 Vgl. Motive IV, S. 235 ff.
370 RGBl. 1877, Nr. 10, S. 362.

Das Vorrecht der Dienstleute hatte eine lange Tradition und war bereits in der Praxis des gemeinen Rechts überwiegend anerkannt[371]. Die Aufgabe dieses Privilegs begründete man im Allgemeinen mit einem sozialen Schutzrecht zugunsten der abhängig Beschäftigten[372]. Wilhelm Endemann beschrieb den Zweck des Vorrechts in diesem Sinne mit dem Schutz der dienenden Klasse[373]. Die spezielle Schutzbedürftigkeit der Dienstleute begründete man insbesondere mit der persönlichen und wirtschaftlichen Abhängigkeit, mit welcher die Arbeiter gegenüber ihrem Dienstherrn zwangsläufig konfrontiert waren[374]. Ein wesentliches Problem erkannte man in der Tatsache, dass die Beschäftigten sich regelmäßig aus wirtschaftlicher Not verdingen mussten[375]. Der Konkurs ihres Arbeitgebers würde sie darüber hinaus besonders nachteilig betreffen, weil hierdurch nicht nur die Früchte ihrer Arbeit in der Vergangenheit gefährdet waren, sondern auch ihre Arbeitsexistenz für die Zukunft wegfallen konnte[376]. Zu bedenken ist in diesem Kontext, dass ein Arbeitsrecht im Sinne eines Schutzrechts für die Interessen der Arbeiter am Ende des 19. Jahrhunderts nicht existierte[377].

Die Gesetzgebung betrachtete aus den zuvor aufgezeigten Gründen den Schutz der Arbeiter als ein politisches Anliegen, das die Anerkennung eines Vorrechts im Konkurs rechtfertigen könnte. In den Motiven begründete man die Schutzbedürftigkeit der Dienstleute wie folgt:

> „Dieses Vorrecht erscheint in der That den natürlichen Verhältnissen entsprechend. Die auf solche Dienstverhältnisse angewiesenen Personen müssen sich verdingen, ohne daß sie in der Lage sind, ihre Forderung zu sichern."[378]

Der Gesetzgeber unterstellte demzufolge, dass sich die Dienstleute regelmäßig in einer strukturell schwächeren Lage befanden. Hintergrund dieser Wertung ist die Überlegung, dass die abhängig Beschäftigten aufgrund der damaligen Marktsituation üblicherweise keine wirksamen Sicherheiten für ihre For-

---

371 Vgl. Völderndorff, Konkursordnung für das Deutsche Reich, § 54, S. 619 ff.; Fuchs, Der deutsche Concursproceß, § 14, S. 71 ff.; Jaeger, Konkursordnung, Band 1, 5. Aufl., § 61, Anm. 13, S. 855; Wengler, Die Konkursordnung für das Deutsche Reich, S. 378.

372 Vgl. Mentzel, Konkursordnung, § 61, Anm. 14 ff., S. 385 ff.

373 Endemann, Das deutsche Konkursverfahren, § 76, S. 500 ff.

374 Vgl. Jaeger, Lehrbuch des Deutschen Konkursrechts, § 11, S. 59 ff.; Jaeger/Lent, Konkursordnung, Band 1, 8. Aufl., § 61, Anm. 13, S. 846 f.

375 Vgl. Wengler, Die Konkursordnung für das Deutsche Reich, § 54, S. 378 ff.; Motive IV, S. 235 ff.

376 Kohler, Lehrbuch des Konkursrechts, § 57, S. 332 ff.

377 Vgl. zum Schutzzweck der Vorrechts: Jaeger, Lehrbuch des Deutschen Konkursrechts, § 11, S. 59 ff.

378 Motive IV, S. 248.

derungen durchsetzen konnten[379]. Gleichzeitig bestand dabei für die betroffenen Personen eine ökonomische Notwendigkeit, derartige Dienstverhältnisse mit einseitig gestalteten Klauseln einzugehen. Die tatsächliche Lage der Arbeiter hielt man weiterhin auch deswegen für ungünstig, weil die Rechtsverfolgung auf dem Klagewege aufgrund der Abhängigkeit schwierig wäre[380]. In der Gesamtschau dieser Umstände erkannte der Gesetzgeber eine Notwendigkeit für eine sozialpolitisch motivierte Sicherung der Arbeiter in der Situation des Konkurses. Die Interessen der übrigen Gläubiger glaubte man demgegenüber zurücktreten lassen zu können.

Der Schutz der Arbeiter hatte am Ende des 19. Jahrhunderts eine substanzielle Bedeutung für die soziale Frage[381]. Im Zuge der Industrialisierung und Verstädterung verschlechterte sich die Situation der abhängig Beschäftigten in erheblichem Maße. Ein Überangebot an Arbeitskräften in den Ballungsräumen führte dazu, dass die Dienstleute regelmäßig Beschäftigungsverhältnisse eingehen mussten, bei denen die tatsächlichen und rechtlichen Arbeitsbedingungen für sie außerordentlich nachteilig waren. Die prekäre Lage der Arbeiter entwickelte sich zu einem Hauptproblem der sozialen Frage im ausgehenden 19. Jahrhundert[382]. Die Konkursordnung hatte in diesem Kontext mit der Förderung des wirtschaftlichen Schwächeren eine sozialpolitische Aufgabe.

Für den Gesetzgeber waren darüber hinaus der Schutz der Gläubiger und der Schutz des Kredits wichtige Anliegen, welche im Konkursrecht von übergreifender Bedeutung waren. Die zuerkannte Sicherung der Arbeiter sollte deswegen nicht im Widerspruch stehen zu den Interessen der übrigen Gläubiger und zu den Interessen des allgemeinen Kredits. Die Abwägung des Gesetzgebers in dieser Frage veranschaulicht der folgende Auszug aus den Motiven:

---

379 Vgl. Endemann, Das deutsche Konkursverfahren, § 76, S. 500 ff.

380 Motive IV, S. 235 ff.

381 Vgl. zur Lage der Arbeiter im 19. Jahrhundert: Lütge, Deutsche Sozial- und Wirtschaftsgeschichte, S. 440 ff.; Wischermann/Nieberding, Die institutionelle Revolution, S. 115 ff.; Schmoeckel, Rechtsgeschichte der Wirtschaft, Rn. 297 ff.; Ritter, Arbeiter, Arbeiterbewegung und soziale Ideen.

382 Vgl. zur Wirtschaftspolitik: Schulte-Nölke, Die schwere Geburt des Bürgerlichen Gesetzbuchs, in: NJW 49 (1996), S. 1705-1710; Engelsing, Sozial- und Wirtschaftsgeschichte Deutschlands, S. 143 ff.; Ambrosius, Staat und Wirtschaftsordnung, S. 139 ff.; Treue, Wirtschaftsgeschichte der Neuzeit, S. 545 ff.; Kieseritzky, Liberalismus und Sozialstaat, S. 459 ff.; Stolleis, Die Entstehung des Interventionsstaates und das öffentliche Recht, in: ZNR 10 (1989), S. 129-147; Nörr, Eher Hegel als Kant, Zum Privatrechtsverständnis im 19. Jahrhundert; Nörr, Kodifikation und Wirtschaftsordnung im Deutschland des 19. Jahrhunderts, in: ZNR 23 (2001), S. 51-61.

„Durch ein Vorrecht ihnen den nöthigen Schutz zu verleihen, widerspricht weder dem allgemeinen Kredit, noch den Rechten der übrigen Gläubiger. Jedermann weiß, daß das für das Hauswesen und Gewerbe erforderliche Personal gehalten werden muß, - das Vorrecht ist insoweit erkennbar; nach seinem Umfang kommt es kaum in Betracht für die Gläubiger, ist dagegen von äußerster Erheblichkeit für die in dem Dienste stehenden Personen."[383]

Der Schutz der Dienstleute durfte danach nur soweit reichen, dass trotz allem die Interessen der übrigen Gläubiger und die Interessen des Verkehrs gewahrt blieben. Der Gesetzgeber erkannte nach der Abwägung der Interessen allerdings keine signifikante Gefahr von Täuschungen über die Kreditverhältnisse durch die Anerkennung einer Privilegierung der Arbeiter. Nach dieser Ansicht müsste man das Vorhandensein von Personal als eine regelmäßige Erwartung des Verkehrs bewerten, weswegen die konkrete Gefahr einer Täuschung nicht gegeben wäre.

Als einen weiteren Aspekt für die Legitimation des Vorrechts verwies der Gesetzgeber in diesem Auszug aus den Motiven auf die große wirtschaftliche Bedeutung, welche dieses Institut für die betroffenen Dienstleute normalerweise hatte. Das Privileg sollte ein Instrument sein, mit dessen Hilfe man die wirtschaftliche Existenz der Arbeiter sichern wollte. Die Rechtspolitik machte die soziale Absicherung des wirtschaftlich Schwächeren in diesem Bereich zu einer expliziten Aufgabe des Konkursrechts. Ein nennenswertes Problem für die gerechte Verteilung innerhalb der Gemeinschaft der Gläubiger wollte man hierbei nicht erkennen, weil man Umfang des Vorrechts für die Gläubiger als Ganzes für nicht erheblich betrachtete.

Abschließend erkannte der Gesetzgeber in der Privilegierung der Arbeiter zugleich auch eine Förderung für die Interessen der übrigen Gläubiger. In den Motiven hieß es dazu:

„Was sie zu fordern haben, ist Vergüthung für Dienste und Leistungen, welche dem Geschäft und dem Vermögen des Gemeinschuldners und mit der Konkursmasse den übrigen Gläubigern zum Nutzen gereichen. Diesen gegenüber rechtfertigt daher das Vorrecht sich gewissermaßen aus dem Gesichtspunkt einer nützlichen Verwendung."[384]

Die Gesetzgebung konstatierte eine Bereicherung der Masse durch die Arbeit der Dienstleute, wodurch für die Interesen der übrigen Gläubiger ein Vorteil entstehen würde. In rechtspolitischer Hinsicht hielt man es gleichsam für eine ungerechtfertigte Bereicherung, wenn man den Gegenwert der Arbeitsleistung vollständig zugunsten der Masse verwerten würde[385]. Das Ideal eines gerech-

383 Motive IV, S. 248.

384 Motive IV, S. 248.

385 Vgl. Fuchs, Der deutsche Concursproceß, § 14, S. 71 ff.

ten Ausgleichs innerhalb der Gemeinschaft der Gläubiger hielt man folglich für ein Prinzip, das eine Privilegierung der Arbeiter legitimieren konnte.

b) Fiskus (§ 54 Nr. 2 KO)

> „§ 54
>
> Die Konkursforderungen werden nach folgender Rangordnung, bei gleichem Range nach Verhältniß ihrer Beträge, berichtigt:
>
> [...]
>
> 2. die Forderungen der Reichskasse, der Staatskassen und der Gemeinden, sowie der Amts-, Kreis- und Provinzialverbände wegen öffentlicher Abgaben, welche im letzten Jahre vor der Eröffnung des Verfahrens fällig geworden sind oder nach § 58 als fällig gelten; es macht hierbei keinen Unterschied, ob der Steuererheber die Abgabe bereits vorschußweise zur Kasse entrichtet hat;
>
> [...].“[386]

Der Gesetzgeber hat nach § 54 Nr. 2 KO den Forderungen des Fiskus die zweite Rangklasse eingeräumt. Das Fiskusprivileg war eines der ältesten Vorrechte im Konkurs[387]. Die Regelung der öffentlichen Finanzen fand historisch betrachtet gemeinhin ein großes Interesse[388]. In der Fortsetzung dieser Tradition hat die Konkursordnung das Vorrecht des Fiskus prinzipiell anerkannt.

Die Privilegierung des Staates war allerdings von Beginn an rechtspolitisch umstritten[389]. Die Kritik richtete sich hauptsächlich gegen die sozialpolitische Legitimation dieses Sonderrechts[390]. Die Bevorzugung des Fiskus verkürzte die Masse zulasten der übrigen Gläubiger, obgleich die Sicherung der Staatsfinanzen nicht wichtiger wäre als die Forderungen der übrigen Gläubiger. Insbesondere würden dem Staat einzelne Ausfälle viel weniger Schaden zufügen im Vergleich zu den Schäden für die einzelnen Gläubiger aufgrund ihrer individuellen Forderungsausfälle. Die Bevorzugung des Staates wirkte nach dieser Ansicht zum Nachteil der wirtschaftlich schwächeren Gläubiger.

---

386 RGBl. 1877, Nr. 10, S. 362.

387 Vgl. Baur/Stürner, Insolvenzrecht, § 11, S. 154 ff.

388 Vgl. Kohler, Lehrbuch des Konkursrechts, § 57, S. 332 ff.; Völderndorff, Konkursordnung für das Deutsche Reich, § 54, S. 619 ff.; Dann, Das Konkursvorrecht der öffentlichen Abgaben, S. 16 ff; vgl. allgemein zu den Interessen des Staates im Rahmen der Wirtschaftspolitik: Zycha, Deutsche Rechtsgeschichte der Neuzeit, § 45, S. 286 ff.; Weber, Wirtschaftsgeschichte, Abriss der universalen Sozial- und Wirtschaftsgeschichte, Kap. IV, § 8, S. 289 ff.

389 Vgl. Kilger/Schmidt, Konkursordnung, § 61, Nr. 5, S. 347 f.; Kuhn/Uhlenbruck, Konkursordnung, § 61, Rn. 51, S. 1067; Baumann, Konkurs und Vergleich, § 9, S. 93 ff.

390 Vgl. Jaeger/Lent, Konkursordnung, Band 1, 8. Aufl., Einleitung, S. LV ff.; Jaeger, Lehrbuch des Deutschen Konkursrechts, § 11, S. 59 ff.

Der Gesetzgeber hielt diese Einwände nicht für erheblich. Er nahm zwar die Kritik zur Kenntnis, wollte aber gleichwohl an der Anerkennung des Vorrechts festhalten. Die Sicherung der Staatsfinanzen war für die Gesetzgebung offensichtlich eine wichtige Aufgabe des Konkursrechts. Zu bedenken ist in diesem Zusammenhang, dass die Steuersätze am Ende des 19. Jahrhunderts vergleichsweise gering waren[391]. Die Gefahr einer übermäßigen Verkürzung der Masse drängte sich deswegen nicht unmittelbar auf. In den Motiven führte der Gesetzgeber hierzu das Folgende aus:

> „Allen diesen Vorrechten setzt man die Erwägung entgegen, daß bei einer geordneten Staatsverwaltung der Ausfall, welchen der Staat in Konkursen erleidet, für den Staatshaushalt kaum ins Gewicht fallen möchte, und daß es wirthschaftlich richtiger sei, wenn der Verlust sich auf die Gesamtheit aller Steuerpflichtigen vertheilt, als wenn die wenigen, durch den Konkurs ohnehin beschädigten Gläubiger den Ausfall des Staates zusammensteuern."[392]

Dieser Ausschnitt aus den Motiven gibt einen Einblick in die rechtspolitische Auseinandersetzung mit den zuvor beschriebenen Einwänden gegen das Vorrecht. Im Ergebnis erkannte der Gesetzgeber hierbei letztlich kein Problem für die gerechte Verteilung der Masse. Das Finanzierungsinteresse des Staates behandelte man dem Grunde nach als einen Belang, der eine Verkürzung der Masse zulasten der übrigen Gläubiger rechtfertigen konnte.

Allerdings betrachtete der Gesetzgeber das Interesse des Staates an seiner Finanzierung nicht als einen isolierten Selbstzweck. Die Stärkung des Staates sollte vielmehr den kollektiven Nutzen fördern. Der folgende Auszug aus den Motiven veranschaulicht diese Zielsetzung:

> „Dem gegenüber läßt sich allgemein geltend machen, daß Vorbedingung jeder Sicherheit des Eigenthums und des Verkehrs der Schutz sei, denn der Staat gewährt, und daß deshalb die Hülfsquellen, deren der Staat zur Gewährung solchen Schutzes bedarf, vorzugsweise sichergestellt werden müssen."[393]

Die Konsolidierung der staatlichen Finanzen sollte demnach den Schutzauftrag des Staates im Interesse der einzelnen Bürger sowie im Interesse der ganzen Rechtsgemeinschaft gewährleisten. Der Staat hatte in diesem Sinne nach der Ansicht der Gesetzgebung eine spezielle Verantwortung für den Schutz des Eigentums und für den Schutz des Verkehrs. Das Vorrecht war damit nach seiner normativen Bestimmung ein Instrument der Wohlfahrt im Inte-

391 Vgl. Dann, Das Konkursvorrecht der öffentlichen Abgaben, S. 48 ff.
392 Motive IV, S. 239.
393 Motive IV, S. 239.

resse aller Staatsangehörigen. Der Gesetzgeber konstruierte in diesem Bereich gewissermaßen eine Fürsorgefunktion des Staates[394].

Daneben wollte man mit der Beibehaltung des Fiskusprivilegs in rechtspolitischer Hinsicht noch eine weitere Wirkung entfalten[395]. Im Falle einer wirtschaftlichen Notlage eines Steuerpflichtigen sollte der Staat dadurch eine reale Motivation haben, die offenen Steuerschulden zu stunden. Die Sicherung der staatlichen Ansprüche durch ein Vorzugsrecht im Konkurs sollte eine Maßnahme sein, um die generelle Bereitschaft zur Stundung zu erhöhen. In den Motiven beschrieb der Gesetzgeber dieses Ziel wie folgt:

> „[…] in Zeiten allgemeiner Geschäftsstockung aber tritt der Anspruch auf Nachsicht wegen Steuerzahlung an den Fiskus in erheblich verstärkter und in völlig anderer Weise heran, als an Privatgläubiger; in Zeiten einer Krise hat der Fiskus den Kredit nicht so sehr im eigene Interesse, wie jeder Gläubiger, sondern im Interesse des öffentlichen Wohls zu bewilligen. - In der That rechtfertigt das öffentliche Interesse daher für kreditirte, wie für nicht kreditirte Steuerforderungen ein Vorrecht."[396]

In der praktischen Wirkung konnte die Stundung der Steuerschulden oftmals ein hilfreiches Mittel für die Existenzsicherung des Gemeinschuldners sein. In dieser Intention förderte die Privilegierung nicht vorrangig die Interessen des Staates, sondern primär den Schutz des wirtschaftlich Schwächeren. Darüber hinaus hatte die Stundung zugleich auch für die Interessen der Gläubiger eine günstige Funktion. Der Schuldner konnte seine Geschäfte vorerst weiterführen, wodurch sich erfahrungsgemäß die Wahrscheinlichkeit dafür verbesserte, dass er die ausstehenden Forderungen in der Zukunft begleichen wird.

Der Auszug aus den Motiven zeigt weiterhin, dass der Gesetzgeber in der Nachsicht der Steuerbehörden eine Aufgabe für die Förderung des öffentlichen Wohls erkannte. Die Rechtspolitik behandelte das Konkursrecht als ein Instrument für die Gestaltung der Gesellschaft. Mit Hilfe der Privilegierung des Staates wollte man das sozialpolitisch erwünschte Verhalten begünstigen. Das Vorrecht sollte damit die Interessen aller Beteiligten unterstützen.

Gegen die zuvor beschriebene sozialpolitische Intention des Gesetzgebers in diesem Bereich gab es im weiteren Verlauf grundlegende Bedenken[397]. Der Einwand richtete sich hauptsächlich darauf, dass die Sicherung der Staatsfinanzen nicht unbedingt die Interessen der Allgemeinheit förderte. Vielmehr

---

394 Vgl. zur Aufgabe des Staates im Konkurs: Puchta, Ueber den Concursprozeß, § 20, S. 43 ff.; Weber, Fragen zur Gestaltung des Konkursverfahrens in rechtspolitischer und rechtsvergleichender Sicht, in: KTS 80 (1959), S. 80-88.

395 Vgl. Motive IV, S. 235 ff.

396 Motive IV, S. 239 f.

397 Jaeger/Lent, Konkursordnung, Band 1, 8. Aufl., Einleitung, S. LV ff.

müsste man das Vorrecht so sehen, dass der Staat auf diese Weise die Gläubiger dazu zwingt, indirekt die Steuern des Schuldners zu bezahlen. Außerdem führte man an, dass es oftmals ein Fehler der Behörden wäre, große Beträge auflaufen zu lassen, ohne dass dadurch der spätere Zusammenbruch vermieden würde. Der Gesetzgeber wollte im Gegensatz dazu aber dennoch an dem Vorrecht des Fiskus festhalten. Die geschilderten Einwände führten nicht zu einer Änderung der Konkursordnung.

c) Kirchen, Schulen, öffentliche Einrichtungen (§ 54 Nr. 3 KO)

> „§ 54
>
> Die Konkursforderungen werden nach folgender Rangordnung, bei gleichem Range nach Verhältniß ihrer Beträge, berichtigt:
>
> [...]
>
> 3. die Forderungen der Kirchen und Schulen, der öffentlichen Verbände und der öffentlichen, zur Annahme der Versicherung verpflichteten Feuerversicherungsanstalten wegen der nach Gesetz oder Verfassung zu entrichtenden Abgaben und Leistungen aus dem letzten Jahre vor der Eröffnung des Verfahrens;
>
> [...].“[398]

Nach § 54 Nr. 3 KO erhielten die Abgaben zugunsten der Kirchen, der Schulen und der aufgezählten öffentlichen Einrichtungen aus dem letzten Jahr vor der Eröffnung des Verfahrens ein Vorrecht mit der dritten Rangstelle.

Dieses Vorzugsrecht war bereits im gemeinen römischen Recht weithin anerkannt[399]. In der Fortsetzung dieser Tradition hatte der Gesetzgeber die Privilegierung im Rahmen der Kodifikation der Konkursordnung übernommen. Die Tätigkeiten der Kirchen, Schulen und öffentlichen Einrichtungen standen danach der staatlichen Aufgabenerfüllung i.S.v. § 54 Nr. 2 KO gleich[400]. Dieser Befund veranlasste den Gesetzgeber dazu, das Vorrecht in der Konkursordnung anzuerkennen. In den Motiven findet sich in diesem Zusammenhang der folgende Grundsatz:

> „Dagegen ist es alt hergebracht, den Kirchen und den Schulverbänden dieselbe Begünstigung, wie dem Staate und den politischen Gemeinden zu Theil werden zu lassen.“[401]

---

398 RGBl. 1877, Nr. 10, S. 362 f.

399 Vgl. Fuchs, Der deutsche Concursproceß, § 14, S. 71 ff.

400 Vgl. Völderndorff, Konkursordnung für das Deutsche Reich, § 54, S. 619 ff.; Wilmowski, Deutsche Reichs-Konkursordnung, § 61, Nr. 14 ff., S. 270 f.

401 Motive IV, S. 240.

In der Zusammenschau von § 54 Nr. 2 KO und § 54 Nr. 3 KO ergibt sich somit ein Bild, demzufolge die Konkursordnung sämtliche Forderungen öffentlicher Rechtsträger bevorzugte[402]. Damit beschränkte man in der Folgewirkung zwangsläufig die Rechte der übrigen Gläubiger. Die Finanzierung des Staates war gegenüber den Interessen der Gläubiger offenbar eine wichtigere Aufgabe des Konkursrechts. Die Idee eines gleichmäßigen Ausgleichs innerhalb der Gemeinschaft der Gläubiger musste in der Wertung des Gesetzgebers dahinter zurücktreten. Die Sicherung der Staatsfinanzen war dabei allerdings kein Selbstzweck, sondern sollte eine sozialpolitische Aufgabe im Interesse der Rechtsgemeinschaft erfüllen, wie die zuvor geschilderten Erwägungen zu dem Vorrecht des Fiskus nach § 54 Nr. 2 KO gezeigt haben.

In den Beratungen der Reichstagskommission gab es im Zusammenhang mit § 54 Nr. 3 KO Bedenken gegen die Begünstigung der Feuerversicherungsanstalten[403]. Gegen die Gleichstellung der Kirchen, Schulen und öffentlichen Verbände mit der Aufgabenerfüllung durch den Staat hatte man dagegen keine grundlegenden Einwände. In Bezug auf die öffentlichen Feuerversicherungsanstalten stellten mehrere Mitglieder der Kommission aber in Frage, ob dieselben dem Kreis der Begünstigten angehören sollten[404].

Der Regierungsrat Carl Hagens erläuterte daraufhin im weiteren Verlauf der Beratungen den politischen Hintergrund dieser Privilegierung[405]. Danach hatte die geplante Begünstigung der Feuerversicherungsanstalten ihren eigentlichen Ursprung in einer Petition des Verbandes der öffentlichen Feuerversicherungsanstalten, die der Verband unmittelbar an den Reichskanzler gerichtet hatte. Der Verband hätte in der Petition angeblich sehr eindringlich auf die Notwendigkeit des Vorrechts aufmerksam gemacht. Die öffentlichen Feuerversicherungsanstalten machten v.a. geltend, dass sie im Bereich der Immobiliarversicherung zur bedingungslosen Annahme aller Versicherten verpflichtet wären, denn anders als die privaten Versicherungsunternehmen könnten sie insbesondere Personen mit einer ungünstigen Zahlungsbereitschaft nicht aus dem Kreis der Kunden ausschließen. Aus diesem Grund müssten sie angeblich erhebliche Vermögenswerte versichern, obwohl die betroffenen Verträge für die Versicherungsanstalt oftmals als wirtschaftlich wertlos betrachtet werden müssten. Die öffentlichen Feuerversicherungsanstalten befürchteten dadurch einen Wettbewerbsnachteil.

---

402 Vgl. zum Anwendungsbereich des Vorrechts: Völderndorff, Konkursordnung für das Deutsche Reich, § 54, S. 619 ff.

403 Vgl. Motive IV, S. 555 ff., 643 ff.

404 Vgl. Motive IV, S. 555 ff., 643 ff.

405 Vgl. Motive IV, S. 643 ff.

Vor dem Hintergrund dieser Ausführungen durch den Regierungsrat Carl Hagens konnte die Anerkennung des Vorrechts schließlich eine Mehrheit in der Kommission finden[406]. Das vorgetragene Anliegen der Versicherungsanstalten überzeugte anscheinend die meisten Mitglieder der Kommission.

Der Auszug aus den Beratungen macht damit deutlich, dass in Bezug auf die Feuerversicherungsanstalten sozialpolitische Erwägungen nicht ausschlaggebend waren. Die Einbeziehung der Versicherungsanstalten war auf die Tätigkeit von Lobbyisten zurückzuführen. Der Regierungsrat Carl Hagens räumte in den Beratungen der Kommission schließlich ein, dass es sich um eine Form der Privilegierung handelte[407]. Die sozialpolitische Aufgabe, welche die Rechtspolitik mit der Sicherung der Staatsfinanzen generell anstrebte, kam in diesem Bereich nicht zur Geltung. Außerdem finden sich in Bezug auf die Feuerversicherungsanstalten auch im Allgemeinen keine Überlegungen über die normative Legitimation.

Gegen das Vorrecht nach § 54 Nr. 3 KO gab es im weiteren Verlauf wiederum durchgreifende Bedenken in der Literatur[408]. Bei dem Vorrecht nach § 54 Nr. 3 KO erkannte man dem Grunde nach die gleichen strukturellen Probleme wie bei dem Vorrecht nach § 54 Nr. 2 KO[409]. Das Problem bei § 54 Nr. 3 KO sollte allerdings eine etwas geringere Gefahr darstellen, weil der Umfang dieser Privilegierung nicht so groß war wie bei dem Vorrecht des Fiskus nach § 54 Nr. 2 KO. Der Gesetzgeber hatte diese Einwände nicht aufgegriffen.

d) Ärzte, Apotheker, Hebammen, Pfleger (§ 54 Nr. 4 KO)

> „§ 54
>
> Die Konkursforderungen werden nach folgender Rangordnung, bei gleichem Range nach Verhältniß ihrer Beträge, berichtigt:
>
> [...]
>
> 4. die Forderungen der Aerzte, Wundärzte, Apotheker, Hebammen und Krankenpfleger wegen Kur- und Pflegekosten aus dem letzten Jahre vor der Eröffnung des Verfahrens, insoweit der Betrag der Forderungen den Betrag der taxmäßigen Gebührnisse nicht übersteigt;
>
> [...].“[410]

406 Vgl. Motive IV, S. 643 ff.
407 Vgl. Motive IV, S. 643 ff.
408 Jaeger/Lent, Konkursordnung, Band 1, 8. Aufl., Einleitung, S. LV ff.
409 Vgl. zu § 54 Nr. 2 KO: Jaeger/Lent, Konkursordnung, Band 1, 8. Aufl., Einleitung, S. LV ff.
410 RGBl. 1877, Nr. 10, S. 363.

Nach § 54 Nr. 4 KO normierte der Gesetzgeber für die Forderungen der Ärzte, Wundärzte, Apotheker, Hebammen und Krankenpfleger für das letzte Jahr vor Eröffnung des Verfahrens ein Vorrecht mit der vierten Rangstelle.

Die Grundlage für dieses Vorrecht erkannte man in einem sozialen Schutzzweck im Interesse des Schuldners[411]. Der Zugang zu einer notwendigen medizinischen Behandlung sollte nicht von der Zahlungsfähigkeit des Patienten abhängen[412]. Das Gesetz wollte mit der Anerkennung des Vorrechts die Menschenhilfe fördern[413]. Dieses Rechtsinstitut war danach ein Teil der Konkursordnung, der ausdrücklich für den Schutz des Schuldners bestimmt war.

Für die Gesetzgebung waren die zuvor geschilderten sozialpolitischen Erwägungen entscheidend dafür, um das Vorrecht in der Konkursordnung dem Grunde nach anzuerkennen. Die rechtspolitische Intention in dieser Frage veranschaulicht der folgende Auszug aus den Motiven:

> „[...] so erfordert doch allgemein Sitte und Sittlichkeit die Anerkennung des Vorrechts. Denn Sitte und Menschlichkeit verbieten den zur Hülfe von Kranken gerufenen Personen, ihre Hülfsleistung davon abhängig zu machen, ob der Kranke dieselbe sofort zu vergüten oder die Vergütung sicherzustellen vermag."[414]

In der konkreten Ausgestaltung erkannte man eine besonders weitreichende Normierung zugunsten des Schuldners[415]. Das Vorrecht sollte nämlich nach seinem Wortlaut nicht nur für Behandlungen des Schuldners in Person, sondern auch für die Versorgung seiner Angehörigen gelten, sofern der Schuldner zur Bezahlung verpflichtet war[416]. Die Reichweite der Privilegierung hielt man aus diesem Grund für besonders weitgehend in Bezug auf die Interessen des Schuldners und in Bezug auf die Interessen seiner Angehörigen. Im Recht der Vorrechte konnte man neben dem Schutz des Schuldners zugleich einen Schutz der Angehörigen des Schuldners erkennen. Der sozialpolitisch motivierte Normzweck hatte in dieser Hinsicht eine umfassende praktische Wirkung.

Gleichzeitig verfolgte der Gesetzgeber die zuvor dargelegte sozialpolitische Motivation allerdings nicht uneingeschränkt. Der Schutz der Gläubiger sollte durch die Anerkennung des Vorrechts trotz allem nicht in Gefahr sein. In den

---

411 Vgl. Motive IV, S. 235 ff.; Wilmowski, Deutsche Reichs-Konkursordnung, § 61, Nr. 19, S. 271.

412 Petersen/Kleinfeller, Konkursordnung für das Deutsche Reich, § 54, S. 269 ff.

413 Kohler, Lehrbuch des Konkursrechts, § 57, S. 332 ff.

414 Motive IV, S. 241.

415 Vgl. Endemann, Das deutsche Konkursverfahren, § 76, S. 500 ff.

416 Vgl. Völderndorff, Konkursordnung für das Deutsche Reich, § 54, S. 619 ff.

Motiven stellte der Gesetzgeber zu dieser Frage die folgenden Erwägungen an:

> „Zudem weiß Jedermann, daß in einer Haushaltung hin und wieder Krankheiten eintreten und Aufwendungen veranlassen. Das fragliche Vorrecht ist sonach auch erkennbar, und während der Umfang desselben von großer Erheblichkeit für die Berechtigten ist, kommt er für die zurückgesetzten Gläubiger kaum in Betracht."[417]

Danach erkannte der Gesetzgeber keine Gefahr für die Gläubiger, weil er den tatsächlichen Umfang der Privilegierung für vergleichsweise gering erachtete. Außerdem vermutete man eine allgemeine Verkehrsanschauung, nach der die Allgemeinheit generell mit krankheitsbedingten Aufwendungen rechnen würde. Gegen die Anerkennung des Vorrechts bestanden nach dieser Sichtweise folglich keine Bedenken.

Die Ausführungen zeigen, dass die Gesetzgebung in diesem Bereich eine Form der Kontrollüberlegung zu der Frage durchführte, ob das Vorrecht mit den Interessen der anderen Gläubiger zu vereinbaren wäre. Der Schutz der Gläubiger war für den Gesetzgeber das prinzipiell höherwertige Anliegen der Konkursordnung. Die Interessen der Gläubiger kann man gleichsam als einen der Prüfungsmaßstab für die Anerkennungsfähigkeit der verschiedenen Vorrechte identifizieren. Eine Privilegierung konnte demnach nur dann eine Anerkennung im Konkurs finden, wenn die Interessen der anderen Gläubiger dadurch nicht in Gefahr waren.

Freilich war dieses Vorrecht auch unmittelbar nützlich für die Angehörigen der Heilberufe[418]. Eine gesetzliche Krankenversicherung als Kostenträger gab es während der Entstehungszeit der Konkursordnung nicht[419]. Der Patient war regelmäßig der unmittelbare Schuldner der Behandlungskosten. Die aufgezählten Personen brauchten sich nunmehr aufgrund des Vorrechts weniger um ihre Vergütungsansprüche zu sorgen. Aus rechtlichen oder standesethischen Gründen hatten sie außerdem zuweilen keine Wahl, ob sie den hilfsbedürftigen Menschen helfen wollten[420]. Gegenüber kranken Personen in einer schlechten wirtschaftlichen Situation konnte das medizinische Personal seine Dienstleistung möglicherweise nicht verweigern. Im Gegenzug für die Verpflichtung zur Hilfeleistung hielt man eine Bevorzugung der Vergütungsansprüche für angemessen.

---

417 Motive IV, S. 241 f.

418 Vgl. Jaeger/Lent, Konkursordnung, Band 1, 8. Aufl., § 61, Anm. 31, S. 864 f.

419 Vgl. zur Sozialgesetzgebung in den 1880er Jahren: Stolleis, Geschichte des Sozialrechts, S. 52 ff.; Henning, Handbuch der Wirtschafts- und Sozialgeschichte Deutschlands, Band 2: 19. Jahrhundert, S. 1152 ff.

420 Vgl. Motive IV, S. 235 ff.

Der Schutz der Berufsträger wirkte sich in der Praxis hauptsächlich als eine Absicherung für den Schuldner und seine Angehörigen aus[421]. Die Absicherung der Medizinalpersonen leistete mittelbar einen Beitrag dazu, den Zugang zur Heilfürsorge von der wirtschaftlichen Situation des Hilfsbedürftigen unabhängig zu machen. Für den Schuldner förderte diese Regelung in der Situation des wirtschaftlichen Zusammenbruchs die medizinische Versorgung.

e) Kinder, Pflegebefohlene (§ 54 Nr. 5 KO)

> „§ 54
>
> Die Konkursforderungen werden nach folgender Rangordnung, bei gleichem Range nach Verhältniß ihrer Beträge, berichtigt:
>
> [...]
>
> 5. die Forderungen der Kinder und der Pflegebefohlenen des Gemeinschuldners in Ansehung ihres gesetzlich der Verwaltung desselben unterworfenen Vermögens; das Vorrecht steht ihnen nicht zu, wenn die Forderung nicht binnen zwei Jahren nach Beendigung der Vermögensverwaltung gerichtlich geltend gemacht und bis zur Eröffnung des Verfahrens verfolgt worden ist;
>
> [...]."[422]

Nach § 54 Nr. 5 KO hatten die Forderungen der Kinder und Pflegebefohlenen des Gemeinschuldners in Ansehung ihres Vermögens, welches der Verwaltung durch den Gemeinschuldner unterliegt, ein Vorrecht mit der fünften Rangklasse.

Bei der Anerkennung dieser Privilegierung erkannte die Gesetzgebung die normative Berechtigung in der Tatsache, dass das Vermögen der Kinder kraft Gesetzes der Verwaltung durch die Eltern unterfiel[423]. Aus dieser Sachlage folgerte man eine besondere Schutzbedürftigkeit der Kinder. In den Motiven beschrieb der Gesetzgeber dieses Anliegen wie folgt:

> „Gemeinsam wird das Vorrecht für Kinder und Mündel dadurch begründet, daß ohne jedes Zuthun derselben ihr Vermögen von Rechtswegen in die Hände der Eltern oder des Vormundes gelange, das Gesetz aber eine gute Verwaltung nicht ausreichend zu sichern im Stande sei und daher durch ein gesetzliches Vorrecht Schutz verleihen müsse."[424]

Der Auszug aus den Motiven zeigt, dass der Gesetzgeber seine normative Motivation mit zwei verschiedenen Aspekten begründen wollte. Auf der ei-

421 Vgl. Jaeger/Lent, Konkursordnung, Band 1, 8. Aufl., § 61, Anm. 31, S. 864 f.
422 RGBl. 1877, Nr. 10, S. 363.
423 Vgl. Jaeger, Konkursordnung, Band 1, 5. Aufl., § 61, Anm. 32, S. 867.
424 Motive IV, S. 246 f.

nen Seite konstatierte man, dass die Eltern unabhängig von dem Willen der Kinder zur Verwaltung des Vermögens berufen waren. Auf der anderen Seite ging man davon aus, dass allein mit der Hilfe des Gesetzes eine gute Verwaltung nicht gewährleistet war. Für den effektiven Schutz der Interessen der Kinder hielt der Gesetzgeber daher ein Vorzugsrecht im Konkurs der Eltern für erforderlich.

Aus diesem Gedankengang wird ersichtlich, dass die Rechtspolitik mit Privilegierung der Kinder einen sozialen Schutzzweck verfolgte. Das Vorrecht sollte ein Instrument für die Förderung des wirtschaftlich Schwächeren sein. Die Kinder befanden sich nach dieser Sichtweise generell in einer wirtschaftlich schwierigen Lage, weil die Eltern grundsätzlich das Vermögen der Kinder verwalteten, ohne das die Kinder auf diese Konstruktion einen Einfluss ausüben konnten. Mit einer Absicherung für die Rechtsposition der Kinder in der Situation des Konkurses intendierte der Gesetzgeber eine sozialpolitische Aufgabe des Konkursrechts.

Gegen die Bevorzugung der Kinder gab es zum Teil Bedenken[425]. Die betreffenden Forderungen erreichten zuweilen beträchtliche Größenordnungen, womit zwangsläufig ein dementsprechender Verbrauch der Masse verbunden war[426]. Die Verkürzung der Masse wirkte zum Nachteil der übrigen Gläubiger und widersprach dem Grundsatz der Verlustgemeinschaft. Außerdem erkannte man in dem Vorrecht der Kinder die Gefahr des Missbrauchs[427]. Der Forderungsinhaber könnte versucht sein, durch eine Abtretung an die Kinder des Schuldners seine Forderung mit einem Vorrecht auszustatten.

In den Beratungen der Reichstagskommission hatte man ebenfalls Einwände gegen die Normierung eines Vorzugsrechts für die Kinder.[428]. Im Ergebnis hat man dieses Rechtsinstitut aber letztlich im Rahmen der Konkursordnung anerkannt. Der sozialpolitisch begründete Schutzzweck im Interesse der Kinder erschien dem Gesetzgeber anscheinend unabhängig von dem generellen Problem des Missbrauchs als eine wichtige Aufgabe des Konkursrechts. Eine konkrete Gefahr des Missbrauchs befürchtete er durch die Anerkennung des Vorrechts nicht. In den Motiven konkretisierte er diese Einschätzung folgendermaßen:

> „Nicht das Mitleid ist es, das schwerer in die Wagschale fällt, es ist die objektive Betrachtung, daß bei Mündeln und Kindern das Abhängigkeitsverhältniß weit stärker als bei den Ehefrauen ist, daß aber viel weniger als mit und für Ehefrauen

425 Vgl. Kohler, Lehrbuch des Konkursrechts, § 57, S. 332 ff.; Jaeger, Lehrbuch des Deutschen Konkursrechts, § 11, S. 59 ff.

426 Kohler, Lehrbuch des Konkursrechts, § 57, S. 332 ff.

427 Vgl. Jaeger, Lehrbuch des Deutschen Konkursrechts, § 11, S. 59 ff.

428 Vgl. Motive IV, S. 555 ff.

> unlautere Kollusionen des Gemeinschuldners mit Kindern und Mündeln zu befürchten sind. Darum und wegen des naturgemäß geringeren Umfangs ihrer Forderungen ist das Vorrecht derselben minder angegriffen."[429]

In diesem Auszug aus den Motiven betonte der Gesetzgeber noch einmal das besondere Abhängigkeitsverhältnis der Kinder zu ihren Eltern, aus dem man die Schutzbedürftigkeit der Kinder ableitete. Dieses Argument sollte die normative Berechtigung für eine Privilegierung im Konkurs belegen. Die Gefahr des Missbrauchs führte für den Gesetzgeber zu keiner anderen Einschätzung, weil er dieses Problem für gering hielt.

Auffällig ist in diesem Zusammenhang, dass der Gesetzgeber bei den anderen Vorzugsrechten oftmals prüfte, ob die Anerkennung einer Privilegierung mit den Interessen der anderen Gläubiger, der Sicherheit des Verkehrs sowie dem Schutz des Kredits zu vereinbaren wäre. Bei dem Vorrecht der Kinder war demgegenüber eine Kontrollüberlegung in einem vergleichbaren Umfang nicht zu beobachten. Aus diesem Befund kann man schließen, dass für den Gesetzgeber die sozialpolitisch motivierte Absicherung der Kinder eine wichtige Aufgabe des Konkursrechts sein sollte.

3. Ergebnis

a) Prinzip der Verlustgemeinschaft

Jede Ausgestaltung einer Vorrechtsordnung im Konkurs hielt man im Grundsatz für einen unerwünschten Widerspruch zu einem fundamentalen Prinzip des Konkursrechts, nämlich dem Ideal der Verlustgemeinschaft. Ein Vorrecht begründete einen individuellen Sondervorteil, der sich unmittelbar zum Nachteil der übrigen Gläubiger auswirkte. Die Bevorzugung eines einzelnen Gläubigers galt gemeinhin als ungerecht, jedenfalls sofern es keine spezielle Legitimation hierfür gab. Als Leitmotiv für einen gerechten Ausgleich im Konkurs wollte man den Gedanken der Gemeinschaft der Gläubiger konstituieren.

Der Gesetzgeber erkannte aus diesen Gründen eine wichtige Aufgabe der Kodifikation in dem Anliegen, das überlieferte System der Konkursprivilegien so weit wie möglich abzuschaffen. Die Bedingung für die Anerkennung eines Vorrechts war demnach die Existenz einer besonderen Rechtfertigung. Eine ausreichende Legitimation erkannte man im Allgemeinen in fiskalischen oder sozialen Gründen.

429 Motive IV, S. 245 f.

b) Förderung des Gemeinwohls

Das Vorrecht des Fiskus (§ 54 Nr. 2 KO) und das Vorrecht der öffentlichen Einrichtungen (§ 54 Nr. 3 KO) sollten nach der Vorstellung des Gesetzgebers hauptsächlich das Gemeinwohl fördern. In der unmittelbaren Wirkung waren diese Privilegien freilich v.a. nützlich für das allgemeine Finanzierungsinteresse der öffentlichen Haushalte. In der mittelbaren Folgewirkung sollte die Absicherung der Staatsfinanzen allerdings eine Fürsorgefunktion des Staates für den Schutz des Eigentums und für den Schutz des Verkehrs gewährleisten.

Der Gesetzgeber unterstellte in diesem Bereich eine soziale Verantwortung des Staates für die Interessen des Einzelnen und für die Interessen der Allgemeinheit. Aus diesem Grund hielt man eine Belastung der Masse weithin für akzeptabel und verfolgte im Übrigen keine Erwägungen über die Auswirkungen dieser Regelung auf die Rechte der übrigen Gläubiger. Zu bedenken ist in diesem Zusammenhang allerdings, dass die allgemeinen Steuersätze am Ende des 19. Jahrhunderts vergleichsweise niedrig waren, weshalb sich das Problem einer übermäßigen Verkürzung der Masse nicht unmittelbar aufdrängte.

Die Vorrechte zugunsten des Staates nach § 54 Nr. 2 KO und § 54 Nr. 3 KO waren dessen ungeachtet von Beginn an umstritten[430]. Die Kritik richtete sich v.a. darauf, dass die Sicherung der Staatsfinanzen nicht wichtiger wäre als die Forderungen der übrigen Gläubiger. Außerdem würden dem Staat einzelne Forderungsausfälle weniger Schaden als den anderen Gläubigern. Die Bevorzugung des Staates erfolgte nach dieser Ansicht zulasten der wirtschaftlich schwächeren Gläubiger. Die Gesetzgebung teilte diese Kritik nicht. Die Privilegierung der öffentlichen Haushalte blieb ein politisch gewollter Bestandteil der Konkursordnung.

c) Schutz des Schuldners

(1) Schutz bei Steuerschulden

Mit dem Vorrecht des Staates nach § 54 Nr. 2 KO verfolgte man außerdem einen Aspekt des Schutzes im Interesse des Schuldners[431]. Das Vorrecht sollte nach der Intention des Gesetzgebers die Steuerbehörden dazu motivieren, die fälligen Steuerschulden in wirtschaftlichen Notlagen bereitwillig zu stunden. Auf diese Weise sollte die Privilegierung des Staates zugleich ein Instrument

---

430 Vgl. Jaeger/Lent, Konkursordnung, Band 1, 8. Aufl., Einleitung, S. LV ff.; Jaeger, Lehrbuch des Deutschen Konkursrechts, § 11, S. 59 ff.; Baumann, Konkurs und Vergleich, § 9, S. 93 ff.; Kilger/Schmidt, Konkursordnung, § 61, Nr. 5, S. 347 f.; Kuhn/Uhlenbruck, Konkursordnung, § 61, Rn. 51, S. 1067.

431 Vgl. Motive IV, S. 235 ff.

für die Förderung der wirtschaftlichen Rehabilitation des Schuldners sein. In diesem Sinne verfolgte die Rechtspolitik in diesem Bereich eine sozialpolitische Aufgabe des Konkursrechts.

Die Förderung der ökonomischen Grundlagen des Schuldners war in der Folgewirkung für die Interessen der Gläubiger nützlich. Durch die Weiterführung der wirtschaftlichen Existenz erhöhte sich erfahrungsgemäß die Wahrscheinlichkeit für die Erfüllung der ausstehenden Forderungen. Darüber hinaus unterstütze die Rehabilitation des Schuldners das Anliegen einer allgemeinen Wirtschaftsförderung im Interesse der Volkswirtschaft.

(2) Schutz bei Krankheit

Das Vorrecht der Ärzte, Apotheker, Hebammen und Pfleger nach § 54 Nr. 4 KO beruhte auf einer sozialpolitischen Motivation[432]. Unmittelbar verbesserte diese Privilegierung freilich zunächst nur die Rechtsposition der aufgezählten Medizinalpersonen. Mittelbar sollte durch die Absicherung der Vergütungsansprüche allerdings der Zugang zur Heilfürsorge unabhängig sein von der wirtschaftlichen Situation des Schuldners. Die Hilfeleistenden sollten sich weniger um ihre Vergütung sorgen, sondern dem kranken Menschen die erforderliche Behandlung zukommen lassen. In dieser Intention war das Vorzugsrecht ein Instrument des Schutzes im Interesse des Schuldners.

Darüber hinaus kam das Vorrecht auch für die Kosten der Behandlung von Angehörigen des Schuldners zur Anwendung, sofern der Schuldner zur Bezahlung verpflichtet war. Den Anwendungsbereich der Privilegierung hielt man deswegen für vergleichsweise groß. Die Absicherung der Angehörigen des Schuldners im Falle von Krankheiten war in diesem Bereich ein sozialpolitisches Anliegen der Konkursordnung.

Eine Gefahr für die Interessen der übrigen Gläubiger erkannte der Gesetzgeber durch die Anerkennung dieses Rechtsinstituts nicht. Nach seiner Auffassung würde die Anschauung des allgemeinen Verkehrs mit medizinischen Behandlungen und mit den entsprechenden Kosten rechnen. Außerdem hielt er den wirtschaftlichen Umfang des Vorrechts für gering, während hingegen die Bedeutung der Behandlung für den Schuldner sehr groß wäre.

Auffällig ist in diesem Zusammenhang, dass der Gesetzgeber die Vereinbarkeit mit den Interessen der übrigen Gläubiger zu einem Prüfungsmaßstab für die Anerkennungsfähigkeit einer Privilegierung machte. Wiewohl das Vorrecht sozialpolitisch erwünscht war, durfte es gleichwohl nicht übermäßig in die berechtigten Interessen der anderen Gläubiger eingreifen. Der Schutz der

432 Vgl. Motive IV, S. 235 ff.

Gläubiger und das Primat der Gemeinschaft der Gläubiger waren demnach in der Wertung des Gesetzgebers wichtige Anliegen der Konkursordnung.

Zu beachten ist schließlich, dass es während der Entstehungszeit der Konkursordnung keine gesetzliche Krankenkasse gab. Der Schuldner musste für die Kosten der Behandlung regelmäßig persönlich aufkommen. Gleichzeitig befanden sich große Teile der Bevölkerung am Ende des 19. Jahrhunderts in einer wirtschaftlich schwierigen Lage. Insbesondere in der Situation des Konkurses, also im Falle der Zahlungsunfähigkeit, war die ausreichende medizinische Versorgung gefährdet. Der Zugang zur Heilfürsorge war in dieser Zeit ein gesellschaftliches Problem von existenzieller Bedeutung.

d) Schutz der Beteiligten

(1) Arbeiter

Die Privilegierung der Dienstleute nach § 54 Nr. 1 KO war ein Mittel für den Schutz der abhängig Beschäftigten. Die Arbeiter befanden sich am Ende des 19. Jahrhunderts regelmäßig in einer strukturell schwächeren Lage. Sie mussten sich aufgrund der wirtschaftlichen Not und aufgrund der nicht in ausreichender Zahl vorhandenen Arbeitsplätze den einseitig vorgegebenen Arbeitsbedingungen unterwerfen. Ihre Rechtsposition war dabei oftmals vergleichsweise ungünstig. Gleichzeitig konnten sie üblicherweise keine Sicherheiten für ihre Ansprüche durchsetzen. Der Ausfall des Lohns gefährdete im Allgemeinen die wirtschaftliche Existenz der Arbeiter. Die persönliche und wirtschaftliche Abhängigkeit hielt man außerdem für ein Problem für die Rechtsverfolgung.

Die Absicherung der Arbeiter war am Ende des 19. Jahrhunderts ein besonders relevanter Aspekt der Rechtspolitik. Die problematische Situation der Arbeiter entwickelte sich einem existenziellen Problem für die gesamte Gesellschaft. Die Arbeiterfrage war aufgrund der prekären Situation der Arbeiter einer der wichtigsten Teile der sozialen Frage. Vor diesem Hintergrund verfolgte der Gesetzgeber mit der Anerkennung des Vorrechts einen sozialpolitisch motivierten Schutzzweck. Die Privilegierung der Lohnforderungen sollte eine Maßnahme für die Existenzsicherung sein und v.a. die Interesse der wirtschaftlich Schwächeren fördern. Die Verkürzung der Masse hielt der Gesetzgeber aus diesen Gründen für vertretbar.

Abschließend führte der Gesetzgeber eine Kontrollüberlegung durch, um unbeschadet der sozialpolitischen Ziele die Rechtsposition der übrigen Gläubiger nicht übermäßig zu gefährden. Im Ergebnis erkannte er dabei letztlich kein Problem. Die Arbeitsleistung interpretierte er als eine nützliche Verwendung, die im Vorfeld des Konkurses eine Vergrößerung der Masse zugunsten der Gläubiger bewirkt. Als weiteren Grund für die Akzeptanz des Vorrechts führte man aus, dass der Verkehr regelmäßig damit rechnen würde, dass der Schuldner das notwendige Personal für seinen Hausstand oder für sein Gewerbe beschäftigen musste.

(2) Kinder

Das Vorrecht nach § 54 Nr. 5 KO sollte die Ansprüche der Kinder im Konkurs der Eltern absichern[433]. Mit dieser Privilegierung verfolgte der Gesetzgeber einen sozialen Schutzweck. Die Schutzbedürftigkeit der Kinder begründete er damit, dass sich ihr Vermögen regelmäßig kraft Gesetzes und ohne ihren Willen in der Verwaltung der Eltern befand. Aus dieser Konstellation folgerte man ein besonderes Abhängigkeitsverhältnis, welches die Anerkennung eines normativen Schutzes rechtfertigen könnte. Gleichzeitig unterstellte man, dass der Staat allein mit Hilfe des Gesetzes eine gute Verwaltung nicht sicherstellen konnte. In der Zusammenschau dieser Erwägungen sollte der Schutz der Kinder im Bereich der Vorrechte eine Aufgabe der Konkursordnung sein.

Eine Verkürzung der Masse zulasten der übrigen Gläubiger hielt die Gesetzgebung aus sozialpolitischen Gründen für vertretbar. Im Unterschied zu den anderen Vorrechten war in diesem Bereich eine umfangreiche Kontrollüberlegung in Bezug auf die Interessen der übrigen Gläubiger nicht feststellbar. Den Schutz der Kinder hielt man offenbar für sich alleine betrachtet für eine wichtige Aufgabe des Konkursrechts.

Gegen die Privilegierung der Kinder gab es zum Teil Bedenken[434]. Die Kritik hatte ihren Ursprung in der Tatsache, dass die Bevorzugung beträchtliche Ausmaße annehmen konnte. Die Masse wäre in diesen Fällen zum Nachteil der übrigen Gläubiger erheblich verkleinert. Außerdem befürchtete man die Gefahr des Missbrauchs durch die Möglichkeit, dass ein Gläubiger seine Forderung an die Kinder abtreten könnte, um sie mit einem Vorrecht auszustatten. Für die Interessen der anderen Gläubiger befürchtete man dadurch eine nicht akzeptable Gefahr. Der Gesetzgeber hat sich dieser Kritik nicht angeschlossen. Die Privilegierung der Kinder blieb ein Bestandteil der Konkursordnung.

433 Vgl. Motive IV, S. 235 ff.

434 Kohler, Lehrbuch des Konkursrechts, § 57, S. 332 ff.; Jaeger, Lehrbuch des Deutschen Konkursrechts, § 11, S. 59 ff.

VI. Gesamtschau

In der Gesamtschau kann man in der normativen Konstruktion der Konkursordnung verschiedene Intentionen erkennen.

Eine wichtige Aufgabe des Konkursrechts war der Schutz der Gläubiger. Unredliche Verschiebungen des Vermögens zulasten der Masse hielt man am Ende des 19. Jahrhunderts für eine reale Gefahr. Vor diesem Hintergrund gestaltete man das Recht der Anfechtung als ein umfassendes Schutzrecht im Interesse der Gläubiger. Um dieses Ziel in der Praxis umzusetzen, waren die Interessen der anderen Beteiligten prinzipiell weniger gewichtig. Die Situation des Schuldners und seiner Familie blieb in der Regel ohne weitere Beachtung. Außerdem hielt man unredliche Transaktionen zwischen dem Schuldner und seiner Familie für ein wesentliches Problem des Konkursverfahrens.

Das Prinzip des Sozialen kann man in dem Ideal der Verlustgemeinschaft erkennen. Im Mittelpunkt der Betrachtung stand weniger der einzelne Gläubiger, sondern die Gemeinschaft der Gläubiger. Das Leitbild war dabei die gleichmäßige Verteilung des Verlustes, um den Schaden für jeden einzelnen Gläubiger möglichst gering zu halten. Außerdem wollte man eine Verteilung nach dem Zufallsprinzip vermeiden. Der Zugriff auf die Masse sollte unabhängig sein von den individuellen Voraussetzungen des Einzelnen. Das Ideal der Verlustgemeinschaft war in dieser Hinsicht ein Mittel, um in der Situation des Konkurses einen gerechten Ausgleich zu ermöglichen.

Daneben waren der Schutz des Verkehrs, die Sicherheit des Kredits sowie die Förderung des Handels für den Gesetzgeber maßgebliche Motive bei der Kodifikation der Konkursordnung. Diese Anliegen waren bei allen untersuchten Rechtsinstituten gleichermaßen relevant. Der Schutzzweck orientierte sich hierbei vorrangig an dem kollektiven Wohlergehen im Interesse der gesamten Volkswirtschaft.

Außerdem erfolgte in der Konkursordnung eine Anerkennung bestimmter Individualrechte. Der Gesetzgeber wollte für das Eigentum und für die individuellen Verwertungsrechte eine Absicherung in der Situation des Konkurses etablieren. Die normative Umsetzung erfolgte im Recht der Aussonderung und im Recht der Absonderung. Der Schutz der subjektiven Rechte durch den Staat ist zugleich eine Grundfrage der Rechtsordnung. Eine nähere Diskussion über die Legitimität der individuellen Rechte im Konkurs war allerdings nicht feststellbar.

Darüber hinaus basiert die Konstruktion der Konkursordnung unmittelbar auf verschiedenen sozialpolitischen Intentionen. Ein häufiges Anliegen der Rechtspolitik war der Schutz des Schwächeren, wie es v.a. im Recht der Absonderung und im Recht der Vorrechte zum Ausdruck kommt. Im Recht der

Absonderung erkannte man eine Aufgabe des Konkursrechts in der Absicherung der Pächter und der Mieter. Mit dem Recht der Vorrechte verfolgte man einen Absicherung der Arbeiter, eine Absicherung des Schuldners sowie eine Absicherung der Kinder des Schuldners. In diesen Fällen hielt man eine Belastung der Masse zum Nachteil der übrigen Gläubiger aus sozialpolitischen Gründen für vertretbar.

Kapitel 3: Soziale Frage und Rechtsprechung

I. Einführung

Dieser Teil der Untersuchung beschäftigt sich mit der Bedeutung der sozialen Frage für die Praxis des Konkursrechts. Für die bereits eingeführten Institute des Konkursrechts erfolgt eine kurze Einleitung zu ihrer Bedeutung in der Rechtsprechung des Reichsgerichts. Im Anschluss daran liegt der Schwerpunkt der Darstellung auf der sozialpolitischen Aufgabe des Konkursrechts in der Rechtsanwendung des Gerichts. Die ausgewählten Fälle sollen einen repräsentativen Einblick in die Praxis des Konkursrechts ermöglichen.

II. Anfechtung

1. Bedeutung der Anfechtung

Die Anfechtung hatte eine erhebliche praktische Bedeutung. Eine große Anzahl von Rechtstreitigkeiten hatte einen Bezug zu diesem Problemkreis. Umstrittene Vermögensverschiebungen in der kritischen Zeit vor dem wirtschaftlichen Zusammenbruch kamen in der Praxis offenbar häufig vor. Über das Institut der Anfechtung erfolgte oftmals eine Austragung der daraus folgenden Verteilungsprobleme im Konkurs.

Alle Anfechtungstatbestände gaben dem Grunde nach Anlass zu Rechtsstreitigkeiten. Der Schwerpunkt lag auf der Anfechtung nach § 23 KO. Die Absichtsanfechtung nach § 24 KO und die Schenkungsanfechtung nach § 25 KO kamen demgegenüber in der Praxis nicht so häufig vor. Daneben gab es eine vergleichsweise geringere Anzahl von Streitigkeiten über die Folgen der Anfechtung nach § 30 KO.

2. Einzelne Entscheidungen

a) Die Konkursanfechtung (§ 23 KO)

(1) RG, 20.05.1892, III 43/92 - Verkauf

Das Urteil vom 20.05.1892 (Az. III 43/92) hatte die Anfechtung eines Veräußerungsgeschäfts zum Gegenstand[435]. In dem Urteil zeigt sich exemplarisch die Bereitschaft des Gerichts zur Berücksichtigung der individuellen Interessen der Beteiligten.

---

435 RG, Urteil v. 20.05.1892, Az. III 43/92, in: RGZ 29 (1892), S. 77-79.

Der Schuldner hatte in diesem Fall vor der Eröffnung des Verfahrens Mobilien für 2.500 Mark an den beklagten Gläubiger verkauft. Den Erlös hatte der Schuldner nach seinem eigenen Ermessen für einzelne Konkursgläubiger verwendet. Eine Übergabe der Kaufsachen an den Käufer hatte noch nicht stattgefunden. Der beklagte Gläubiger verlangte nunmehr von dem Konkursverwalter unter Berufung auf den Kaufvertrag die Herausgabe der betreffenden Mobilien. Der klagende Verwalter verweigerte daraufhin die Herausgabe unter Berufung auf eine Anfechtung des Kaufvertrages nach § 23 Nr. 1 KO. Der Verwalter wollte die betreffenden Sachen für die Vergrößerung der Masse im Interesse der Gläubiger behalten. Für diesen Standpunkt könnte sprechen, dass der Schuldner den Erlös nicht zur ordnungsgemäßen Erfüllung der Forderungen seiner Gläubiger eingesetzt hatte. Der Schuldner hatte den Erlös stattdessen nach seinem Belieben für einzelne Gläubiger verwendet.

Das Reichsgericht verneinte im Ergebnis die Anfechtung. Zur Begründung führte das Gericht aus, dass der Erlös aus dem Veräußerungsgeschäft dem objektiven Wert der betreffenden Sache entspricht[436]. Der Wert der Masse war durch das Geschäft nicht unmittelbar verkürzt. Eine relevante Benachteiligung kann danach nicht vorliegen, wenn diese erst durch das spätere Schicksal der Gegenleistung erfolgt[437].

Im Rahmen der Entscheidungsfindung argumentierte das Gericht hauptsächlich mit dem Wortlaut der Konkursordnung. Aus der Wendung „durch deren Eingehung" folgerte das Gericht, dass nur die unmittelbar durch das Veräußerungsgeschäft entstandene Sachlage relevant sein sollte[438]. Wörtlich führte das Reichsgericht dazu aus:

> „Nur diese durch den Vertrag als solchen geschaffene Sachlage ist für die Anwendung des § 23 Nr. 1 K.O. entscheidend, wogegen spätere nachteilige Veränderungen, mögen sie durch Zufall oder durch die Verfügungen des Gemeinschuldners hervorgerufen sein, außer Betracht bleiben müssen."[439]

Die am Wortlaut orientierte Auslegung schützte in der praktischen Wirkung den Rechtskreis des redlichen Schuldners. Der Redliche behielt dadurch im Vorfeld des Konkurses einen Teil seiner ökonomischen Handlungsfreiheit. Durch die enge Auslegung des Anfechtungsrechts konnte der Schuldner vor der Eröffnung des Konkursverfahren wirtschaftliche Transaktionen wirksam durchführen, sofern dadurch unmittelbar eine gleichwertige Gegenleistung in den Bestand seines Vermögens gelangte. Wie der Schuldner sodann mit der

436 RG, Urteil v. 20.05.1892, Az. III 43/92, in: RGZ 29 (1892), S. 77-79, hier: S. 78.
437 RG, Urteil v. 20.05.1892, Az. III 43/92, in: RGZ 29 (1892), S. 77-79, hier: S. 79.
438 RG, Urteil v. 20.05.1892, Az. III 43/92, in: RGZ 29 (1892), S. 77-79, hier: S. 79.
439 RG, Urteil v. 20.05.1892, Az. III 43/92, in: RGZ 29 (1892), S. 77-79, hier: S. 79.

Gegenleistung im Weiteren umging, war für das Gericht keine Frage, die eine Anfechtung begründen könnte.

Das Reichsgericht richtete sich damit gegen eine Auffassung, nach welcher dem Schuldner grundsätzlich ein unredliches Verhalten zu unterstellen wäre. Die Sichtweise des Gerichts widersprach einer verbreiteten Einschätzung der Rechtspolitik auf dem Gebiet des Konkursrechts im ausgehenden 19. Jahrhundert. Die Untersuchung der Kodifikation des Konkursrechts hat nämlich gezeigt, dass der Gesetzgeber mit dem Recht der Anfechtung v.a. die Gläubiger gegen die Gefahren, die von unredlichen Schuldnern ausgehen, schützen wollte[440]. Nach Wolfgang Heinrich Puchta galten zahlungsunfähige Schuldner tendenziell als unehrlich und leichtfertig[441]. Man kann in der Diskussion dieser Zeit eine besondere Sensibilität für die Gefahren eines unredlichen Verhaltens im Falle der Zahlungsunfähigkeit beobachten. Das Gericht unterstellte demgegenüber keine generelle Unredlichkeit des Schuldners.

Die Gefahr des Missbrauchs dürfte in dieser Fallkonstellation nicht mit Sicherheit auszuschließen gewesen sein. Schließlich verwendete der Schuldner den Erlös nach seinem Belieben für bestimmte Gläubiger. Die Masse, die den Gläubiger als Gesamtheit zur Verfügung stand, war dadurch geschmälert. Der begünstigte Gläubiger hatte folglich gegenüber der Gemeinschaft der Gläubiger einen Sondervorteil, obschon das Recht der Anfechtung rechtspolitisch eigentlich dazu bestimmt war, das Prinzip der Verlustgemeinschaft zu sichern. Gleichwohl wollte das Gericht aus dem äußeren Ablauf des Geschehens keinen zwingenden subjektiven Vorwurf gegenüber dem Schuldner konstruieren. In der Entscheidung hieß es dazu:

> „Deshalb ist auch in der erleichterten Möglichkeit von Verschleuderungen seitens des Kridars, welche durch den Umsatz von Vermögensobjekten in bares Geld geboten wird, an und für sich noch keine Benachteiligung der Gläubigerschaft im Sinne der vorhin erwähnten Gesetzesvorschrift zu erblicken.“[442]

Aus der erleichterten Möglichkeit der Verschleuderung folgerte das Gericht keinen allgemeinen Verdacht zulasten des Schuldners. Wirtschaftliche Transaktionen unterlagen nach dieser Auslegung nur dann der Anfechtung, wenn erschwerend weitere Umstände hinzutraten, nämlich eine konkrete Verkürzung der Masse durch die anzufechtende Rechtshandlung. Das Reichsgericht betrachtete dabei für die Frage der Benachteiligung der Gläubiger die besonderen Umstände des Einzelfalles. Zugunsten der Allgemeinheit der Schuldner konstatierte das Gericht in diesem Fall, dass eine erhöhte generelle Gefahr

440 Vgl. Motive IV, S. 108 ff.
441 Vgl. Puchta, Ueber den Concursprozeß, § 3, S. 6 ff.
442 RG, Urteil v. 20.05.1892, Az. III 43/92, in: RGZ 29 (1892), S. 77-79, hier: S. 79.

des Missbrauchs nicht zwingend dazu führt, dass jeder individuelle Gläubiger sich im Einzelfall grundsätzlich auch unredlich verhalten würde.

Daneben förderte das Reichsgericht mit dieser Entscheidung in der Fernwirkung das Prinzip des Vertrauensschutzes in Bezug auf den Anfechtungsgegner. Der beklagte Gläubiger hatte im Vorfeld des Konkurses bereits die Gegenleistung in Gestalt des Kaufpreises erbracht. Die anschließende Verwendung des Kaufpreises durch den Käufer entzog sich seiner Rechtssphäre. Für den Anfechtungsgegner gab es objektiv keine Anzeichen für eine eventuelle Anfechtbarkeit des Geschäfts. Die Begrenzung der Reichweite des Anfechtungsrechts förderte in dieser Hinsicht das Vertrauen des Anfechtungsgegners in die Wirksamkeit des Geschäfts.

(2) RG, 02.06.1880, V 506/80 - Arrest I

Das Urteil vom 02.06.1880 (Az. V 506/80) betraf die Anfechtung eines Arrests nach § 23 Nr. 2 KO[443]. In dieser Entscheidung betonte das Reichsgericht das Prinzip der Gemeinschaft der Gläubiger.

Der Schuldner betrieb ein Handelsgeschäft und geriet aufgrund der wirtschaftlichen Entwicklung in den Konkurs. Er war einer der vielen Unternehmer, die im Rahmen der Wirtschaftskrise am Ende des 19. Jahrhundert keine ausreichend tragfähige wirtschaftliche Grundlage hatten. Der Beklagte war ein Gläubiger des Schuldners und hatte am 01.10.1879 einen Arrest zur Sicherung seiner Forderung erwirkt. Die Vollstreckung des Arrests erfolgte einen Tag später am 02.10.1879 durch die Pfändung von Eisenwaren beim Schuldner. Einen weiteren Tag später, am 03.10.1879, stellte der Schuldner den Antrag auf Eröffnung des Konkursverfahrens. Die Eröffnung des Verfahrens erfolgte kurz darauf. Der klagende Konkursverwalter wollte die Anordnung des Arrests nach § 23 Nr. 2 KO anfechten und beantragte gleichzeitig dessen Aufhebung. Der Beklagte erwiderte darauf, Rechtshandlungen, an denen der Schuldner gar nicht mitgewirkt hat, seien nicht anfechtbar.

Die entscheidungserhebliche Streitfrage lag danach in der Auslegung des Begriffs der „Rechtshandlung". Fraglich war, ob eine Rechtshandlung i.S.d. § 23 Nr. 2 KO zwingend eine Mitwirkung des Schuldners voraussetzt. In der Literatur betrachtete man diese Frage uneinheitlich. Einige Autoren betonten, dass die Anfechtung einer Rechtshandlung begrifflich prinzipiell eine Aktivität des Schuldners voraussetzen würde[444]. Überwiegend legte man den Begriff

443 RG, Urteil v. 02.06.1880, Az. V 506/80, in: RGZ 2 (1880), S. 374-378.

444 Vgl. Wilmowski, Deutsche Reichs-Konkursordnung, § 29, Nr. 1 ff., S. 132 ff.

der Rechtshandlung aber im weitesten Sinne aus[445]. Diese Sichtweise teilte das Anliegen des Gesetzgebers in Gestalt eines möglichst weitreichenden Schutzes der Interessen der Gläubiger.

Das Reichsgericht hatte in dieser Frage schließlich entschieden, dass die Möglichkeit der Anfechtung ohne Rücksicht auf die Person des Handelnden bestehen sollte. Das Gericht schloss sich hierbei nicht der Diskussion in der Literatur an. Zur Begründung führte das Reichsgericht den Wortlaut des Gesetzes an[446]. Das Gesetz spricht danach in diesem Zusammenhang nur von anfechtbaren Rechtshandlungen[447]. Auf die Person des Handelnden stellte das Gesetz im Umkehrschluss nach der Auffassung des Gerichts also nicht ab.

Als weiteres Argument griff das Reichsgericht auf die Motive zurück. Nach den Motiven hätten die Gläubiger ein Recht auf die gemeinsame Erfüllung ihrer Forderungen aus der noch vorhandenen Vermögensmasse[448]. Die Bevorzugung einzelner Gläubiger würde dieses Recht vereiteln, gleichviel ob sie vom Gläubiger oder Schuldner ausgeht[449]. Daraus folgerte das Reichsgericht eine Auslegung im Interesse der Gesamtheit der Gläubiger. Wörtlich führte das Gericht in diesem Zusammenhang das Folgende aus:

> „Der allgemeine Grund der Bestimmungen über die Anfechtung im Konkurse beruht nach den Motiven - [...] - in dem Gedanken, daß bei materiell vorhandenem Konkurse die Gläubiger ein Recht auf gemeinsame Befriedigung aus der vorhandenen Vermögensmasse haben, dies Recht durch eine absichtliche vorzugsweise Befriedigung einzelner Gläubiger verletzt werde, und daher die darauf abzielenden bewußten Handlungen, gleichviel ob sie vom Gläubiger oder Schuldner ausgehen, vom Gesetz getroffen werden müssen."[450]

Der Bezug auf die Motive als Methode der Auslegung der Konkursordnung war am Ende des 19. Jahrhunderts umstritten. Otto von Sarwey hielt den Bezug auf die Motive für gänzlich unzulässig[451]. Er stellte dazu im Jahre 1879 den folgenden apodiktischen Grundsatz auf:

> „Gesetz ist, was der Gesetzgeber gewollt hat. Seinen Willen drückt der Gesetzgeber in den Worten des Gesetzes aus."[452]

---

445 Vgl. zum Begriff der Rechtshandlung: Warneyer, Konkursordnung, § 29, Nr. 1, S. 88 ff.; Kleinfeller, Lehrbuch des deutschen Konkursrechts, § 19, S. 61 ff.; Endemann, Das deutsche Konkursverfahren, § 41, S. 231 ff.; Jaeger, Lehrbuch des Deutschen Konkursrechts, § 21, S. 137 ff.

446 RG, Urteil v. 02.06.1880, Az. V 506/80, in: RGZ 2 (1880), S. 374-378, hier: S. 376.

447 RG, Urteil v. 02.06.1880, Az. V 506/80, in: RGZ 2 (1880), S. 374-378, hier: S. 376.

448 RG, Urteil v. 02.06.1880, Az. V 506/80, in: RGZ 2 (1880), S. 374-378, hier: S. 376.

449 RG, Urteil v. 02.06.1880, Az. V 506/80, in: RGZ 2 (1880), S. 374-378, hier: S. 376.

450 RG, Urteil v. 02.06.1880, Az. V 506/80, in: RGZ 2 (1880), S. 374-378, hier: S. 376.

451 Sarwey, Die Konkurs-Ordnung für das Deutsche Reich, Einleitung, S. XXVI ff.

452 Sarwey, Die Konkurs-Ordnung für das Deutsche Reich, Einleitung, S. XXXVI.

Wilhelm Endemann vertrat ebenfalls die Auffassung, dass man aus den Motiven nicht auf den Willen des Gesetzgebers schließen könnte[453]. In den Motiven drückt sich seiner Meinung nach nur die Meinung der Verfasser aus. Sie könnten daher allenfalls als Anhaltspunkt für eine eigene Auslegung dienen. Nach Otto von Völderndorff müsste die Auslegung zuerst aus dem Geist und dem System des Gesetzes erfolgen[454]. Erst wenn sich auf diesem Wege keine Interpretation erlangen lässt, böten die Motive ein nützliches Hilfsmittel.

Für Friedrich Albert Wengler waren die Motive dagegen eine sehr wichtige Interpretationsquelle[455]. Ernst Jaeger hielt die Motive sogar für den wichtigsten Auslegungsbehelf[456]. Gustav Karl Adolf von Wilmowski verwies schließlich darauf, dass in den Motiven jedes Wort der gedrängten Sprache des Gesetzes eine reichhaltige Erläuterung erhalten würde[457].

Das Reichsgericht setzte sich mit dieser Kontroverse nicht auseinander. Es verwendete die Motive als selbstverständliche Interpretationshilfe. Man kann gleichsam feststellen, dass das Reichsgericht den Motiven neben dem Gesetz nahezu den gleichen Rang einräumte. Hieran kann man erkennen, dass das Gericht allgemein sehr darum bemüht war, dem Willen des Gesetzgebers in der Praxis eine unmittelbare Geltung zu verschaffen[458]. Dabei nahm es grundsätzliche keine eigene Wertung vor, sondern entfaltete vorrangig die Intention der Gesetzgebung. Die rechtspolitischen Absichten ermittelte das Gericht in der Regel auf der Grundlage der Motive. Die politisch gewollte Aufgabe der Konkursordnung erkannte das Gericht schließlich in einem möglichst weitreichenden Schutz für die Interessen der Gläubiger.

In der Folge förderte die Auslegung des Reichsgerichts den Gedanken der Gemeinschaft in Anbetracht der Gläubiger. Der einzelne Gläubiger, der kurz vor Eröffnung des Konkursverfahrens im Wege des Arrests auf das Vermögen des Schuldners zugreifen möchte, musste danach grundsätzlich zurückstehen. Ein Wettlauf der Gläubiger im Vorfeld des Konkurses widerspräche in diesem Sinne dem Prinzip des gleichmäßigen Ausgleichs und dem damit angestrebten Prinzip des Rechtsfriedens. Der beklagte Gläubiger musste seine Rechte in der Folge dieser Auslegung nun also im Verbund mit den übrigen Gläubigern im Rahmen des Konkursverfahrens verfolgen.

---

453 Endemann, Das deutsche Konkursverfahren, § 4, S. 17 ff.

454 Völderndorff, Konkursordnung für das Deutsche Reich, Einleitung, § 10, S. 26 ff.

455 Wengler, Die Konkursordnung für das Deutsche Reich, Vorwort, S. V f.

456 Jaeger, Konkursordnung, Band 1, 5. Aufl., Einleitung, S. 28 f.

457 Wilmowski, Deutsche Reichs-Konkursordnung, Einleitung, § 5, S. 15 ff.

458 Vgl. allgemein zum Willen des Gesetzgebers: Hedemann, Reichsgericht und Wirtschaftsrecht, § 14, S. 202 ff.; Mertens, Untersuchungen zur zivilrechtlichen Judikatur des Reichsgerichts vor dem Inkrafttreten des BGB, in: AcP 174 (1974), S. 333-380.

Das Reichsgericht verwendete in den Entscheidungsgründen in dieser Hinsicht keine ausdrücklichen Erwägungen unter Berufung auf die soziale Frage. Insbesondere finden sich keine Überlegungen über die Relevanz einer Orientierung an den Interessen der Gläubiger und an dem Prinzip der Verlustgemeinschaft. Das Gericht entfaltete in diesem Fall hauptsächlich den rechtspolitisch intendierten Normzweck. Die normative Zielsetzung des Gesetzgebers gelangte dadurch zu einer praktischen Wirksamkeit.

(3) RG, 07.12.1881, II 281/80 - Arrest II

Das Urteil vom 07.12.1881 (Az. II 281/80) betraf ebenfalls die Anfechtung eines Arrests nach § 23 Nr. 2 KO[459]. Das Gericht befasste sich hierin mit der gleichen Streitfrage, die bereits in der zuvor besprochenen Entscheidung den Kern des Rechtstreits bildete.

In diesem Fall erwirkte ein Gläubiger des Schuldners am 07.11.1879 einen Arrest. Am 10.11.1879 erfolgte die Eröffnung des Konkursverfahrens. Der zeitliche Verlauf war also ähnlich wie in dem zuvor betrachteten Urteil vom 02.06.1880 (Az. V 506/80)[460]. Der klagende Konkursverwalter verlangte zugunsten der Masse die Anfechtung und die Aufhebung des Arrests. Der Beklagte hielt dagegen den Arrest nicht für anfechtbar, weil der Schuldner hieran nicht mitgewirkt hatte. In diesem Zusammenhang zeigt sich, dass diese Streitfrage in den praktischen Anfängen der Konkursordnung offenbar häufig vorkam.

Das Reichsgericht wiederholte in diesem Urteil den Grundsatz, dass der Arrest prinzipiell anfechtbar war[461]. Die Argumentation beruhte v.a. auf dem Wortlaut des Gesetzes. Das Gericht betonte weiterhin noch einmal, dass es vorrangig auf den Willen des Gesetzgebers ankommen würde[462]. Der in den Motiven erklärte Wille des Gesetzgebers war demnach darauf gerichtet, dass keine Nachteile für die Gemeinschaft der Gläubiger entstehen sollten[463]. Für die kritische Zeit kurz vor der Eröffnung des Verfahrens sollte die Anfechtung ein Instrument sein, mit dessen Hilfe man die Interessen der Gläubiger absichern wollte[464].

Mit diesem Urteil bestätigt sich der Befund, nach dem die Rechtspraxis des 19. Jahrhunderts dem Willen des Gesetzgebers zu einer möglichst umfassen-

459 RG, Urteil v. 07.12.1881, Az. II 281/80, in: JW 10 (1881), S. 20-23.
460 RG, Urteil v. 02.06.1880, Az. V 506/80, in: RGZ 2 (1880), S. 374-378.
461 RG, Urteil v. 07.12.1881, Az. II 281/80, in: JW 10 (1881), S. 20-23, hier: S. 22.
462 RG, Urteil v. 07.12.1881, Az. II 281/80, in: JW 10 (1881), S. 20-23, hier: S. 22.
463 RG, Urteil v. 07.12.1881, Az. II 281/80, in: JW 10 (1881), S. 20-23, hier: S. 22.
464 Vgl. Motive IV, S. 108 ff.

den Geltung verhelfen wollte. Der Gesetzgeber intendierte in den Fragen der Anfechtung einen umfassenden Schutz der Gemeinschaft der Gläubiger. Das leitende Prinzip war dabei das Ideal der Verlustgemeinschaft. Die Auslegung der Konkursordnung durch das Reichsgericht befindet sich in Übereinstimmung mit dieser Intention.

In dieser Entscheidung finden sich keine ausdrücklichen Erwägungen über die soziale Relevanz einer Orientierung an den Interessen der Gläubiger. Das Recht der Anfechtung sollte in dieser Hinsicht nach seiner rechtspolitischen Intention v.a. die Entstehung von individuellen Sondervorteilen zulasten der Masse verhindern[465]. Die konsequente Umsetzung dieses Leitmotivs durch das Gericht machte den Gedanken des gleichmäßigen Ausgleichs innerhalb der Gemeinschaft der Gläubiger zu einem wirksamen Faktor in der Praxis des Rechts.

(4) RG, 19.04.1882, V 446/82 - Pfändung I

Dem Urteil vom 19.04.1882 (Az. V 446/83) lag ein Streit um die Anfechtung von Maßnahmen der Zwangsvollstreckung zugrunde[466]. Das Reichsgericht beschäftigte sich in dieser Entscheidung mit der Rechtsposition des Gegners der Anfechtung.

Der Gemeinschuldner war ein Kaufmann. Seine Gläubiger betrieben aus einem zuvor erstrittenen und inzwischen rechtskräftigen Urteil die Pfändung im Rahmen der Zwangsvollstreckung. Der Konkursverwalter begehrte mit seiner Klage die Anfechtung der Pfändung nach § 23 Nr. 1 KO. Der beklagte Gläubiger widersetzte sich der Anfechtung. Er hielt die Anfechtung für ausgeschlossen, weil der Schuldner an der Pfändung nicht mitgewirkt hatte. Das Reichsgericht stellte im Gegensatz dazu fest, dass aufgrund des Wortlautes und aufgrund der Motive auch Maßnahmen ohne Zutun des Schuldners anfechtbar sind[467]. Insoweit lieferte die Entscheidung zunächst keine neue Erkenntnis.

Ein neuer Aspekt ist aber die Beschäftigung mit der Rechtsposition des Beklagten. Im Anschluss an die einleitenden Bemerkungen machte das Reichsgericht Ausführungen zu der Frage der Bösgläubigkeit des Beklagten[468]. Der Tatbestand des § 23 Nr. 1 KO erforderte nach seinem Wortlaut für die Anfechtung dessen Bösgläubigkeit. Das Reichsgericht führte dazu aus, dass sich die Vermutung der Bösgläubigkeit aufdrängt, wenn ein Gläubiger kurz vor

465 Vgl. Motive IV, S. 108 ff.

466 RG, Urteil v. 19.04.1882, Az. V 446/82, in: JW 11 (1882), S. 164-166.

467 RG, Urteil v. 19.04.1882, Az. V 446/82, in: JW 11 (1882), S. 164-166, hier: S. 165.

468 RG, Urteil v. 19.04.1882, Az. V 446/82, in: JW 11 (1882), S. 164-166, hier: S. 165.

dem Zusammenbruch eine Sicherstellung oder Erfüllung erlangt. Unter diesen Bedingungen könnte man nach der Auffassung des Gerichts wenigstens eine Pflicht zur Erkundigung nach den bestehenden Verhältnissen verlangen. Diese Auslegung wäre überaus günstig für die Gläubiger. Der Vorwurf der Fahrlässigkeit wäre nach diesem Maßstab der Regelfall. Die Prozesschancen des Verwalters wären entsprechend günstig.

Diese weite Auslegung ergänzte das Reichsgericht allerdings im Weiteren durch die Überlegung, dass zu einem derartigen Verdacht der Beklagte einen hinreichend konkreten Anlass haben müsste[469]. Das war in dem vorliegenden Fall nicht gegeben, weil die Pfändung nach dem gewöhnlichen Verlauf der Dinge geschehen sei. Der Anfechtungsgegner hätte deswegen nach der Ansicht des Gerichts keine weiteren Erkundigungen anstellen müssen. Für eine solche Obliegenheit wäre eine hinreichend konkrete Tatsachengrundlage erforderlich gewesen, die nach der Auffassung des Gerichts in dem konkreten Streitfall nicht gegeben war.

Das Reichsgericht formulierte in diesem Fall eine Konkretisierung der Anforderungen an die Beweisführung. Der Gesetzgeber suchte in dieser Frage einen Ausgleich der widerstreitenden Interessen u.a. durch die Verteilung der Beweislast. Bei § 23 Nr. 1 KO war der erforderlich Nachweis der Bösgläubigkeit des Anfechtungsgegners eine immanente Grenze des Anfechtungsrechts. Das Gericht nahm die allgemein gehaltene Normierung in dieser Frage zum Anlass, um die Anforderungen an die Beweisführung zu konkretisieren. Nach der Auslegung des Reichsgerichts konnten abstrakte Vermutungen keine Verpflichtung zu weiteren Erkundigungen begründen. Der Verwalter musste im Prozess vielmehr konkrete tatsächliche Anhaltspunkte anführen, aus denen sich ein Verdacht des Beklagten folgern lassen könnte.

In der praktischen Wirkung förderte das Reichsgericht damit einen Gedanken des Schutzes in Bezug auf die Rechte des redlichen Anfechtungsgegners. Der Gesetzgeber intendierte mit der Konkursordnung das Primat des Gläubigerschutzes. Diesen Aspekt hat das Reichsgericht in der Praxis grundsätzlich umgesetzt, wie die zuvor besprochenen Entscheidungen gezeigt haben. Der hier vorgestellte Fall zeigt darüber hinausgehend, dass auch die Rechtsposition des Anfechtungsgegners für das Gericht eine relevante Frage war. Im Unterschied zu den zuvor besprochenen Entscheidungen war in diesem Fall der Wille des Gesetzgebers kein exklusives Kriterium der Auslegung. Das Gericht bemühte sich im Interesse des Anfechtungsgegners um eine Weiterentwicklung des Konkursrechts.

469 RG, Urteil v. 19.04.1882, Az. V 446/82, in: JW 11 (1882), S. 164-166, hier: S. 165.

Die spätere Literatur vertrat eine ähnliche Sichtweise und betrachtete ebenfalls strenge Anforderungen an den Beweis als eine Notwendigkeit[470]. Hieran zeigt sich exemplarisch die Bedeutung des Reichsgerichts für die Lösung der Probleme des Rechts[471]. Es hat für die in der Praxis aufkommenden Streitfragen pragmatische Lösungen entwickelt, die später in der wissenschaftlichen Literatur oftmals Zustimmung fanden[472]. Das Gericht konnte dabei in den Anfängen seiner Arbeit nur auf wenig relevantes Schrifttum zurückgreifen und musste oftmals eine eigenständige Rechtsfindung betreiben. Das Reichsgericht leistete in diesem Rahmen einen Beitrag für die Weiterentwicklung des Konkursrechts.

(5) RG, 06.12.1883, II 213/83 - Pfändung II

Gegenstand der Entscheidung vom 06.12.1883 (Az. II 213/83) war die Anfechtung einer Pfändung im Rahmen der Vollstreckung eines rechtskräftigen Urteils[473]. In diesem Beschluss nahm das Gericht ein Recht zur inhaltlichen Prüfung der Normen der Konkursordnung in Anspruch.

Der klagende Verwalter begehrte die Anfechtung der Pfändung nach § 23 Nr. 2 KO. Der Beklagte Gläubiger erwiderte wiederum, dass eine Anfechtung in diesem Fall nicht möglich wäre, weil der Schuldner an der Pfändung nicht mitgewirkt hatte. Der 5. Senat hatte diese Frage in der zuvor besprochenen Entscheidung aus dem Jahre 1880 dahingehend entschieden, dass eine Mitwirkung des Schuldners nicht erforderlich wäre[474]. Der 2. Senat hatte in dieser Frage in der zuvor besprochenen Entscheidung aus dem Jahre 1881 ebenfalls diese Ansicht vertreten[475]. Der 5. Senat hatte seinen Standpunkt zwischenzeitlich noch einmal in der zuvor besprochenen Entscheidung aus dem Jahre 1882 bestätigt[476]. In dem jetzt zur Entscheidung stehenden Fall aus dem Jahre 1883 hatte der 2. Senat nunmehr aber offenbar Bedenken gegen die Fortführung dieser Rechtsprechung.

Das Gericht führte diese Frage daher einer grundsätzlichen Klärung durch die vereinigten Zivilsenate zu. Die vereinigten Zivilsenate stellten sodann fest, dass der eindeutige Wortlaut „Rechtshandlungen" eine positive Tätigkeit des

470 Vgl. Sydow, Konkursordnung, § 30, Nr. 15, S. 161 f.
471 Vgl. Buschmann, 100 Jahre Gründungstag des Reichsgerichts, in: NJW 32 (1979), S. 1966-1973.
472 Vgl. Rintelen, Das Konkursrecht, Vorwort, S. V ff.
473 RG, Beschluss v. 06.12.1883, Az. II 213/83, in: JW 13 (1884), S. 16-19.
474 RG, Urteil v. 02.06.1880, Az. V 506/80, in: RGZ 2 (1880), S. 374-378.
475 RG, Urteil v. 07.12.1881, Az. II 281/80, in: JW 10 (1881), S. 20-23.
476 RG, Urteil v. 19.04.1882, Az. V 446/82, in: JW 11 (1882), S. 164-166.

Schuldners nicht erfordert[477]. Aufgrund dieses Befundes könnte es demnach keine Zweifel daran geben, dass eine Mitwirkung des Schuldners nicht erforderlich ist. Das Gericht bestätigte damit die bisherige Rechtspraxis.

Gleichzeitig lieferte das Reichsgericht in diesem Urteil einen Hinweis dafür, weshalb diese Streitfrage in der Anfangszeit der Konkursordnung vergleichsweise häufig zu Rechtsstreitigkeiten geführt hatte. Nach den Ausführungen des Gerichts galten im früheren preußischen Recht alle Maßnahmen der Vollstreckung grundsätzlich als anfechtbar[478]. Auf dieser Grundlage hatte sich offenbar eine Gewohnheit bzw. eine Rechtstradition in der Anschauung der Konkursverwalter entwickelt. Daraus erklärt sich, weshalb so viele Verwalter in der Anfangszeit der Konkursordnung versucht hatten, die Interessen der Gläubiger durch die Anfechtung von Vollstreckungshandlungen zu wahren. Das Reichsgericht verhalf der vom Gesetzgeber gewollten Rechtsänderung zu einer praktischen Geltung.

Einen neuen Aspekt brachte das Gericht im Rahmen dieser Entscheidung ein, indem es sich mit der Frage beschäftigte, ob diese Regelung auch zweckmäßig und gerecht ist. Dazu stellte es zunächst fest, dass nach dem Wortlaut des Gesetzes für den Tatbestand der Anfechtung nach § 23 Nr. 2 KO ein subjektives Moment des Anfechtungsgegners nicht erforderlich war[479]. Der Verzicht auf ein subjektives Moment wirkte sich praktisch als Vermutung einer vorwerfbaren Absicht aus, ohne dass es auf eine konkrete Kenntnis der Umstände angekommen wäre. Das Gesetz definierte die vorwerfbare Absicht gewissermaßen als Regelfall. Dem Anfechtungsgegner blieb nach dem Gesetz nur die Möglichkeit, den Entlastungsbeweis zu führen. Das Prozessrisiko ging damit zu seinen Lasten.

Für das Reichsgericht war es nun fraglich, ob es legitim wäre, regelmäßig eine vorwerfbare Absicht zu unterstellen und dem Anfechtungsgegner den Beweis seiner Unkenntnis von den Umständen aufzuerlegen. Das Gericht schloss sich in diesem Fall nicht dem Wortlaut des Gesetzes oder der Intention des Gesetzgebers an, sondern beschäftigte sich mit der Legitimation des normativen Zustandes. Im Ergebnis hatte das Gericht schließlich keine Einwände. Zur Berechtigung des vorgefundenen normativen Zustands führte das Reichsgericht das Folgende aus:

> „Danach kann die Aufgabe des Richters nicht darin bestehen, eine ganze Klasse von Rechtshandlungen von der Anfechtung auszunehmen, obgleich die im Gesetz geforderten objektiven Merkmale bei ihnen vorliegen, lediglich deshalb, weil

---

477 RG, Beschluss v. 06.12.1883, Az. II 213/83, in: JW 13 (1884), S. 16-19, hier: S. 17.
478 RG, Beschluss v. 06.12.1883, Az. II 213/83, in: JW 13 (1884), S. 16-19, hier: S. 17.
479 RG, Beschluss v. 06.12.1883, Az. II 213/83, in: JW 13 (1884), S. 16-19, hier: S. 19.

bei diesen ein vom Gesetz vermutetes subjektives Merkmal nicht so häufig zutrifft wie bei anderen Kategorien von Rechtshandlungen."[480]

In diesem Auszug aus den Gründen definierte das Reichsgericht seine Aufgabe im Gefüge der Staatsgewalten. Das Gericht ließ erkennen, dass nach seiner Ansicht die Vermutung des Gesetzes zu weitreichend ist und nicht dem Regelfall entsprach. Die Mehrheit der redlichen Anfechtungsgegner musste in der Wertung des Gesetzes ohne Absicherung auskommen. In diesem Sinne übte das Gericht eine vorsichtige Kritik am Gesetzgeber.

Im weiteren Verlauf fühlte sich das Reichsgericht nicht in der Verantwortung, diesen Umstand im Rahmen der Entscheidungsfindung zu berücksichtigen. Hieran zeigt sich die Auffassung von einer strikten Trennung von Gesetzgebung und Gesetzesanwendung, welche im 19. Jahrhundert verbreitet war[481]. Jedenfalls in dieser Entscheidung fühlte sich das Reichsgericht zu einer Korrektur der normativen Rechtslage nicht veranlasst, obwohl es Zweifel der Berechtigung hatte. Die traditionelle Aufgabenteilung wollte das Reichsgericht an dieser Stelle nicht überwinden. Dieses Selbstverständnis wird am Ende der Entscheidung noch einmal in dem folgenden Auszug besonders deutlich:

> „Würde dem Gegner die weitergehende Befugnis eingeräumt, eine Rechtshandlung von der Nr. 2 des § 23 a.a.O. [...] deshalb auszuschließen, weil bei Rechtshandlungen dieser Gattung eine Begünstigungsabsicht des Gemeinschuldners nicht zu unterstellen sei, dann würde damit dem Gesetze die vom Gesetzgeber gewollte feste Grundlage entzogen."[482]

Mit dieser Auslegung verfolgte das Gericht eine Praxis, die für die Gläubiger überaus günstig war. Das Gesetz beschwerte den Anfechtungsgegner durchweg mit dem Entlastungsbeweis. Der Anfechtungsgegner war dabei oftmals in der ungünstigeren Position, weil er das Beweisrisiko tragen musste[483]. Das Reichsgericht orientierte seine Entscheidung an dem Primat der Gläubiger, das man in dieser Konstruktion als ein wesentliches Leitmotiv der Konkursordnung identifizieren kann. Es fühlte sich in der Pflicht, den von ihm erkannten Willen des Gesetzgebers stringent umzusetzen. Eine Weiterwicklung des Rechts mit dem Ziel eines individuellen Ausgleichs der Interessen erschien dem Gericht dagegen nicht als Option. Die vergleichsweise ungünstige Rechtsposition des Anfechtungsgegners erlangte dadurch in diesem Fall eine Umsetzung in der Praxis des Rechts.

480 RG, Beschluss v. 06.12.1883, Az. II 213/83, in: JW 13 (1884), S. 16-19, hier: S. 19.

481 Vgl. Friedmann, Die Gerichte und die Fortbildung des Rechts, in: Friedmann, Recht und sozialer Wandel, S. 33-71.

482 RG, Beschluss v. 06.12.1883, Az. II 213/83, in: JW 13 (1884), S. 16-19, hier: S. 19.

483 Vgl. Jaeger, Lehrbuch des Deutschen Konkursrechts, § 22, S. 141 ff.

(6) RG, 28.06.1888, III 54/87 - Delikt

Der Beschluss vom 28.06.1888 (Az. III 54/87) hatte seine Grundlage in der Streitfrage, ob die Anfechtung im Konkurs dogmatisch betrachtet als Delikt aufzufassen wäre[484]. Das Reichsgericht beschäftigte sich in diesem Zusammenhang mit der Dogmatik und dem Normzweck der Anfechtung.

Der Schuldner hatte seinen Wohnsitz im Bezirk des Landgerichts Detmold und befand sich dort wegen Unterschlagung in Untersuchungshaft. Der beklagte Gläubiger wohnte im Bezirk des Landgerichts Bielefeld. Er erwirkte am 15.12.1883 einen Arrest, dessen Vollziehung alsbald erfolgte. Am 23.01.1884 stellten verschiedene Gläubiger einen Antrag auf Eröffnung des Konkursverfahrens. Die Eröffnung wurde zunächst mangels Masse abgelehnt, aber nach einer erfolgreichen Beschwerde schließlich am 01.03.1888 vorgenommen. Der klagende Konkursverwalter begehrte anschließend die Anfechtung des Arrests nach § 23 Nr. 2 KO. Die Klage reichte er beim Landgericht Detmold ein. Der Beklagte rügte die örtliche Unzuständigkeit.

Auf den ersten Blick hätte der Verwalter in der Tat den Beklagten an seinem Wohnsitz in Bielefeld als Gerichtsstand verklagen müssen. Anders könnte es allerdings gewesen sein, wenn die anzufechtende Handlung als unerlaubte Handlung anzusehen wäre. Nach der zum 01.10.1879 in Kraft getretenen Zivilprozessordnung würde § 32 ZPO ein zusätzlicher Gerichtsstand am Ort der unerlaubten Handlung eröffnet[485]. In diesem Fall hätte der Verwalter den Beklagten zulässigerweise vor dem Landgericht Detmold verklagen können. Unabhängig von dieser prozessökonomischen Erwägung hatte die Streitfrage einen moralischen Gehalt. Würde man die Anfechtung als Delikt auffassen, käme hierin zugleich ein gesellschaftliches Unwerturteil zum Ausdruck.

Die Literatur am Ende des 19. Jahrhunderts vertrat in dieser Frage weitgehend ein übereinstimmendes Meinungsbild. Die Grundlage der Anfechtung sollte demnach nicht ein Delikt sein, sondern eine Rückabwicklung von Vermögensverschiebungen[486]. Das Recht der Anfechtung wollte man folglich als eine Konkretisierung des Rechts der ungerechtfertigten Bereicherung interpretieren. Das Reichsgericht konnte zum Zeitpunkt der Entscheidung indessen nicht auf eine Diskussion in der Literatur zurückgreifen, denn das Schrifttum zu der neuen Konkursordnung befand sich noch im Aufbau. Gleichzeitig gab es innerhalb des Gerichts unterschiedliche Auffassungen über die Lösung

484 RG, Beschluss v. 28.06.1888, Az. III 54/87, in: JW 17 (1888), S. 365-371.

485 Vgl. zur Lehre vom Gerichtsstand: Lüke, Zivilprozessrecht, § 6, Rn. 86 ff.

486 Vgl. Kleinfeller, Lehrbuch des deutschen Konkursrecht, § 17, S. 52 ff.; Jaeger, Konkursordnung, Band 1, 5. Aufl., § 29, Anm. 3 ff., S. 428 ff.; Wolff, Die Konkursordnung, § 29, Nr. 1, S. 158 f.; Wilmowski, Deutsche Reichs-Konkursordnung, § 30, Nr. 1, S. 143.

dieser Frage. Aus diesem Grund legte man den Fall den vereinigten Zivilsenaten vor, um eine Grundsatzentscheidung herbeizuführen.

In seiner Entscheidungsfindung konnte das Reichsgericht zur Lösung der Frage nicht auf den Wortlaut des Gesetzes zurückgreifen, denn der Wortlaut gab hierzu keine Auskunft. Das Gericht entwickelte stattdessen im Rahmen seiner Argumentation den Normzweck als ein entscheidendes Kriterium für die Auslegung. Der Regelungszweck der Anfechtung war demnach die Beseitigung einer vom Gesetz als ungerechtfertigt angesehen Benachteiligung[487]. In der Folge aus dem so verstandenen Charakter des Anfechtungsrechts kann in diesem Rechtsinstitut keine Form des Delikts liegen[488]. Das Gericht beschrieb diesen Zweck des Gesetzes folgendermaßen:

> „Die Bestimmung erklärt sich vielmehr vollkommen ausreichend aus dem erkennbaren Zwecke des Gesetzes, behufs thunlichster Herbeiführung einer gleichmäßigen Befriedigung der Konkursgläubiger aus dem Vermögen zwar nicht erst den Tag der Konkurseröffnung, sondern bereits den Zeitpunkt der Zahlungseinstellung oder, wenn eine solche nicht vorangegangen war, den Zeitpunkt des Eröffnungsantrages zum Grunde zu legen, andererseits jedoch mit Rücksicht auf die dem Gemeinschuldner ungeachtet der Zahlungsunfähigkeit oder des Eröffnungsantrags äußerlich verbleibenden Dispositionsfähigkeit im Interesse der Sicherheit des Verkehrs die Anfechtbarkeit auf den Fall der Kenntnis des Dritten bzw. des Gläubigers von diesen Thatsachen zu beschränken."[489]

Das Reichsgericht führte weiterhin aus, dass die betreffenden Rechtsgeschäfte nicht verboten waren, sondern nur mit dem Risiko der Anfechtung behaftet waren[490]. Im Interesse eines gerechten Ausgleichs und nach dem Prinzip der Billigkeit sollte es zweckmäßig sein, unter bestimmten Bedingungen einzelnen Gläubigern eine Pflicht zur Rückgewähr aufzuerlegen. In den Gründen beschrieb das Gericht dieses Ziel folgt:

> „[...] und daß es daher nicht für unbillig zu erachten ist, für den Fall des demnächstigen Eintrittes des Konkurses demjenigen Dritten bzw. Gläubiger, welcher ungeachtet der ihm erkennbaren bedenklichen Vermögenslage des Schuldner, auf die Eingehung eines die Konkursgläubiger benachtheiligenden Rechtsgeschäfts mit demselben sich eingelassen bzw. sich eine Sicherung oder Befriedigung verschafft hat, die Zurückgewährung des aus dem Vermögen des Gemeinschuldners Veräußerten zur Konkursmasse aufzuerlegen."[491]

---

487 RG, Beschluss v. 28.06.1888, Az. III 54/87, in: JW 17 (1888), S. 365-371, hier: S. 367.
488 RG, Beschluss v. 28.06.1888, Az. III 54/87, in: JW 17 (1888), S. 365-371, hier: S. 367.
489 RG, Beschluss v. 28.06.1888, Az. III 54/87, in: JW 17 (1888), S. 365-371, hier: S. 367.
490 RG, Beschluss v. 28.06.1888, Az. III 54/87, in: JW 17 (1888), S. 365-371, hier: S. 368.
491 RG, Beschluss v. 28.06.1888, Az. III 54/87, in: JW 17 (1888), S. 365-371, hier: S. 368.

Die latent aufgeworfene moralische Frage ließ das Reichsgericht hierbei außer Betracht und orientierte sich stattdessen an dem Regelungszweck der Anfechtung. Im Gegensatz dazu vermuteten manche Autoren dieser Zeit bei einem zahlungsunfähigen Schuldner grundsätzlich eine unehrliche Denkweise oder leichtfertige Spekulationen[492]. Das Gericht interpretierte die Anfechtung unter Berufung auf den Normzwecks nicht als Delikt, sondern als eine Konkretisierung des Bereicherungsrechts. Diese Variante der Auslegung förderte im Ergebnis den Rechtskreis des Schuldners. Der Konkurs galt in dieser Hinsicht nicht mehr als ein Makel, wie es in früheren Zeiten oftmals üblich war[493].

An dieser Entscheidung kann man beobachten, dass für das Gericht nicht allein der Wortlaut und die Motive maßgeblich waren, sondern darüber hinaus eine eigenständige Auslegung der Konkursordnung stattfand. Der nicht einschlägige Wortlaut in dieser Frage veranlasste das Reichsgericht zu einer originären Rechtsfindung. In anderen Entscheidungen findet sich häufig ein exklusiver Bezug auf die Motive und auf den Willen des Gesetzgebers[494]. Im Unterschied dazu entwickelte das Gericht in diesem Fall mit dem Normzweck ein unabhängiges Kriterium für die Auslegung[495].

(7) RG, 14.05.1889, III 89/89 - Versteigerung

In der Entscheidung vom 14.05.1889 (Az. III 89/89) standen Beweisfragen im Mittelpunkt[496]. Das Gericht beschäftigte sich in diesem Zusammenhang mit der Frage des Vertrauensschutzes im Interesse des Anfechtungsgegners.

Der beklagte Gläubiger betrieb die Zwangsvollstreckung in ein Grundstück des Schuldners. Der Gemeinschuldner war in diesem Fall eine Witwe, für die das Grundstück ein Teil ihrer Existenzgrundlage war. Am 24.02.1888 erfolgte nach der vorherigen Beschlagnahme die Versteigerung des Grundstücks. Die

---

492 Vgl. Puchta, Ueber den Concursprozeß, § 3, S. 6 ff.

493 Vgl. zum sogenannten Makel des Konkurses: Gerhardt, Aspekte zur Wechselwirkung zwischen Konkursrecht und Wirtschaftsleben, in: Bökelmann/Henckel/Jahr, Festschrift für Friedrich Weber, S. 181-196; Uhlenbruck, Zur Geschichte des Konkurses, in: DZWIR 17 (2007), S. 1-5.

494 Vgl. RG, Urteil v. 20.05.1892, Az. III 43/92, in: RGZ 29 (1892), S. 77-79; RG, Urteil v. 02.06.1880, Az. V 506/80, in: RGZ 2 (1880), S. 374-378; RG, Urteil v. 07.12.1881, Az. II 281/80, in: JW 10 (1881); RG, Beschluss v. 06.12.1883, Az. II 213/83, in: JW 13 (1884), S. 16-19.

495 Vgl. zum Positivismus: Wadle, Das Reichsgericht im Widerschein denkwürdiger Tage, in: JuS 19 (1979), S. 841-847; Buschmann, Das Reichsgericht, in: Kern/Schmidt-Recla, 125 Jahre Reichsgericht, Festschrift, S. 41-75; Bülow, Gesetz und Richteramt; Hedemann, Reichsgericht und Wirtschaftsrecht, § 14, S. 202 ff.; Kaufmann, Artikel Rechtspositivismus, in: Erler/Kaufmann, Handwörterbuch zur deutschen Rechtsgeschichte, Band 4, Sp. 321-335.

496 RG, Urteil v. 14.05.1889, Az. III 89/89, in: RGZ 23 (1889), S. 112-116.

Eröffnung des Konkursverfahrens fand am 03.03.1888 statt. Der klagende Verwalter erklärte anschließend die Anfechtung der Beschlagnahme und der Versteigerung nach § 23 Nr. 2 KO.

Das Reichsgericht stellte zunächst fest, dass eine Anfechtung nach § 23 Nr. 2 KO grundsätzlich in Frage kommen könnte[497]. Der beklagte Gläubiger hatte zwar eine Forderung, jedoch keinen Anspruch auf die konkret erlangte Sicherung in Form der Beschlagnahme und Versteigerung.

Weiterhin führte das Reichsgericht aus, dass der Beklagte nach § 23 Nr. 2 KO die Möglichkeit hatte, den Entlastungsbeweis zu führen[498]. Im Ergebnis würde danach kein Anfechtungsrecht bestehen, wenn der Beklagte nachweisen kann, dass er keine Kenntnis von der Zahlungseinstellung oder von der Eröffnung des Verfahrens hatte. Dieser Beweis war freilich nur schwierig mit Erfolg zu führen[499]. Der Anfechtungsgegner musste daher unabhängig von seiner Gut- oder Bösgläubigkeit das Prozessrisiko tragen. Die Prozesschancen des redlichen Anfechtungsgegners in Bezug auf die Wahrung seiner Interessen hingen deswegen hauptsächlich davon ab, welchen Maßstab die Gerichte bei der Beweisführung zugrunde legten.

Das Berufungsgericht hatte die Anfechtung für gegeben gehalten[500]. Der Beklagte hatte in dieser Frage im Berufungsverfahren insbesondere geltend gemacht, dass er lediglich von einer Zahlungsstockung ausgegangen sei, nicht aber von einer vollständigen Zahlungseinstellung. Dazu hatte er verschiedene Umstände dargelegt und überdies darauf verwiesen, dass derartiges Verhalten schon häufiger auf Seiten des Schuldners vorgekommen wäre. Diese subjektive Sicht der Dinge erklärte das Berufungsgericht für unerheblich[501]. In der Folge gewährte es dem Verwalter daher das Recht zur Anfechtung.

In der Sichtweise des Berufungsgerichts würde es allein darauf ankommen, ob die dem Beklagten bekannten Umstände nach der richterlichen Würdigung objektiv für die Annahme einer Zahlungseinstellung ausreichend wären. Nach der Ansicht des Berufungsgerichts war diese Bedingung in dem vorliegenden Fall gegeben. Die davon abweichende subjektive Beurteilung der Tatsachen durch den Beklagten hielt das Berufungsgericht für bedeutungslos.

Die Rechtsposition des Beklagten war in dieser Auslegung überaus ungünstig, denn er musste stets das Risiko tragen, ob das Gericht seine Beurteilung der Lage im Falle eines Rechtsstreits teilen würde. Aspekte des subjektiven

497 RG, Urteil v. 14.05.1889, Az. III 89/89, in: RGZ 23 (1889), S. 112-116, hier: S. 113.
498 RG, Urteil v. 14.05.1889, Az. III 89/89, in: RGZ 23 (1889), S. 112-116, hier: S. 114.
499 Vgl. Jaeger, Lehrbuch des Deutschen Konkursrechts, § 22, S. 141 ff.
500 RG, Urteil v. 14.05.1889, Az. III 89/89, in: RGZ 23 (1889), S. 112-116, hier: S. 114.
501 RG, Urteil v. 14.05.1889, Az. III 89/89, in: RGZ 23 (1889), S. 112-116, hier: S. 114.

Vertrauensschutzes, die sich aus einem objektiven Rechtsschein ergeben können, blieben hierbei gänzlich außer Betracht.

Das Reichsgericht erklärte diese Auslegung durch das Berufungsgericht für rechtsirrig[502]. Die Kenntnis wird demnach zwar durch bestimmte Tatsachen vermittelt, allerdings wären diese Tatsachen vielfach einer sehr verschiedenen Bedeutung zugänglich[503]. In einer solchen Lage könnte der Richter nicht ohne Weiteres seine eigene Wertung an die Stelle des Beklagten setzen. In den Gründen führte das Gericht dazu aus:

> „Der Richter wird vielfach in der Lage sein, aus den dem Gläubiger bekannten Thatsachen zu schließen, daß derselbe auch Kenntnis von der Zahlungseinstellung selbst gehabt hat; er ist aber nicht berechtigt, die Kenntnis der Thatsachen, aus welchen nach seiner Ansicht auf Zahlungseinstellung zu schließen ist, ohne Weiteres der Kenntnis der Zahlungseinstellung selbst gleichzustellen und die subjektive Meinung des Gläubigers als unerheblich zurückzuweisen."[504]

Als Grundlage für den Entlastungsbeweis legte das Reichsgericht die subjektive Meinung des Beklagten zugrunde. Die subjektive Interpretation der Tatsachen durch den Gegner der Anfechtung erlangte hierdurch eine erhebliche Aufwertung. Damit eröffneten sich freilich erhebliche Missbrauchsrisiken. Im Streitfall ließe sich die subjektive Einschätzung des Beklagten kaum widerlegen. Er brauchte für einen erfolgreichen Entlastungsbeweis nur zu behaupten, dass er die objektiv vorliegenden Tatsachen nicht im Sinne einer Zahlungseinstellung gedeutet hätte.

Die Rechtsanwendung durch das Reichsgericht förderte dessen ungeachtet die Rechtsposition des Anfechtungsgegners über die Frage der Beweisführung. Im Interesse des Beklagten konstruiert diese Auslegung gewissermaßen einen subjektiven Empfängerhorizont für die Deutung der tatsächlichen Umstände[505]. Die Theorie eines objektiven Empfängerhorizontes hatte man nicht in Erwägung gezogen. Für den Entlastungsbeweis war nach der Ansicht des Gerichts die subjektive Interpretation durch den Beklagten das maßgebende Kriterium. Der redliche Gläubiger hatte dadurch eine sehr sichere Rechtsposition. Für den Schutz des Redlichen hielt das Gericht offenbar ein allgemeines Risiko des Missbrauchs für akzeptabel.

---

502 RG, Urteil v. 14.05.1889, Az. III 89/89, in: RGZ 23 (1889), S. 112-116, hier: S. 114.

503 RG, Urteil v. 14.05.1889, Az. III 89/89, in: RGZ 23 (1889), S. 112-116, hier: S. 115.

504 RG, Urteil v. 14.05.1889, Az. III 89/89, in: RGZ 23 (1889), S. 112-116, hier: S. 115.

505 Vgl. allgemein zur Lehre vom Empfängerhorizont: Brox, Allgemeiner Teil des BGB, § 6, Rn. 124 ff.

b) Die Absichtsanfechtung (§ 24 KO)

(1) RG, 20.05.1884, II 504/83 - Lebensversicherung

Die Entscheidung vom 20.05.1884 (Az. II 504/83) zeigt exemplarisch den Umgang des Reichsgerichts mit einem Hauptproblem der Beweisführung bei der Konkursanfechtung[506]. Es ging in diesem Fall um die Frage der Benachteiligungsabsicht bei der Abtretung einer Lebensversicherung.

Der Schuldner hatte im Oktober 1881 insgesamt drei Lebensversicherungen im Wert von 18.000 Mark an den beklagten Gläubiger abgetreten. Der beklagte Gläubiger sollte die Zahlung der Prämie übernehmen und sich nach dem Tod des Schuldners aus der Versicherung bezahlt machen. Der Schuldner selbst konnte die Prämie nicht mehr aufbringen und wollte die Versicherung auf diese Weise vor dem Verfall schützen. Nach dem Tod des Schuldners im August 1882 erhielt der beklagte Gläubiger die Auszahlung aus der Versicherung. Im Oktober 1883 erfolgte die Eröffnung des Konkursverfahrens über den Nachlass des verstorbenen Schuldners. Der klagenden Verwalter richtete sich gegen die Abtretung der Versicherung und erklärte die Anfechtung nach § 24 Nr. 1 KO. Außerdem verlangte er die Herausgabe der Versicherungssumme im Interesse der Masse.

Der Sachverhalt offenbart auf der Seite des Schuldners eine unternehmerische Weitsicht. Der Verfall der Versicherung wäre betriebswirtschaftlich nicht sinnvoll. Durch die Abtretung und die Vereinbarung mit dem Beklagten blieb der Wert der Versicherung erhalten und konnte für die Erfüllung der ausstehenden Forderung verwendet werden.

Gleichzeitig liegt auf der Hand, dass die übrigen Gläubiger hierin eine Benachteiligung ihrer Interessen vermuteten. Der äußere Geschehensablauf ließ allerdings keinen sicheren Schluss auf eine Benachteiligungsabsicht zu. Unternehmerische Weitsicht oder kollusive Begünstigung lassen sich in der Regel nur durch innere Tatsachen unterscheiden, die nach außen nicht sichtbar sind. In dieser Konstellation gab es daher ein Problem für die Beweisführung.

Das Reichsgericht erkannte im Ergebnis kein Anfechtungsrecht. Die Anfechtung nach § 24 Nr. 1 KO setzte nach dem Wortlaut der Konkursordnung eine Absicht der Gläubigerbenachteiligung voraus. Diese Voraussetzung hielt das Berufungsgericht dadurch für erfüllt, dass der Schuldner zumindest das Bewusstsein gehabt haben müsste, dass die Abtretung der Versicherung die Gläubiger benachteiligen könnte[507]. Das Reichsgericht hat diese Auslegung durch das Berufungsgericht nicht für rechtmäßig gehalten. Es stellte dazu fest,

---

506 RG, Urteil v. 20.05.1884, Az. II 504/83, in: RGZ 11 (1884), S. 173-178.

507 RG Urteil v. 20.05.1884, Az. II 504/83, in: RGZ 11 (1884), S. 173-178, hier: S. 175.

dass das Bewusstsein der Möglichkeit nicht zwingend den Schluss auf eine Absicht rechtfertigen könnte[508]. Dazu führte das Reichsgericht wörtlich aus:

> „Immer aber ist daran festzuhalten, daß das Gesetz eine Absicht voraussetzt, also bloße culpa nicht genügt.“[509]

Die Konkretisierung der Anforderungen an den Beweis durch das Berufungsgericht war für die Gläubiger äußerst günstig. Die Möglichkeit einer Benachteiligung ließe sich wohl kaum jemals völlig ausschließen, weshalb man regelmäßig ein entsprechendes Bewusstsein annehmen müsste. Das würde zu dem Ergebnis führen, dass die Existenz einer Benachteiligungsabsicht der Regelfall wäre. In dieser Sichtweise wäre die Anfechtung mit geringem Beweisaufwand durchführbar. Die Rechtsposition des Schuldners und die Rechtsposition des Anfechtungsgegners wären dagegen praktisch wertlos.

Die Anforderungen an die Beweisführung setzte das Berufungsgericht relativ niedrig an. Die Anfechtung nach § 24 Nr. 1 KO wäre folglich in der Praxis vergleichsweise einfach durchzusetzen. Damit entsprach das Berufungsgericht der allgemeinen Zielsetzung des Gesetzgebers, vorrangig die Rechte der Gesamtheit der Gläubiger zu schützen. Die Belange der anderen Beteiligten blieben dabei grundsätzlich außer Betracht.

Das Reichsgericht begrenzte im Unterschied dazu die Reichweite des Anfechtungsrechts. Für die Beweisführung konstruierte das Gericht einen strengen Maßstab. Diese Auslegung förderte in der praktischen Wirkung die Interessen des Schuldners und die Interessen des Anfechtungsgegners. Für die Beweisführung stellte das Gericht im Einzelnen die folgenden Grundsätze auf:

> „Die erforderliche Absicht wird nun allerdings gegeben sein, wenn der Schuldner das Bewußtsein hat, die Rechtshandlung müsse notwendig oder werde wenigstens aller Wahrscheinlichkeit nach, d.h. dem gewöhnlichen Laufe der Dinge nach, eine Benachteiligung der Gläubiger zur Folge haben; denn bei dieser Unterstellung läßt sich sagen, der Schuldner müsse die Folgen, die er voraussah, auch gewollt haben. Anders ist es aber, wenn nur die Möglichkeit besteht, daß eine Rechtshandlung die Gläubiger benachteiligen könne.“[510]

Der Gesetzgeber hatte die Anforderungen des Tatbestandes vergleichsweise einfach gestaltet. Bedingung für die Anfechtung war danach die Kenntnis von der Benachteiligungsabsicht. Das Reichsgericht füllte diese allgemeine Formulierung aus, indem es Kriterien für die Beweisführung aufstellte. Das Gericht erkannte in den Nomen des Gesetzes eine abstrakte Wertentscheidung, deren

---

508 RG Urteil v. 20.05.1884, Az. II 504/83, in: RGZ 11 (1884), S. 173-178, hier: S. 175.
509 RG Urteil v. 20.05.1884, Az. II 504/83, in: RGZ 11 (1884), S. 173-178, hier: S. 175.
510 RG Urteil v. 20.05.1884, Az. II 504/83, in: RGZ 11 (1884), S. 173-178, hier: S. 175.

Ausfüllung und Anwendung im Einzelfall der Rechtsprechung obliegen sollte[511].

Das Lösungsmodell des Gerichts bestand in der Differenzierung zwischen bedingtem Vorsatz und bewusster Fahrlässigkeit. Der subjektive Vorwurf an den Schuldner war in der Wertung des Gerichts gerechtfertigt, wenn er sich in Kenntnis der Umstände auf Geschäfte einließ. In diesem Fall hielt das Gericht den Schuldner nicht für schutzwürdig. Der fahrlässige Schuldner konnte im Umkehrschluss eine Absicherung für seine Rechtsposition erlangen. Diese Auslegung schütze zugleich das Vertrauen des redlichen Anfechtungsgegners. Für den hier zur Entscheidung stehenden Fall formulierte das Reichsgericht diese Grundsätze wie folgt:

> „Hier ist durchaus kein sicherer Schluß von dem Bewusstsein einer solchen Möglichkeit auf den Willen der Benachteiligung zu ziehen, im Zweifel wird aber dieser Wille, der zu erweisen ist, nicht anzunehmen sein."[512]

Das Gericht stellte gewissermaßen das Prinzip der Unschuldsvermutung auf. Sofern es um eine innere Tatsachen ging, an welche die Rechtsordnung negative Folgen knüpft, bedurfte es demzufolge des positiven Nachweises. Das Reichsgericht förderte damit die Etablierung rechtsstaatlicher Grundsätze[513]. Die Ausgestaltung des Verfahrens kann generell dazu geeignet sein, die Rechte der Beteiligten zu schützen. In diesem Fall erfolgte durch die Konkretisierung des Beweisrechts ein Ausgleich der konkreten Interessenlage. Das Prinzip des bedingten Vorsatzes fand im Weiteren in der Literatur im Allgemeinen eine verbreitete Zustimmung[514].

Für den Rechtsirrtum des Berufungsgerichts, den das Reichsgericht konstatierte, findet sich in den Gründen die folgende Zusammenfassung:

---

511 Vgl. zur Frage von Norm und Wirklichkeit: Pfeiffer, Das Reichsgericht und seine Rechtsprechung, in: DRiZ 57 (1979), S. 325-332; Hachenburg, Die Rechtsprechung des Reichsgerichts in Zivilsachen, in: DJZ 9 (1904), Sp. 880-890; Oertmann, Gesetzeszwang und Richterfreiheit; Odersky, Rechtsgeschichte und Rechtsprechung, in: DNotZ 42 (1991), S. 108-118; Bülow, Gesetz und Richteramt.

512 RG Urteil v. 20.05.1884, Az. II 504/83, in: RGZ 11 (1884), S. 173-178, hier: S. 175.

513 Vgl. allgemein zur Bedeutung des Reichsgerichts für die Entwicklung des Rechts: Pfeiffer, Das Reichsgericht und seine Rechtsprechung, in: DRiZ 57 (1979), S. 325-332; Buschmann, Das Reichsgericht, in: Kern/Schmidt-Recla, 125 Jahre Reichsgericht, Festschrift, S. 41-75; Hachenburg, Die Rechtsprechung des Reichsgerichts in Zivilsachen, in: DJZ 9 (1904), Sp. 880-890.

514 Vgl. zum subjektiven Element: Kohler, Lehrbuch des Konkursrechts, § 39, S. 212 ff.; Warneyer, Konkursordnung, § 31, Nr. II, S. 135 ff.; Wilmowski, Deutsche Reichs-Konkursordnung, § 31, Nr. 1 ff., S. 158 ff.; Endemann, Das deutsche Konkursverfahren, § 43, S. 258 ff.; Sydow, Konkursordnung, § 31, Nr. 4, S. 165 ff.; Jaeger, Konkursordnung, Band 1, 5. Aufl., § 31, Anm. 5 ff., S. 537 ff.

„In dieser Beziehung waren die obwaltenden Umstände zu würdigen, was gänzlich unterlassen wurde."[515]

Dieser Auszug aus den Gründen offenbart, dass das Reichsgericht über die Ebene des Wortlauts und der Motive hinausging, indem es die tatsächlichen Umstände des konkreten Falles beachtete. Nicht die Ableitung von abstrakten Rechtssätzen stand im Mittelpunkt der Argumentation, sondern das Bemühen um eine zweckmäßige Lösung für die individuelle Interessenlage.

Das Reichsgericht beendete seine Erörterung schließlich mit dem Hinweis darauf, dass das Verhalten des Schuldners wenigstens zweideutig sei[516]. Wenn der Schuldner seinen baldigen Tod voraussieht, würde eine Begünstigungsabsicht etwas näher liegen. Wenn der Schuldner jedoch noch mit einem langen Leben gerechnet hat, dann könnte es gleichfalls so sein, dass er sich ernsthaft darum bemüht, jedem seiner einzelnen Gläubiger eine Erfüllung der offenen Forderungen zu verschaffen.

An diesen Ausführungen zeigt sich exemplarisch die Neutralität und Objektivität des Reichsgerichts. Im Gegensatz dazu gab es eine verbreitete Ansicht, bei einem zahlungsunfähigen Schuldner prinzipiell ein unredliches oder leichtfertiges Verhalten zu erwarten[517]. Der Gesetzgeber ging ebenfalls zum Teil davon aus, dass zahlungsunfähige Schuldner sich oftmals grundsätzlich unredlichen verhalten würden[518]. Das Reichsgericht hat diese generelle Einschätzung nicht übernommen. Für die Lösung des Problems ermittelte das Gericht alle objektiv denkbaren Varianten und überließ die Klärung im Einzelfall den zuvor skizzierten Beweisgrundsätzen.

(2) RG, 03.05.1892, II 68/92 - Darlehen

In dem Urteil vom 03.05.1892 (Az. II 68/92) ging es um die Anfechtung einer Verpfändung[519]. Das Reichsgericht führte in dieser Entscheidung eine Form der Härtefallprüfung durch.

Der Schuldner hatte in dieser Fallkonstellation für die Absicherung einer Darlehensforderung über 20.000 Mark im Jahre 1885 eine Lebensversicherung an das beklagte Ehepaar verpfändet. Das beklagte Ehepaar bestand aus dem Bruder des Schuldners und seiner Ehefrau. Der Verwalter verlangte die Anfechtung der Verpfändung nach § 24 Nr. 2 KO.

515 RG Urteil v. 20.05.1884, Az. II 504/83, in: RGZ 11 (1884), S. 173-178, hier: S. 176.
516 RG Urteil v. 20.05.1884, Az. II 504/83, in: RGZ 11 (1884), S. 173-178, hier: S. 176.
517 Vgl. Puchta, Ueber den Concursprozeß, § 3, S. 6 ff.
518 Vgl. Motive IV, S. 108 ff.
519 RG, Urteil v. 03.05.1892, Az. II 68/92, in: RGZ 29 (1892), S. 297-303.

Problematisch war an diesem Fall, ob die Verpfändung überhaupt eine entgeltliche Rechtshandlung i.S.d. § 24 Nr. 2 KO sein könnte. Das Reichsgericht hielt die Verpfändung im Ergebnis für einen entgeltlichen Vertrag i.S.d. § 24 Nr. 2 KO[520]. Diese Auslegung förderte die Interessen der Gemeinschaft der Gläubiger, weil hierdurch das Anfechtungsrecht eine große Reichweite hatte. Eine Verpfändung als entgeltlichen Vertrag anzusehen, war dabei keineswegs selbstverständlich. Die konkrete Gegenleistung für die Verpfändung war jedenfalls nicht unmittelbar erkennbar. Die Einordnung als entgeltlicher Vertrag i.S.d. § 24 Nr. 2 KO sicherte den Gläubigern in der Folge grundsätzlich eine Anfechtungsmöglichkeit. Diesen Schluss rechtfertigte das Reichsgericht mit dem Willen des Gesetzgebers. Das Gericht führte dazu aus:

> „Weil, wie in den Motiven zu § 24 Ziff. 2 hervorgehoben wurde, eine Beschränkung der Anfechtung auf Veräußerungen im engeren Sinne des Wortes nicht als gerechtfertigt erschien, vielmehr in jeder Richtung ein umfassender Schutz gewährt werden sollte, [...].“[521]

Dadurch war der Begriff der „entgeltlichen Verfügung“ freilich überaus konturenlos. Im Interesse eines starken Gläubigerschutzes bemühte das Reichsgericht gleichwohl eine weite Auslegung des Begriffs. Das Reichsgericht modifizierte diese extensive Auslegung allerdings an anderer Stelle, indem es auch danach fragte, ob dadurch eine besondere Härte für die beklagten Verwandten vorliegen könnte. Es hieß dazu:

> „Die von den Revisionsklägern hervorgehobene Härte für die Verwandten besteht denn auch in Ansehung der erwähnten Pfandrechtsbestellung keineswegs in höherem Maße als hinsichtlich anderer entgeltlicher Verträge, z.B. eines solchen über Hingabe an Zahlungsstatt oder eines Kaufvertrages.“[522]

Das Gericht erkannte im Ergebnis keine besondere Härte für die Verwandten. Die Gleichstellung einer Verpfändung mit einem Kaufvertrag in Bezug auf die Entgeltlichkeit war freilich nicht zwingend. Das Gericht führte diesen Aspekt letztlich aber nicht weiter aus. Bemerkenswert ist in diesem Zusammenhang, dass das Gericht einerseits die Interessen der Gläubiger schützen wollte, andererseits aber auch auf eine mögliche Härte für die Betroffenen einging. Das Reichsgericht betrachtete es in diesem Fall als eine Aufgabe der Rechtsprechung, übermäßige Härten zulasten des Einzelnen zu verhindern. Der Einwand der Beklagten blieb dadurch nicht ohne Gehör.

Dieser Fall zeigt exemplarisch eine allgemeine Bereitschaft des Reichsgerichts, unangemessene Rechtsnachteile für die Beteiligten zu vermeiden. Der

520 RG Urteil v. 03.05.1892, Az. II 68/92, in: RGZ 29 (1892), S. 297-303, hier: S. 299.
521 RG Urteil v. 03.05.1892, Az. II 68/92, in: RGZ 29 (1892), S. 297-303, hier: S. 299 f.
522 RG Urteil v. 03.05.1892, Az. II 68/92, in: RGZ 29 (1892), S. 297-303, hier: S. 301.

Schwerpunkt der Erörterung lag zwar auf dem Wortlaut und auf der Intention des Gesetzgebers, wie es auch in anderen Entscheidungen häufig zu finden war. Neu war aber in dieser Entscheidung eine Form der Billigkeitsprüfung unter dem Gesichtspunkt eines möglichen Härtefalles. In diesem Sinne konkretisiert diese Entscheidung einen Aspekt des Schutzes im Interesse des Schwächeren.

c) Die Schenkungsanfechtung (§ 25 KO)

(1) RG, 29.04.1893, V 22/93 - Tiere

Das Urteil vom 29.04.1893 (Az. V 22/93) hatte seinen Ausgangspunkt ursprünglich in einem Streit über eine Schenkungsanfechtung nach § 25 Nr. 1 KO[523]. In dieser Entscheidung zeigt sich das allgemeine Ziel des Gerichts, übermäßige Nachteile zulasten der der Beteiligten zu vermeiden.

Die beklagten Gläubiger ließen beim Schuldner am 08.01.1892 Kühe und Pferde pfänden. Die Tiere standen im Eigentum der Ehefrau des Schuldners. Der Schuldner lebte mit seiner Ehefrau in getrennten Gütern. Bereits vor der Pfändung hatten die beklagten Gläubiger dem Schuldner eine Stundung gewährt unter der Bedingung, dass er eine selbstschuldnerische Bürgschaft seiner Ehefrau sowie den Verzicht der Ehefrau auf Einwendungen hinsichtlich der Pfändung beibringt.

Die Beklagten legten hierüber im Prozess eine notarielle Urkunde vor, in der die Ehefrau sich für die Schulden ihres Mannes verbürgte und auf Einwendungen hinsichtlich der Pfändung verzichtete. Daraus folgerten die Beklagten, dass die Ehefrau die Pfändung genehmigt hätte und die Kühe und Pferde zugunsten der Gläubiger des Ehemannes wirksam gepfändet wären.

Am 01.03.1892 erfolgte auch über das Vermögen der Ehefrau des Schuldners die Eröffnung des Konkursverfahrens. Es klagte nunmehr der Verwalter der Masse der Ehefrau auf Freigabe der zugunsten des Schuldners gepfändeten Gegenstände. Der Verwalter machte eine Anfechtung nach § 25 Nr. 1 KO geltend. Er erkannte in der Bürgschaft und in dem Einwendungsverzicht eine unentgeltliche Zuwendung an die Beklagten.

Im Rahmen der Wirtschaftskrise gerieten in kurzer zeitlicher Folge sowohl der Ehemann als auch die Ehefrau in den Konkurs. Die Krise betraf dabei nicht nur Unternehmer, sondern auch private Wirtschaftssubjekte, die ihren Lebensunterhalt vorwiegend durch Landwirtschaft bestritten. Die Pfändung von Kühen und Pferden verschlechterte die Situation der Betroffenen und untergrub die wirtschaftliche Sanierung, denn die betroffenen Tiere waren die

---

523 RG, Urteil v. 29.04.1893, Az. V 22/93, in: Seuffert 48 (1893), S. 479-482.

wirtschaftliche Grundlage für eine effektive Existenzgrundlage im Bereich der Landwirtschaft.

Außerdem zeigt dieser Fall, wie energisch die Gläubiger in dieser Zeit auf eine Sicherung ihrer Forderungen drängten. Der Wunsch nach Bürgschaften von Verwandten war in dieser Hinsicht bereits am Ende des 19. Jahrhunderts eine Erscheinungsform des Rechtslebens[524]. Der Verzicht auf Einwendungen könnte darüber hinaus den Anschein eines Umgehungsgeschäftes haben. Mit dessen Hilfe könnten die Gläubiger versucht haben, einer sonst juristisch möglicherweise nicht haltbaren Konstruktion dennoch zur Rechtsbeständigkeit zu verhelfen.

Im Ergebnis erkannte das Reichsgericht in diesem Fall kein Recht zur Anfechtung. Das Gericht ordnete die Bürgschaft und den Verzicht auf Einwendungen in Bezug auf die Pfändung seitens der Ehefrau nicht als unentgeltliche Verfügung i.S.v. § 25 Nr. 1 KO ein[525]. Die Gegenleistung besteht nach der Ansicht des Gerichts in der Stundung, welche die beklagten Gläubiger dem Ehemann gewährt hatten[526]. Auf das Motiv der Ehefrau soll es im Übrigen nicht ankommen[527].

Damit kam eine Anfechtung nach § 25 Nr. 1 KO, wie sie der klagende Verwalter ursprünglich geltend machte, nicht Betracht, weil dieser Tatbestand eine unentgeltliche Verfügung voraussetzte. Das Reichsgericht ging in diesem Zusammenhang gewissermaßen von einem Vertrag zugunsten Dritter aus[528]. Die Ehefrau hatte danach zwar unmittelbar eine Leistung an die Gläubiger des Schuldners erbracht, die Gläubiger hatten aber anschließend durch die Stundung eine Gegenleistung erbracht.

Diese Entscheidung war für die Masse der Ehefrau ungünstig, weil sich das Verhalten der geschäftlich unerfahrenen Ehefrau ohne Weiteres zum Nachteil der Masse auswirkte. Der Verwalter über das Vermögen der Ehefrau hatte durch diese Auslegung keine Möglichkeit der Anfechtung nach § 25 Nr. 1 KO. Für die Gläubiger der Ehefrau standen die gepfändeten Vermögensgegenstände folglich nicht mehr zur Verfügung. Im Gegenzug hatten die Gläubiger des Ehemannes einen Vorteil aus dem Vermögen der Ehefrau erlangt, denn in wirtschaftlicher Hinsicht handelte es sich bei den gepfändeten Tieren um das Eigentum der Ehefrau.

---

524 Vgl. allgemein zum Phänomen der Ehegattenbürgschaft: Brox/Walker, Besonderes Schuldrecht, § 32, Rn. 9 ff.

525 RG, Urteil v. 29.04.1893, Az. V 22/93, in: Seuffert 48 (1893), S. 479-482, hier: S. 480.

526 RG, Urteil v. 29.04.1893, Az. V 22/93, in: Seuffert 48 (1893), S. 479-482, hier: S. 481.

527 RG, Urteil v. 29.04.1893, Az. V 22/93, in: Seuffert 48 (1893), S. 479-482, hier: S. 480.

528 Vgl. allgemein zum Institut des Vertrags zugunsten Dritter: Brox/Walker, Allgemeines Schuldrecht, § 32, Rn. 1 ff.

Im weiteren Verlauf der Gründe beließ das Reichsgericht es nicht bei dem zuvor beschriebenen Ergebnis. Das Gericht führte im Anschluss eine Billigkeitsprüfung in Bezug auf die zuvor für richtig befundene Rechtslage durch. Insbesondere die Frage der Ehegattenbürgschaft und die Frage des Einwendungsverzichts gaben dem Gericht einen Anlass zu weiteren Überlegungen.

Das Reichsgericht stellte dazu fest, dass Ehefrauen solche Opfer häufig aus freigebiger Rücksicht erbringen würden oder aus Unkenntnis der Verhältnisse handeln würden[529]. Damit zeigte das Gericht ein Bewusstsein für die Aufgabe, einen wirtschaftlich schwächeren und unerfahrenen Beteiligten vor den Folgen seines Handelns zu schützen. Im Ergebnis galt die Ehefrau in der Sichtweise des Gerichts aufgrund der Umstände des Einzelfalls nicht als schutzbedürftig[530]. Bemerkungswert ist in diesem Zusammenhang aber die generelle Bereitschaft, nötigenfalls zum Schutz des wirtschaftlich Unerfahrenen tätig zu werden.

Auf diesem Weg realisierte das Reichsgericht einen allgemeinen Aspekt des Schutzes im Interesse des Schwächeren. Das Gericht beachtete hierfür im Rahmen der Rechtsanwendung die individuelle Situation der Beteiligten. In diesem Rahmen erkannte es in der konkreten Fallkonstellation eine strukturell schwächere Lage auf der Seite der Ehefrau. Gleichzeitig wirkte das Gericht mit dieser Vorgehensweise im kollektiven Interesse einem Missbrauch des Rechts entgegen.

Das Reichsgericht beschränkte sich abschließend in dieser Entscheidung nicht auf das Mittel der Billigkeitsprüfung. Darüber hinaus zeigte es der Ehefrau noch einen Weg auf, um bei Bedarf unabhängig von der hier vorgestellten Entscheidung eine Änderung des Rechtszustandes herbeizuführen[531]. Die Ehefrau hatte nach der Ansicht des Gerichts die Möglichkeit der Anfechtung wegen Irrtums oder Betruges.

Zu diesem Hinweis hätte das Gericht keine zwingende Veranlassung gehabt. Es hatte im Rahmen seiner Entscheidung bereits eine Billigkeitsprüfung in Bezug auf das gefundene Ergebnis durchgeführt. Gleichwohl wollte es die Rechtsposition der Ehefrau offenbar noch weitergehend absichern, indem es mögliche Vorgehensweisen aufzeigte. Aufgrund der vorgebrachten Tatsachen hielt das Reichsgericht in dieser Entscheidung einen praktischen Schutz der Ehefrau nicht für angezeigt. Aufgrund des richterlichen Hinweises hatte die Ehefrau aber nunmehr die Kenntnis über anderweitige Möglichkeiten des Rechtsschutzes.

---

529 RG, Urteil v. 29.04.1893, Az. V 22/93, in: Seuffert 48 (1893), S. 479-482, hier: S. 481.
530 RG, Urteil v. 29.04.1893, Az. V 22/93, in: Seuffert 48 (1893), S. 479-482, hier: S. 481.
531 RG, Urteil v. 29.04.1893, Az. V 22/93, in: Seuffert 48 (1893), S. 479-482, hier: S. 481.

In der mittelbaren Wirkung förderte diese Entscheidung daneben auch die Interessen der Gläubiger der Ehefrau. Falls die Ehefrau erfolgreich andere Maßnahmen des Rechtsschutzes ergreifen sollte, würde sich dadurch die Masse zugunsten der Gläubiger der Ehefrau vergrößern. Auffällig ist aber insbesondere an dieser Entscheidung, dass für das Reichsgericht die Interessen der Gläubiger nicht bedingungslos vorrangig waren. Das Gericht befasste sich in diesem Fall vielmehr ausdrücklich auch mit der Frage der Schutzbedürftigkeit der Ehefrau des Schuldners.

(2) RG, 26.06.1893, VI 101/93 - Heiratsgut I

Die Entscheidung vom 26.06.1893 (Az. VI 101/93) betraf die Anfechtung einer Hypothekenbestellung[532]. Das Reichsgericht beschäftigte sich in diesem Rahmen ein weiteres Mal mit der Rechtsposition der Ehefrau des Schuldners.

Der Schuldner bestellte zugunsten seiner Ehefrau eine Hypothek zur Sicherung der Rückgewähr des Heiratsguts. Der Schuldner war in diesem Fall zur Rückgewähr des Heiratsguts verpflichtet. Der Verwalter klagte gegen die Ehefrau und machte die Anfechtung der Hypothekenbestellung geltend.

Eine Anfechtung nach § 25 Nr. 2 KO kam offensichtlich nicht in Frage, denn nach dieser Norm war die Sicherstellung nicht anfechtbar, sofern ein Anspruch auf Rückgewähr besteht. Der Verwalter wollte daher § 24 Nr. 2 KO als Anfechtungstatbestand heranziehen. Nach § 24 Nr. 2 KO waren unentgeltlich erworbene Rechtspositionen anfechtbar. Das könnte hier nach der Ansicht des Verwalters der Fall gewesen sein, weil die Ehefrau keine Gegenleistung für die Bestellung der Hypothek erbracht hatte.

In diesem Vorgehen kann man ein weiteres Beispiel für die Kreativität erkennen, welche die Konkursverwalter in dieser Zeit obwalten ließen, um möglichst viele Rechtshandlungen im Interesse der Gläubiger anfechten zu können. Der Verwalter versuchte gewissermaßen, den Regelungsgehalt des § 25 Nr. 2 KO durch den Rückgriff auf § 24 Nr. 2 KO zu umgehen.

In dieser Konstellation gewährte das Reichsgericht kein Recht zur Anfechtung. Zur Begründung führte das Gericht zunächst den Grundsatz aus, dass die Rückgewähr des Heiratsguts nach § 25 Nr. 2 KO nicht der Anfechtung unterliegt, sofern wie hier eine Verpflichtung zur Rückgewähr bestand[533]. Eine Rückgriff auf § 24 Nr. 2 KO schloss das Reichsgericht in dieser Lage aus, auch wenn die tatbestandlichen Voraussetzungen dieser Norm vorliegen sollten. Die Erwägung des Reichsgerichts zeigt der folgende Auszug:

---

532 RG, Urteil v. 26.06.1893, Az. VI 101/93, in: RGZ 31 (1893), S. 123-125.
533 RG, Urteil v. 26.06.1893, Az. VI 101/93, in: RGZ 31 (1893), S. 123-125, hier: S. 124.

„Es läßt sich wohl aber nicht annehmen, daß das Gesetz für die Anfechtung der Sicherstellung der Ehefrau des Gemeinschuldners wegen ihres Heiratsgutes derartige gekünstelte Bestimmungen hat treffen wollen. [...]; vielmehr ist die einfachste und natürlichste Auslegung des § 25 Ziff. 2 K.O., daß die Sicherstellung des Heiratsgutes der Ehefrau des Gemeinschuldners [...] von dem Konkursverwalter nicht angefochten werden kann, wenn der Gemeinschuldner [...] zu der Sicherstellung verpflichtet war."[534]

Das Gericht verzichtete auf einen exklusiven Bezug auf den Wortlaut und die Motive. Stattdessen verwendete es eine Methode, die es selbst als „einfachste und natürlichste Auslegung" bezeichnete. Auf diesem Wege brachte das Gericht gewissermaßen das Prinzip der lex specialis zur Entfaltung. In der Norm des § 25 Nr. 2 KO erkannte es einen Spezialfall der Anfechtung gegenüber dem Ehegatten. Als speziellere Norm verbot demnach § 25 Nr. 2 KO in der Ansicht des Gerichts den Rückgriff auf § 24 Nr. 2 KO. Die Norm des § 25 Nr. 2 KO hielt das Gericht für eine abschließende Regelung. Weil nun aber die Voraussetzungen des § 25 Nr. 2 KO in diesem Fall nicht vorlagen, verneinte das Reichsgericht im Ergebnis das Recht zur Anfechtung.

Die Norm des § 25 Nr. 2 KO war in dieser Hinsicht eine gesetzlich vorgesehene Sicherung des Ehegatten. Die Anfechtung gegenüber dem Ehegatten hatte durch diese Regelung eine Begrenzung. Die Anfechtung war in Bezug auf die Rückgewähr des Heiratsguts ausgeschlossen, wenn ein Anspruch auf die Rückgewähr desselben bestand. Es handelte sich folglich um eine der wenigen Normen der Konkursordnung, welche einen Schutz der Familienangehörigen intendiert haben. Der Gesetzgeber war im Allgemeinen eher geneigt, in dem Zusammenwirken des Schuldners mit seinem Ehegatten bzw. mit seinen Verwandten eine erhöhte Gefahr des Missbrauchs zu erkennen[535]. Die Konkursordnung hatte die Möglichkeiten der Anfechtung gegenüber Familienangehörigen vergleichsweise weitreichend normiert[536].

In der Gestalt des § 25 Nr. 2 KO gab es demgegenüber eine gesetzlich vorgesehene Bevorzugung für die Frage der Rückgewähr des Heiratsguts. Diesen normativ intendierten Schutzzweck brachte das Reichsgericht in der Praxis zur Geltung. Eine Umgehung des Normzwecks sollte danach nicht zulässig sein. Die Ehefrau des Schuldners befand sich dabei in der Situation des Konkurses in einer wirtschaftlich schwierigen Lage. Die Auswirkungen des Konkurses betrafen sie regelmäßig in einer besonders ernstlichen Weise. Die Ent-

---

534 RG, Urteil v. 26.06.1893, Az. VI 101/93, in: RGZ 31 (1893), S. 123-125, hier: S. 124.

535 Vgl. Motive IV, S. 138 ff., S. 140 ff.

536 Vgl. Petersen/Kleinfeller, Konkursordnung für das Deutsche Reich, § 24, S. 128 ff.; Warneyer, Konkursordnung, § 31, S. 133 ff., § 32, S. 166 ff.; Jaeger, Lehrbuch des Deutschen Konkursrechts, § 22, S. 141 ff.; Aufseß, Konkursrecht und Konkursverfahren, § 17, S. 39 f.

faltung der normativ intendierten Absicherung im Konkurs hatte daher eine besondere Bedeutung für den Rechtskreis der Ehefrau.

d) Folgen der Anfechtung

(1) RG, 22.05.1890, VI 59/90 - Erbschaft

Die Entscheidung vom 22.05.1890 (Az. VI 59/90) hatte ihren Ursprung in der Streitfrage, ob die Ablehnung eines Erwerbs anfechtbar ist[537]. Diese Entscheidung ist ein Beispiel für die Befassung mit der Rechtsposition des Schuldners.

Der Schuldner hatte in diesem Fall eine Erbschaft ausgeschlagen[538]. Wirtschaftlich betrachtet könnte in dieser Konstellation ein Recht zur Anfechtung fernliegend sein. Die ausgeschlagene Erbschaft führte nämlich dazu, dass die Erbschaft als nicht angefallen galt. Es befand sich somit kein Vermögenswert in dem Vermögen des Schuldners, der durch eine ungerechtfertigte Handlung aus der Masse herausgelangt sein könnte. Die Literatur am Ende des 19. Jahrhunderts sprach sich im Allgemeinen gegen eine Anfechtung aus[539].

Der Fall zeigt ein weiteres Mal auf, mit welcher Stringenz die Gläubiger in Zeiten der Wirtschaftskrise ihre Forderungen zu retten versuchten. Man kann eine große Kreativität bei dem Ziel beobachten, möglichst viele Rechtshandlungen anzufechten. In diesem Fall begehrte der Verwalter die Anfechtung eines Nichterwerbs.

Das Reichsgericht stellte zunächst fest, dass es den bloßen Nichterwerb nicht für anfechtbar hält[540]. Die Argumentation beruhte nicht auf dem Wortlaut oder den Motiven, sondern auf einen zwingenden Grund aus dem inneren Zusammenhang des Gesetzes, den das Gericht konstatierte[541]. Zur Lösung der Streitfrage verwendete das Gericht gewissermaßen die Methode der systematischen Auslegung. Aus § 30 KO folgerte es, dass der Anfechtende nur einen Anspruch auf die Rückgewähr dessen hat, was zuvor aus dem Vermögen des Schuldners veräußert, weggegeben oder aufgegeben worden ist. Für die Ablehnung eines Erwerbs würden die Bestimmungen über die Anfechtung dagegen nach der Ansicht des Gerichts nicht passen.

Diese Entscheidung war für die Gläubiger ungünstig, denn die Einschränkung der Anfechtung begrenzte den Umfang der Masse. Dieses Ergebnis stand damit im Gegensatz zu einer wichtigen Zielsetzung des Gesetzgebers.

537 Vgl. allgemein zum Institut der Ausschlagung: Leipold, Erbrecht, § 18, Rn. 602 ff.

538 RG, Urteil v. 22.05.1890, Az. VI 59/90, in: Gruchot 36 (1890), S. 1192-1193.

539 Vgl. Wilmowski, Deutsche Reichs-Konkursordnung, § 29, Nr. 7, S. 135.

540 RG, Urteil v. 22.05.1890, Az. VI 59/90, in: Gruchot 36 (1890), S. 1192-1193, hier: S. 1192.

541 RG, Urteil v. 22.05.1890, Az. VI 59/90, in: Gruchot 36 (1890), S. 1192-1193, hier: S. 1192.

Der Gesetzgeber erkannte eine vorrangige Aufgabe der Konkursordnung in dem umfassenden Schutz der Interessen der Gläubiger[542]. Insbesondere die Sicherung der Masse war ein Anliegen der Rechtspolitik. In dieser Intention hätte es naheliegen können, für die Entfaltung der Rechtsposition der Gläubiger den Nichterwerb für anfechtbar zu erklären.

Das Reichsgericht betrachtete sich demgegenüber nicht in der Verantwortung, die generelle Intention des Gesetzgebers in jeder Fallkonstellation zwingend umzusetzen. Das Andrängen der Gläubiger hatte eine Begrenzung, indem das Gericht den Nichterwerb der Anfechtung entzog. Diese Auslegung förderte im Umkehrschluss den Rechtskreis des Schuldners. Im Mittelpunkt der Argumentation stand dabei eine systematische Methodik der Auslegung, um die Konkursordnung in ihrem Aussagegehalt zu erfassen. Das Reichsgericht zeigte damit ein Selbstverständnis als eine Institution der Rechtspflege mit eigenem Aufgabenbereich innerhalb des staatlichen Machtgefüges.

(2) RG, 19.01.1893, VI 246/92 - Hypothek

Das Urteil vom 19.01.1893 (Az. 246/92) zeigt exemplarisch den Umgang des Reichsgerichts mit den widerstreitenden Interessen der Parteien im Konkurs[543]. Das Gericht nahm diesen Fall zum Anlass, um eine allgemeine Abwägung der Interesen durchzuführen.

Der Schuldner war in diesem Fall kein Unternehmer, sondern eine Privatperson. Im Zuge der Wirtschaftskrise am Ende des 19. Jahrhunderts gerieten viele private Wirtschaftssubjekte in finanzielle Schwierigkeiten. Der Schuldner hatte kurz vor der Eröffnung des Verfahrens einem seiner Gläubiger eine Hypothek bestellt zur Sicherung einer Darlehensforderung über 17.000 Mark. Der klagende Konkursverwalter begehrte nun die Anfechtung und Löschung der Hypothek unter Berufung auf eine Anfechtung nach § 23 Nr. 2 KO. Die Anfechtung der Hypothekenbestellung stand aufgrund einer vorangegangenen Entscheidung dem Grunde nach bereits rechtskräftig fest. Dieses Verfahren hatte allein noch die Frage zum Gegenstand, ob der Verwalter zusätzlich auch noch die Löschung der Hypothek verlangen konnte.

Das Reichsgericht stellte zunächst fest, dass die Praxis sich bisher mit der Feststellung der Unwirksamkeit begnügt hatte[544]. Es führte weiter aus, dass daraus aber nicht zu schließen wäre, dass der Verwalter nicht auch die Löschung verlangen könnte. Der Fall zeigt beispielhaft auf, dass das Reichsge-

542 Vgl. Motive IV, S. 108 ff.

543 RG, Urteil v. 19.01.1893, Az. VI 246/92, in: RGZ 30 (1893), S. 90-94.

544 RG, Urteil v. 19.01.1893, Az. VI 246/92, in: RGZ 30 (1893), S. 90-94, hier: S. 92.

richt es immer wieder mit neuen Erscheinungen des praktischen Lebens zu tun hatte, die einer juristischen Würdigung bedurften.

Die Lösung der Streitfrage fand das Gericht in der Auslegung des § 30 KO. Das Reichsgericht folgerte aus dem Zweck der Norm, dass der Anspruch auf die Wiederherstellung des rechtlichen und tatsächlichen Zustandes gerichtet ist, der vor der anfechtbaren Rechtshandlung bestand[545]. Die vollständige Erfüllung dieses Anspruchs erfordert demnach die Beseitigung der Hypothek. Das entscheidende Argument hierfür war der Normzweck. In diesem Sinne finden in dieser Entscheidung freilich noch keine neuen Gesichtspunkte.

Ein neuer Aspekt in der Praxis des Reichsgerichts kommt in der weiteren Urteilsbegründung zum Vorschein. Über den Normzweck hinaus stellte das Gericht fest, dass diese Auslegung nur dann gelten könnte, wenn entgegenstehende Interessen der anderen Beteiligten nicht vorhanden waren[546]. Im Wortlaut hieß es dazu:

> „[...] wenn nach Lage des konkreten Falles dem Interesse der Konkursgläubiger hiermit sicher gedient wird, und wenn nicht besondere Interessen auf der Gegenseite oder auf Seite des Gemeinschuldners stehen.“[547]

Das Reichsgericht ging einerseits von dem Grundsatz aus, dass der Schutz der Gläubiger ein wichtiges Ziel der Konkursordnung war. Für die Interessen der Gläubiger wäre in diesem Fall die Löschung der Hypothek am günstigsten gewesen. Andererseits lässt die Argumentation erkennen, dass das Reichsgericht in der Situation des Konkurses regelmäßig ein Aufeinandertreffen gegenläufiger Interessen feststellte. Die Rechtssphäre der Gläubiger hatte nach der Auffassung des Gerichts eine immanente Grenze bei den schutzwürdigen Belangen der anderen Beteiligten. Für das Reichsgericht war der gerechte Ausgleich der Interessen eine Aufgabe der Rechtsprechung. Das Gericht beendete in diesem Sinne seine Ausführungen mit der folgenden Feststellung:

> „In dieser abstrakten und formalistischen Auffassung der Bestimmungen der Konkursordnung liegt gerade der Rechtsirrtum, auf dem das angefochtene Urteil beruht.“[548]

Dieser Auszug offenbart noch einmal, dass das Reichsgericht die Aufgabe der Rechtsprechung in der angemessenen Lösung der konkreten Konflikte im Einzelfall sah. Dafür waren insbesondere die tatsächlichen Verhältnisse eine entscheidende Grundlage für die Rechtsanwendung. Außerdem richtete sich das Reichsgericht damit gegen eine Auslegung, die exklusiv am Wortlaut und

---

545 RG, Urteil v. 19.01.1893, Az. VI 246/92, in: RGZ 30 (1893), S. 90-94, hier: S. 92.
546 RG, Urteil v. 19.01.1893, Az. VI 246/92, in: RGZ 30 (1893), S. 90-94, hier: S. 93.
547 RG, Urteil v. 19.01.1893, Az. VI 246/92, in: RGZ 30 (1893), S. 90-94, hier: S. 93.
548 RG, Urteil v. 19.01.1893, Az. VI 246/92, in: RGZ 30 (1893), S. 90-94, hier: S. 93.

an dem Willen des Gesetzgebers orientiert ist[549]. Diese Methodik förderte die Realisierung eines allgemeinen Schutzzweckes. Das Gericht prüfte das Ergebnis der Auslegung mit der Maßgabe, dass dadurch für die Interessen der Beteiligten keine Gefahr entsteht.

3. Ergebnis

a) Vorrang der Gläubigerinteressen

Das Reichsgericht verwendete das Recht der Anfechtung in vielen Fällen in Übereinstimmung mit der Intention des Gesetzgebers. In einigen Entscheidungen fühlte sich das Reichsgericht ausdrücklich an den Wortlaut des Gesetzes und an den Willen des Gesetzgebers gebunden. Den Willen des Gesetzgebers ermittelte es entweder unter Bezug auf die Motive oder über die Frage des Normzwecks. Das Gericht betrachtete sich in diesen Fällen oftmals in der Rolle eines ausführenden Organs in Bezug auf den Gesetzgeber. Eine Verantwortung der Rechtsprechung unter dem Gesichtspunkt der sozialen Frage erkannte das Reichsgericht hierbei nicht[550].

Der leitende Gesichtspunkt im Recht der Anfechtung war dabei der Schutz der Gläubiger vor Vermögensschäden durch unredliche Handlungen im Vorfeld des Konkurses. Unter Berufung auf den Willen des Gesetzgebers brachte das Gericht dieses Ziel zu einer weitreichenden praktischen Geltung. Die Tatbestände der Anfechtung legte das Gericht dabei i.d.R. weit aus, um den Gläubigern umfassende Möglichkeiten der Anfechtung zu verschaffen. Der strukturelle Vorrang der Gläubigerinteressen war dadurch prinzipiell ein wirksamer Faktor in der Praxis des Rechts.

Durch die konsequente Anwendung des Anfechtungsrechts förderte die Rechtsanwendung des Reichsgerichts daneben auch die sozialpolitischen Zie-

---

549 Vgl. zum Positivismus: Wadle, Das Reichsgericht im Widerschein denkwürdiger Tage, in: JuS 19 (1979), S. 841-847; Silberschmidt, Das Reichsgericht und der Begriff des Sozialen, in: Schreiber, Die Reichsgerichtspraxis im deutschen Rechtsleben, Band 2, S. 1-24; Kleinfeller, Das Reichsgericht und die Konkursgläubiger, in: Schreiber, Die Reichsgerichtspraxis im deutschen Rechtsleben, Band 6, S. 211-325; Kaufmann, Artikel Rechtspositivismus, in: Erler/Kaufmann, Handwörterbuch zur deutschen Rechtsgeschichte, Band 4, Sp. 321-335.

550 Vgl. allgemein zur Frage einer sozialen Aufgabe der Rechtsprechung: Silberschmidt, Das Reichsgericht und der Begriff des Sozialen, in: Schreiber, Die Reichsgerichtspraxis im deutschen Rechtsleben, Band 2, S. 1-24; Kleinfeller, Das Reichsgericht und die Konkursgläubiger, in: Schreiber, Die Reichsgerichtspraxis im deutschen Rechtsleben, Band 6, S. 211-325; Buschmann, Das Reichsgericht, in: Kern/Schmidt-Recla, 125 Jahre Reichsgericht, Festschrift, S. 41-75, Baur, Sozialer Ausgleich durch Richterspruch, in: JZ 12 (1957), S. 193-197; Hedemann, Reichsgericht und Wirtschaftsrecht.

le des Gesetzgebers. Die Gesetzgebung verfolgte im Rahmen der Anfechtung u.a. das Ideal der Verlustgemeinschaft. Im Mittelpunkt der Betrachtung stand weniger der individuelle Gläubiger, sondern die Gemeinschaft der Gläubiger[551]. Das Recht der Anfechtung sollte in diesem Sinne die Entstehung von Sondervorteilen eines einzelnen Gläubigers zum Nachteil der übrigen Gläubiger verhindern[552]. Das Gericht hat das Prinzip der Verlustgemeinschaft durch die weitreichende Umsetzung des Anfechtungsrechts zur Geltung gebracht.

b) Schutz der Beteiligten

(1) Grundsatz

Darüber hinaus erkannte das Reichsgericht eine Aufgabe der Rechtsprechung in einem angemessenen Ausgleich der widerstreitenden Interessen. Das Leitmotiv war dabei die Verhinderung von übermäßigen Eingriffen in die Rechtssphäre des Einzelnen. Eine ausdrückliche Berufung auf die soziale Frage war hierbei in der Regel nicht feststellbar. Die aufgezeigte Rechtsanwendung des Gerichts bewirkte im Einzelfall aber einen Aspekt des Schutzes im Interesse des Schwächeren. Der Schutz bezog sich gleichermaßen auf den Schuldner, auf die Verwandten des Schuldners und auf die Gläubiger. Das Reichsgericht offenbarte in diesem Bereich Neutralität und Objektivität, indem es alle Beteiligten unter den geeigneten Umständen dem Grunde nach für schutzwürdig hielt.

(2) Anfechtungsgegner

Im Rahmen der Rechtsprechung zur Konkursanfechtung nach § 23 KO verstärkte das Reichsgericht zum Teil den Schutz des redlichen Anfechtungsgegners durch eine Konkretisierung der Anforderungen an die Beweisführung. Die Bösgläubigkeit desselben setzte danach hinreichend konkrete Tatsachen voraus. Eine abstrakte Gefahr vermochte nach der Ansicht des Gerichts den Verwurf nicht genügend zu begründen. Außerdem hielt das Gericht die subjektive Bewertung dieser Tatsachen seitens des Anfechtungsgegners für den relevanten Maßstab.

551 Vgl. Seuffert, Deutsches Konkursprozessrecht, § 1, S. 1 ff.

552 Vgl. zum Prinzip der Gleichheit der Gläubiger: Fitting, Das Reichs-Konkursrecht und Konkursverfahren, § 4, S. 13 ff.

(3) Schuldner

Das Reichsgericht förderte im Rahmen der Rechtsprechung zur Konkursanfechtung nach § 23 KO den Rechtskreis des Schuldners. Einige Autoren dieser Zeit waren der Meinung, dass bei zahlungsunfähigen Schuldnern grundsätzlich eine besonders große Gefahr für unredliches Handeln bestehen würde. Das Gericht stellte dagegen fest, dass allein eine erleichterte Möglichkeit der Verschleuderung noch nicht ausreichend wäre, um eine Benachteiligung der Gläubiger annehmen zu können. Im Interesse des Schuldners unterstellte das Reichsgericht gewissermaßen die Redlichkeit und konkretisierte sodann den Maßstab für den Beweis der Unredlichkeit.

Daneben stellte das Reichsgericht fest, dass in der Anfechtung dogmatisch betrachtet kein Delikt liegen sollte, sondern eine Frage der ungerechtfertigten Bereicherung. Diese Sichtweise richtete sich gegen die Konstruktion eines moralischen Unwerts. Der Konkurs war danach kein Makel mehr, welcher dem Schuldner persönlich anhaften würde. Im Konkurs stand demgegenüber die rein wirtschaftliche Abwicklung im Vordergrund.

In der Rechtsprechung zur Absichtsanfechtung nach § 24 KO erfolgte eine Förderung der Interessen des Schuldners durch eine Konkretisierung der Anforderungen an die Beweisführung. Das Reichsgericht konstatierte in diesem Zusammenhang, dass das Gesetz ausdrücklich eine Absicht der Benachteiligung voraussetzte. Diese Absicht müsste sodann aus einer Würdigung der Umstände des Einzelfalles zweifelsfrei nachweisbar sein. Das Gericht machte in dieser Hinsicht den bedingten Vorsatz zu einer Voraussetzung. Die Argumentation stand im Gegensatz zu einer verbreiteten Ansicht, die bei einem zahlungsunfähigen Schuldner grundsätzlich ein unredliches oder leichtfertiges Verhalten unterstellen wollte.

In der Frage der Folgen der Anfechtung nach § 30 KO verbesserte die Rechtsprechung des Reichsgerichts die Lage des Schuldners durch eine enge Auslegung des § 30 KO. Der Nichterwerb war grundsätzlich nicht anfechtbar. Das Recht der Gläubiger war beschränkt auf den tatsächlichen Bestand des Vermögens des Schuldners. Das Vordrängen der Gläubiger auf das Gebiet der Erwerbsaussichten blieb ohne rechtliche Anerkennung.

(4) Ehefrau

In der Rechtsprechung zur Schenkungsanfechtung nach § 25 KO erlangte die Rechtsposition der Ehefrau eine Absicherung im Konkurs. Das Gericht beschäftigte sich mit der Frage, ob aufgrund einer möglichen Unerfahrenheit in wirtschaftlichen Angelegenheiten eine Schutzbedürftigkeit der Ehefrau vorlag. Auf diese Weise kam ein Aspekt des Schutzes im Interesse des Schwächeren zum Ausdruck. Der Konkurs des Schuldners betraf die Ehefrau oftmals unmittelbar in ihrer wirtschaftlichen Grundlage.

Darüber hinaus verhinderte das Gericht eine Umgehung des Normzwecks des § 25 KO. In der Regelung des § 25 KO erkannte das Gericht einen normativ begründete Absicherung der Ehefrau für die Rückgewähr des Heiratsguts. Diesen gesetzlich intendierten Schutzzweck durfte der Verwalter nach der Rechtsprechung des Reichsgerichts nicht durch einen Rückgriff auf einen anderen Anfechtungstatbestand umgehen.

(5) Verwandte

In der Rechtsprechung zur Anfechtung nach § 24 KO findet sich ein Aspekt des Schutzes im Interesse der Verwandten des Schuldner. Das Reichsgericht beschäftigte sich in diesem Rahmen mit dem Erfordernis einer Härtefallprüfung. Die entscheidende Frage war dabei, ob in der zugrundeliegenden Fallkonstellation eine besondere Härte zulasten der Verwandten des Schuldners liegen könnte. Das Vorliegen einer besonderen Härte hat das Gericht im Ergebnis verneint, aber es zeigt sich die generelle Bereitschaft, übermäßige Härten zulasten der Beteiligten nötigenfalls zu verhindern.

c) Abwägung der Interessen

Im Zusammenhang mit der Rechtsprechung zu den Folgen der Anfechtung nach § 30 KO kann man eine allgemeine Bereitschaft zur Abwägung der Interessen erkennen. Das Gericht legte die Norm des § 30 KO zunächst weit aus, indem es sich fragte, welche Auslegung für die Rechtslage der Gläubiger am günstigsten wäre. In diesem Sinne kommt vorerst die Intention des Gesetzgebers zum Ausdruck.

Im Anschluss daran prüfte das Gericht, ob die Interessen der anderen Beteiligten diesem Ergebnis im Einzelfall nicht entgegenstanden. Die allgemeine Abwägung der Interessen war gewissermaßen eine Kontrollüberlegung für die Überprüfung der zuvor gefundenen Rechtslage. Das Ideal war dabei ein angemessener Ausgleich innerhalb des Kreises der Beteiligten. In dieser Zielsetzung wollte das Gericht unberechtigte Nachteile für einzelne Beteiligte verhindern.

III. Aussonderung

1. Bedeutung der Aussonderung

Das Recht der Aussonderung war ein häufiger Gegenstand in der Praxis des Reichsgerichts auf dem Gebiet des Konkursrechts. Das allgemeine Aussonderungsrecht nach § 35 KO und das Aussonderungsrecht des Verkäufers nach § 36 KO kamen in der Rechtsprechung gleichermaßen vielfach vor. Das Aussonderungsrecht der Ehefrau nach § 37 KO war dagegen in der Praxis des Reichsgerichts weniger wichtig.

2. Einzelne Entscheidungen

a) Das allgemeine Aussonderungsrecht (§ 35 KO)

(1) RG, 28.12.1899, VI 259/99 - Bismarck

Die Entscheidung vom 28.12.1899 (Az. VI 259/99) hatte einen für die damalige Zeit prominenten Vorfall zum Gegenstand[553]. Die Kläger waren die Kinder des zu diesem Zeitpunkt kürzlich verstorbenen Reichskanzlers Otto von Bismarck. Der Beklagte war ein Fotograf. Das Reichsgericht setzte sich in dieser Entscheidung für einen Schutz des Persönlichkeitsrechts mit den Mitteln des Konkursrechts ein.

Der Streitfall beruhte auf dem Umstand, dass der beklagte Fotograf in der auf den Tod Otto von Bismarcks folgenden Nacht in dessen Haus widerrechtlich eindrang und darin Fotos von der Leiche machte. Die Kläger verlangten daraufhin von dem Fotografen die umgehende Vernichtung der angefertigten Fotos. Über das Vermögen des Fotografen erfolgte im weiteren Verlauf die Eröffnung des Konkursverfahrens. Die Kläger verlangten nunmehr im Konkurs des Fotografen unter Berufung auf das Recht der Aussonderung die Vernichtung sämtlicher Negative, Platten und Fotos. Der Verwalter lehnte den Anspruch der Kläger ab.

Das Reichsgericht bestätigte die Verurteilung des Verwalters zur Herausgabe. Der Anspruch ist nach der Auffassung des Gerichts als ein Anspruch auf Aussonderung i.S.v. § 35 KO zu behandeln[554]. Damit verfolgte das Gericht eine weite Auslegung des Grundgedankens dieses Rechtsinstituts. Wesensbildend für dieses Instrument sollte nämlich sein, dass prinzipiell nur körperli-

553 RG, Urteil v. 28.12.1899, Az. VI 259/99, in: RGZ 45 (1899), S. 170-174.
554 RG, Urteil v. 28.12.1899, Az. VI 259/99, in: RGZ 45 (1899), S. 170-174, hier: S. 172.

che Sachen der Aussonderung unterliegen würden[555]. Es handelte sich in dieser Betrachtung um eine Konkretisierung des Eigentumsschutzes. Die Literatur am Ende des 19. Jahrhunderts hielt in diesem Sinne grundsätzlich eine enge Auslegung für die Reichweite des Aussonderungsrechts für angemessen[556].

In diesem Sinne hatte das Reichsgericht den zuvor beschriebenen Charakter des Aussonderungsrechts zunächst grundsätzlich anerkannt. Das Gericht konstatierte, dass die streitbefangenen konkreten Gegenstände eigentlich im Eigentum des Beklagten stehen[557]. Insofern würden sie dem Grunde nach nicht der Aussonderung unterliegen können. Das wäre nämlich nur dann der Fall, wenn die Kläger das Eigentum an den Negativen, Platten und Fotos zu Recht beanspruchen könnten.

Gleichwohl hielten diese Einwände das Reichsgericht nicht davon ab, ein Aussonderungsrecht der Kläger hinsichtlich der Negative, Platten und Fotos anzuerkennen. Das Gericht begründete seine Ansicht damit, dass der tatsächliche Streitgegenstand nicht die körperlichen Gegenstände im engeren Sinne wären, sondern vielmehr das auf ihnen fixierte Bild einschließlich seiner Vervielfältigungsmöglichkeit[558]. Diese ideellen Gegenstände betrachtete das Gericht als Bestandteile der Rechtssphäre der Kläger. Auf dieser Grundlage gewährte es den Klägern schließlich das Recht der Aussonderung.

Die extensive Auslegung war freilich durch den Wortlaut der Konkursordnung nicht unmittelbar gerechtfertigt. Nach § 35 KO unterlagen nur schuldnerfremde Sachen der Aussonderung, also konkrete körperliche Gegenstände, die sich im Eigentum der Kläger befinden. Zum Streitgegenstand erklärte das Reichsgericht im Unterschied dazu einen ideellen Gegenstand. Diesen ideellen Streitgegenstand behandelte das Gericht nach den Vorschriften über die Aussonderung von konkreten körperlichen Gegenständen.

Das Reichsgericht betrieb mit dieser Vorgehensweise eine Rechtsfortbildung contra legem[559]. Es konstruierte praktisch einen Schutz des Persönlich-

555 Vgl. zur Aussonderung: Jaeger, Lehrbuch des Deutschen Konkursrechts, § 16, S. 99 ff.; Jaeger/Lent, Konkursordnung, Band 1, 8. Aufl., § 43, Anm. 1, S. 598 f.

556 Vgl. zum Objekt der Aussonderung: Völderndorff, Konkursordnung für das Deutsche Reich, § 35, S. 436 ff.; Wilmowski, Deutsche Reichs-Konkursordnung, § 43, Nr. 1 ff., S. 197 ff.

557 RG, Urteil v. 28.12.1899, Az. VI 259/99, in: RGZ 45 (1899), S. 170-174, hier: S. 172.

558 RG, Urteil v. 28.12.1899, Az. VI 259/99, in: RGZ 45 (1899), S. 170-174, hier: S. 172.

559 Vgl. allgemein zur Rechtsfortbildung: Hachenburg, Die Rechtsprechung des Reichsgerichts in Zivilsachen, in: DJZ 9 (1904), Sp. 880-890; Oertmann, Gesetzeszwang und Richterfreiheit; Bülow, Gesetz und Richteramt; Hedemann, Reichsgericht und Wirtschaftsrecht; Odersky, Rechtsgeschichte und Rechtsprechung, in: DNotZ 42 (1991), S. 108-118.

keitsrechts mit den Mitteln des Konkursrechts[560]. Das Gericht begründete dieses Vorgehen wie folgt:

> „Es ist mit dem natürlichen Rechtsgefühl unvereinbar, daß jemand das unangefochten behalte, was er durch eine widerrechtliche Handlung erlangt und dem durch dieselbe in seinen Rechten Verletzten entzogen hat."[561]

Der Auszug aus den Gründen zeigt, dass das Reichsgericht sich in dieser Entscheidung nicht an die Grenzen des unmittelbaren Wortlauts gebunden fühlte[562]. Es machte sich gleichsam zu einem Anhänger der Freirechtsbewegung, indem es sich auf das natürliche Rechtsgefühl als Autorität der Rechtsfindung berief[563]. Das Gericht erkannte einen normativen Schutzbedarf und verwendete das Konkursrecht daraufhin als Instrument des Schutzes des Einzelnen durch die Rechtsgemeinschaft[564]. Das Reichsgericht postulierte dafür in seiner Argumentation allerdings nicht unmittelbar eine soziale Aufgabe des Konkursrechts, sondern stellte mit der Hinwendung zu dem Phänomen des natürlichen Rechtsgefühls das Prinzip der Gerechtigkeit in den Mittelpunkt.

Mit der Anerkennung eines Rechts zur Aussonderung förderte das Reichsgericht einen effektiven Rechtsschutz im Interesse der Kläger. Die Kläger hätten zwar auch mit den Mitteln der normalen Zivilrechtsordnung vorgehen können. Auf diesem Wege hätten sie möglicherweise ebenso einen Schutz ihrer Rechte erreichen können. Diese Vorgehensweise hätte allerdings einen Zeitverlust zur Folge gehabt, weil das Konkursverfahren zu diesem Zeitpunkt bereits eröffnet war. Aus Gründen der Prozessökonomie war es daher für die Kläger günstig, den Anspruch im Rahmen des Konkursverfahrens zu verfolgen. Ein zügiger Rechtsschutz ist bei der Verletzung von Immaterialgütern für die Wahrung der Interessen besonders wichtig. Je länger der beklagte Fotograf im Besitz der Negative, Platten und Fotos blieb, desto länger bestand die Gefahr der missbräuchlichen Verwendung. Aufgrund der zeitlichen Dimension förderte die Auslegung des Reichsgerichts die effektive Rechtsverfolgung durch die Kläger.

---

560 Vgl. allgemein zur Frage des Persönlichkeitsrechts: Pieroth/Schlink, Grundrechte, Staatsrecht II, § 8, Rn. 373 ff.

561 RG, Urteil v. 28.12.1899, Az. VI 259/99, in: RGZ 45 (1899), S. 170-174, hier: S. 173.

562 Vgl. zum Positivismus: Schlosser, Grundzüge der Neueren Privatrechtsgeschichte, S. 164 ff.; vgl. zur Interessenjurisprudenz: Schröder: Artikel Rudolf von Jhering, in: Kleinheyer/Schröder, Deutsche und europäische Juristen aus neun Jahrhunderten, S. 230-236.

563 Vgl. zur Freirechtsbewegung: Schlosser, Grundzüge der Neueren Privatrechtsgeschichte, S. 275 ff.

564 Vgl. zu den sozialen Implikationen des Rechts: Schröder: Artikel Otto von Gierke, in: Kleinheyer/Schröder, Deutsche und europäische Juristen aus neun Jahrhunderten, S. 152-158.

Es bleibt freilich die Frage offen, ob das Reichsgericht auch für weniger prominente Kläger eine vergleichbare Rechtsfortbildung betrieben hätte. Die Staatsführung hatte im 19. Jahrhundert im Allgemeinen eine große Autorität. Andererseits gibt es in der Entscheidung keinen konkreten Hinweis darauf, dass die zeitgeschichtliche Bedeutung der Betroffenen einen Einfluss auf die Entscheidungsfindung gehabt hätte. Das Gericht argumentierte in diesem Fall in grundsätzlicher Form mit allgemeinen Erwägungen der Gerechtigkeit.

(2) RG, 21.05.1895, III 55/95 - Heiratsgut II

Die Entscheidung vom 21.05.1895 (Az. III 55/95) betraf die Aussonderung des Heiratsguts unter Berufung auf § 35 KO[565]. In diesem Zusammenhang beschäftigte sich das Reichsgericht mit der Rechtslage der Ehefrau im Konkurs.

Die Ehefrau beanspruchte mit ihrer Klage im Konkurs des Ehemannes ein Recht zur Aussonderung des Heiratsguts[566]. Das Heiratsgut bestand überwiegend aus dem mütterlichen Erbteil. Die Ehefrau berief sich darauf, dass das Heiratsgut als nicht zum Vermögen des Gemeinschuldners zu betrachten wäre. Der Verwalter führte dagegen aus, dass das Heiratsgut in das Eigentum des Ehemannes übergehen würde. Nach § 35 KO wären sodann nur schuldnerfremde Sachen der Aussonderung unterworfen. Der Fall offenbart exemplarisch die gesellschaftliche Relevanz der Aussonderung. Auf der einen Seite war hier die Frage der Güterverteilung innerhalb der Familie betroffen. Auf der anderen Seite betraf die Verteilung der Güter innerhalb der Familie auch unmittelbar die Interessen der Gläubiger.

Das Reichsgericht verurteilte den Verwalter im Ergebnis zur Herausgabe des Heiratsguts. Das Gericht stellte dabei zunächst fest, dass nach gemeinem Recht im Falle des Konkurses eine persönliche Verpflichtung zur Rückgabe des Heiratsguts entsteht[567]. Allerdings musste das Gericht auch einräumen, dass es sich hierbei um einen schuldrechtlichen Anspruch handelte und das Heiratsgut nicht etwa auch sachenrechtlich ipso iure an die Ehefrau zurückfällen würde[568].

Nach diesem Befund käme also ein Aussonderungsrecht nach § 35 KO eigentlich nicht in Frage, weil die Ehefrau im formellen Sinne nicht die Eigentümerin war. Sie müsste den schuldrechtlichen Anspruch auf Rückübertragung dem Grunde nach als Konkursforderung anmelden. Anschließend wür-

565 RG, Urteil v. 21.05.1895, Az. III 55/95, in: RGZ 35 (1895), S. 77-80.
566 Vgl. allgemein zum Güterrecht: Schlüter, Familienrecht, § 12, Rn. 92 ff.
567 RG, Urteil v. 21.05.1895, Az. III 55/95, in: RGZ 35 (1895), S. 77-80, hier: S. 78.
568 RG, Urteil v. 21.05.1895, Az. III 55/95, in: RGZ 35 (1895), S. 77-80, hier: S. 78.

de sie im Verteilungsverfahren die jeweilige Konkursquote ersetzt bekommen. Wirtschaftlich würde dies bedeuten, dass die Ehefrau praktisch mittelbar mit ihrem mütterlichen Erbteil für die Verbindlichkeiten des Ehemannes haften müsste.

Dieses Lösungsmodell hielt das Reichsgericht anscheinend nicht für geeignet. Das Gericht verbesserte demgegenüber im Rahmen der Auslegung die Rechtsposition der Ehefrau im Konkurs. In den Gründen führte es dazu aus:

> „Dennoch muß der Anspruch der Klägerin für begründet erachtet werden. [...] Mag daher auch bei der Konkurseröffnung ein Dotalgegenstand noch zum Vermögen des Mannes gehören, so handelt es sich insoweit doch nur um eine formelle Zugehörigkeit, während materiellrechtlich der Gegenstand für den Gemeinschuldner und seine Gläubiger ein fremder ist, mithin der Aussonderung unterliegt.“[569]

Das Gericht entwickelte für die Lösung eine begriffliche Differenzierung zwischen dem formellen Eigentum und dem materiellen Eigentum. Für die Rechtsfindung waren weniger die formalen Rechtsverhältnisse entscheidend, sondern eine Abwägung der widerstreitenden Interessen. Nach der Ansicht des Gerichts gehörte das Heiratsgut materiell betrachtet zum Vermögen der Ehefrau, obgleich der Ehemann während des Bestehens der Ehe im formellen Sinne der Eigentümer desselben war. Die Verwertung des Heiratsguts wäre gewissermaßen ein Eingriff in die Rechtssphäre der Ehefrau zugunsten einer Vergrößerung der Masse im Interesse der Gläubiger.

Mit dieser Auslegung erweiterte das Reichsgericht die Rechtsposition der Ehefrau im Konkurs. Die Aussagerichtung dieser Sichtweise steht im Gegensatz zu dem Ziel des Gesetzgebers, die Rechte des Ehegatten im Konkurs einzuschränken[570]. Das Ziel der Gesetzgebung war vorrangig eine Sicherung für die Interessen der Gläubiger. Das Gericht modifizierte demgegenüber die vergleichsweise restriktive Haltung des Gesetzgebers und führte stattdessen eine Abwägung der Interessen durch.

(3) RG, 23.12.1899, V 233/99 - Sicherungsübereignung

Im Rahmen der Entscheidung vom 23.12.1899 (Az. V 233/99) behaupteten die Kläger das Eigentum an drei Grundstücken und verlangten die Aussonde-

569 RG, Urteil v. 21.05.1895, Az. III 55/95, in: RGZ 35 (1895), S. 77-80, hier: S. 78.

570 Vgl. zur Rechtsposition der Ehefrau bei der Aussonderung im Konkurs: Motive IV, S. 170 ff.; Völderndorff, Konkursordnung für das Deutsche Reich, § 37, S. 470 ff.; Wilmowski, Deutsche Reichs-Konkursordnung, § 45, Nr. 1 ff., S. 210 ff.

rung nach § 35 KO[571]. Der leitende Gesichtspunkt der Rechtsanwendung war das Ziel eines gerechten Ausgleichs.

Bei den Klägern handelte es sich um die Erben des ursprünglichen Eigentümers der Grundstücke. Der derzeitige Eigentümer war der Gemeinschuldner. Die Kläger führten an, der Erblasser hätte die Grundstücke nur für die Absicherung eines Darlehens an den Gemeinschuldner aufgelassen. Der beklagte Verwalter verweigerte demgegenüber die Herausgabe mit dem Argument, dass die Grundstücke wirksam in das Eigentum des Gemeinschuldners übergegangen wären.

In der modernen zivilrechtlichen Dogmatik würde man diese Fallkonstellation als Sicherungsübereignung bezeichnen[572]. Die dogmatische Differenzierung zwischen dem formellen Eigentum und dem wirtschaftlichen Eigentum hat sich inzwischen durchgesetzt[573]. Das Aussonderungsrecht des Sicherungsgebers im Konkurs des Sicherungsnehmers ist praktisch gewohnheitsrechtlich anerkannt[574].

Im 19. Jahrhundert waren die Verhältnisse freilich anders. Bedenken gegen die Akzeptanz eines sogenannten Treuhandeigentums bestanden hauptsächlich deswegen, weil es eine Umgehung des Gesetzes sein könnte[575]. Nach dem Wortlaut des § 35 KO unterlagen nämlich nur die Gegenstände der Aussonderung, die nicht im Eigentum des Schuldners standen. Durch die Sicherungsübereignung hatte nunmehr aber der Schuldner grundsätzlich das vollwirksame Eigentum an den Grundstücken erworben. Der ursprüngliche Eigentümer der Grundstücke hatte dieselben zur Sicherheit an den Schuldner übereignet. Unter der Voraussetzung der vollständigen Rückführung des Darlehens hätten die Erben allerdings einen Anspruch auf Rückübertragung des Eigentums.

Das Reichsgericht musste sich folglich mit einer umstrittenen Problemkonstellation beschäftigen. In der Praxis des Rechts erschienen immer wieder neuartige Entwicklungen, die eine juristische Bewältigung erforderlich machten. Damit war regelmäßig eine große Verantwortung für die Auswirkungen der Entscheidung auf die Betroffenen verbunden. Insbesondere Grundstücke

571 RG, Urteil v. 23.12.1899, Az. V 233/99, in: RGZ 45 (1899), S. 80-87.

572 Vgl. Prütting, Sachenrecht, § 34, Rn. 409 ff.; Vieweg/Werner, Sachenrecht, § 12, Rn. 1 ff.

573 Vgl. Meyer, Die Konkursordnung für das Deutsche Reich, § 43, Nr. 2, S. 183 f.

574 Vgl. Jauernig, Zwangsvollstreckungs- und Insolvenzrecht, § 45, S. 200 ff.; Mentzel, Konkursordnung, § 43, Anm. 4, S. 268 f.; Kuhn/Uhlenbruck, Konkursordnung, § 43, Rn. 15f, S. 719 f.

575 Vgl. zur Diskussion über die Sicherungsübereignung: Jaeger, Konkursordnung, Band 1, 5. Aufl., § 43, Anm. 38 ff., S. 671 ff.; Wolff, Die Konkursordnung, § 43, Nr. 3, S. 213 f.

hatten erfahrungsgemäß häufig einen hohen materiellen Wert. Für die Betroffenen konnte das Streitverhältnis existentielle Ausmaße annehmen.

Im Ergebnis hat das Reichsgericht den Verwalter zur Rückübertragung der Grundstücke verurteilt. Zur Begründung erklärte das Gericht eine grundsätzliche Anerkennung des fiduziarischen Eigentums als Institut der Zivilrechtsdogmatik[576]. Der Schuldner hatte folglich als Sicherungsnehmer eine Verpflichtung zur Rückauflassung, weil die gesicherte Forderung bereits erfüllt war. Die formelle Übertragung des Eigentums von dem Erblasser auf den Schuldner war nur für den Zweck des Geschäfts erforderlich gewesen. Der Schuldner hatte das Eigentum aber für Rechnung des Erblassers bzw. nunmehr seiner Erben ausgeübt.

Bemerkenswert ist in diesem Zusammenhang, dass für das Gericht nicht der Wortlaut des Gesetzes oder der Wille des Gesetzgebers die entscheidenden Argumente waren. Die Grundlage für die Entscheidung waren eher der wirtschaftlich gewollte Zweck der Parteiabrede und eine gerechte Auflösung der Interessenlage. Das Gericht beschrieb den Grundsatz seiner Argumentation wie folgt:

> „Darüber bestehen nun keine zwei Meinungen, daß eine etwaige abweichende Regelung der konkursmäßigen Behandlung von fiduziarischen Rechtsgeschäften der in Frage stehenden Art mit den Anforderungen der materiellen Gerechtigkeit nicht vereinbar wäre.“[577]

Das Reichsgericht erklärte das Primat der materiellen Gerechtigkeit zum Ziel des Rechts. Das entscheidende Kriterium der Rechtsfindung war demnach ein gerechter Ausgleich der widerstreitenden Interessen. In diesem Sinne betrachtete das Gericht die streitgegenständlichen Grundstücke unabhängig von der formalen Rechtslage in wirtschaftlicher Hinsicht als Bestandteile des Vermögens der Kläger. Die Verwertung der Grundstücke zum Nachteil der Kläger hielt das Gericht in diesem Sinne nicht für zulässig. Der Schutz des Einzelnen durch den Staat findet in diesem Fall eine dogmatische Grundlage in dem Prinzip der Gerechtigkeit.

576 RG, Urteil v. 23.12.1899, Az. V 233/99, in: RGZ 45 (1899), S. 80-87, hier: S. 81 ff.
577 RG, Urteil v. 23.12.1899, Az. V 233/99, in: RGZ 45 (1899), S. 80-87, hier: S. 84.

b) Das Aussonderungsrecht des Verkäufers (§ 36 KO)

(1) RG, 13.02.1891, II 276/90 - Zuckerhandel

Die Entscheidung vom 13.02.1891 (Az. II 276/90) betrifft das besondere Aussonderungsrecht des Verkäufers nach § 36 KO[578]. Das Reichsgericht beschäftigte sich in diesem Urteil mit dem Schutzzweck dieser Regelung.

Das Verfolgungsrecht des Verkäufers hatte im ausgehenden 19. Jahrhundert eine große praktische Relevanz. Im Zusammenhang mit der Industrialisierung erfolgte u.a. eine Revolution des Verkehrswesens[579]. Fortschritte in der Seefahrt und im Zugverkehr führten zu einem allgemeinen Aufschwung des Fernhandels. Vor diesem Hintergrund wollte der Gesetzgeber mit dem Aussonderungsrecht des Verkäufers den aufstrebenden Handel über große Entfernungen fördern.

In diesem Fall befanden sich sowohl der Käufer als auch der Verkäufer im Konkurs. Die Wirtschaftskrise war allgegenwärtig und hatte hier beide Parteien ergriffen. Der Verwalter über das Vermögen des Verkäufers klagte in diesem Prozess gegen den Verwalter über das Vermögen des Käufers.

Käufer und Verkäufer hatten einen Vertrag über die Lieferung von drei Waggons Braunschweiger Zuckerraffinade geschlossen. Bei zwei Waggons erfolgten die Lieferung und die Bezahlung ohne Probleme. Den dritten Waggon hatte der Verkäufer in der Braunschweiger Zuckerraffinerie zur Disposition des Käufers gestellt. Der Käufer ordnete daraufhin die Versendung des Zuckers an. Der Waggon befand sich anschließend allerdings weiterhin auf dem Gelände der Braunschweiger Zuckerraffinerie. Der Kläger als Verwalter im Konkurs des Verkäufers machte nunmehr ein Aussonderungsrecht nach § 36 KO hinsichtlich des dritten Waggons geltend.

Das Reichsgericht hat die Klage im Ergebnis abgewiesen. Voraussetzung für ein Aussonderungsrecht nach § 36 KO wäre danach, dass der Verkäufer die Ware an den Käufer im Wege des Fernhandels verschickt hat und die Ware noch nicht im Gewahrsam des Käufers übergegangen ist. Das Gericht stellte hierzu zunächst fest, dass der Käufer im vorliegenden Fall noch keinen Gewahrsam erlangt hatte, so dass das Verfolgungsrecht des Verkäufers aus diesem Grund prinzipiell nicht ausgeschlossen wäre[580]. Durch die bloße Anweisung der Versendung gegenüber dem Verkäufer hatte der Käufer noch keine tatsächliche Verfügungsgewalt erlangt[581]. Nach der Ansicht des Reichs-

---

578 RG, Urteil v. 13.02.1891, Az. II 276/90, in: RGZ 27 (1891), S. 84-88.

579 Vgl. zur industriellen Revolution: Wischermann/Nieberding, Die institutionelle Revolution, S. 100 ff.; Schmoeckel, Rechtsgeschichte der Wirtschaft, Rn. 100 ff.

580 RG, Urteil v. 13.02.1891, Az. II 276/90, in: RGZ 27 (1891), S. 84-88, hier: S. 85.

581 RG, Urteil v. 13.02.1891, Az. II 276/90, in: RGZ 27 (1891), S. 84-88, hier: S. 86.

gerichts lagen allerdings die tatbestandlichen Voraussetzungen eines Distanzgeschäfts deswegen nicht vor, weil ausdrücklich der Käufer die Versendung veranlasst hatte[582]. Ein Distanzgeschäft i.S.v. § 36 KO würde im Umkehrschluss nur dann vorliegen, wenn der Verkäufer die Versendung durchgeführt hätte.

Die Rechtsposition des Verkäufers hielt das Reichsgericht in dieser Fallkonstellation nicht für schutzwürdig[583]. Das Verfolgungsrecht war nach der Ansicht des Gerichts dazu bestimmt, den Verkäufer aufgrund einer unfreiwilligen Vorausleistung zu schützen. In diesem Fall hatte der Verkäufer dagegen seinen Besitz freiwillig aufgegeben, indem er den Zucker zur Disposition des Schuldners stellte. Der Verkäufer hätte nach der Meinung des Gerichts im Gegenteil auch auf eine Abholung durch den Käufer bestehen können. In den Entscheidungsgründen hieß es in diesem Zusammenhang:

> „Aber aus dem Grund des Gesetzes und aus der Natur des Verfolgungsrecht, das letztlich den Verkäufer gegen die mit der Absendung der Ware vor Empfang des Kaufpreises verbundenen Gefahren schützen soll, ergibt sich mit voller Bestimmtheit, daß § 36 nur dann Anwendung finden kann, wenn die Versendung von dem Verkäufer selbst oder doch in dessen Auftrage vorgenommen wurde, nicht auch dann, wenn der Käufer oder ein Vertreter desselben, statt die Ware am Ablieferungsorte in Empfang zu nehmen, deren Absendung anordnete."[584]

Ausgangspunkt der Betrachtung war hiernach der Normzweck des besonderen Aussonderungsrechts nach § 36 KO. Das Gericht übernahm in dieser Hinsicht die allgemeine Intention des Gesetzgebers. Für die Lösung des konkreten Problems untersuchte das Reichsgericht die individuelle wirtschaftliche Situation der Parteien. In diesem Zusammenhang gelangte die Frage nach den schutzwürdigen Belangen der Betroffenen in den Fokus der Aufmerksamkeit. Das Gericht kam auf dieser Grundlage zu der Erkenntnis, dass in der konkreten Fallkonstellation ein Schutz des Verkäufers nicht angezeigt wäre, weil der Verkäufer auf den normativ vorgesehen Schutz verzichtet hatte.

(2) RG, 11.07.1893, II 114/93 - Mehlhandel

In der Entscheidung vom 11.07.1893 (II 114/93) befasste sich das Reichsgericht ebenfalls mit dem Aussonderungsrecht des Verkäufers nach § 36 KO[585]. Im Rahmen dieses Falles kann man Erwägungen über eine eventuelle Erweiterung des Anwendungsbereichs im Wege der Analogie beobachten.

---

582 RG, Urteil v. 13.02.1891, Az. II 276/90, in: RGZ 27 (1891), S. 84-88, hier: S. 87.

583 RG, Urteil v. 13.02.1891, Az. II 276/90, in: RGZ 27 (1891), S. 84-88, hier: S. 87 f.

584 RG, Urteil v. 13.02.1891, Az. II 276/90, in: RGZ 27 (1891), S. 84-88, hier: S. 87 f.

585 RG, Urteil v. 11.07.1893, Az. II 114/93, in: RGZ 31 (1893), S. 134-139.

Der Gemeinschuldner hatte vor seiner Zahlungseinstellung zwei Lieferungen Mehl per Seedampfer von Stettin nach Köln bestellt. Die erste Lieferung war ohne Probleme angekommen. Die zweite Lieferung musste der Spediteur wegen Eisgangs in Rotterdam löschen. Der Spediteur bat daraufhin den Gemeinschuldner um Anweisung, wie mit dem Mehl weiter zu verfahren wäre. Der Gemeinschuldner ließ die Waren sodann an den Verkäufer zurückgehen. Der Verwalter klagte nunmehr gegen den Verkäufer auf Herausgabe der zweiten Lieferung zugunsten der Masse. Er verlangte die Erfüllung der Lieferverpflichtung aus dem Kaufvertrag. Der Verkäufer berief sich dagegen auf ein Aussonderungsrecht nach § 36 KO.

Dieser Fall zeigt exemplarisch, welche Bedeutung der Fernhandel im ausgehenden 19. Jahrhundert hatte. Der Seetransport über große Entfernungen war eine gängige Praxis. Der Handel über weite Distanzen war am Ende des 19. Jahrhundert ein wichtiger Teil der Wirtschaft[586]. Rechtspolitisch sollte das Aussonderungsrecht des § 36 KO in dieser Situation helfen, einen normativ begründeten Schutz für die spezifischen Risiken des Fernhandels zu etablieren[587]. Die typische Gefahr bestand üblicherweise darin, dass der Verkäufer den Besitz an der Ware aufgeben musste, ohne dass er zuvor die Bezahlung erhalten hätte. Der hier vorgestellte Fall hatte in dieser Hinsicht einen Bezug zu dem Kernbereich des Normzwecks.

Das Reichsgericht verurteilte den Verkäufer im Ergebnis zur Herausgabe. Das Gericht führte dazu aus, dass nach dem Wortlaut des Gesetzes die Rückforderung durch den Verkäufer ausgeschlossen wäre, sobald der Käufer den Gewahrsam erlangt hat[588]. Mit der Verfügungsgewalt über das Mehl hatte der Käufer nach der Ansicht des Gerichts in diesem Fall den Gewahrsam bereits erlangt. Die Verfügungsgewalt war nach der Ansicht des Gerichts mit Hilfe des Weisungsrechts gegenüber dem Spediteur auf den Käufer übergegangen. In methodischer Hinsicht findet sich in dieser Argumentation freilich nichts Neues. Die Argumentation mit dem Wortlaut des Gesetzes war eine immer wieder auftauchende Erscheinung in der Praxis des Reichsgerichts.

Bemerkenswert sind in diesem Zusammenhang aber die Überlegungen des Gerichts zu der Frage, ob zum Schutz des Verkäufers eine Analogie geboten wäre[589]. Das Gericht offenbarte damit eine grundsätzliche Bereitschaft zur Rechtsfortbildung mit dem Ziel, die normativen Intentionen zu entfalten. Im

586 Vgl. Motive IV, S. 163 ff.

587 Vgl. Motive IV, S. 163 ff.; Petersen/Kleinfeller, Konkursordnung für das Deutsche Reich, § 36, S. 184 ff.; Oetker, Das Verfolgungsrecht, § 17, S. 141 ff.; Jaeger/Lent, Konkursordnung, Band 1, 8. Aufl., § 44, Anm. 2, S. 646.

588 RG, Urteil v. 11.07.1893, Az. II 114/93, in: RGZ 31 (1893), S. 134-139, hier: S. 136 f.

589 RG, Urteil v. 11.07.1893, Az. II 114/93, in: RGZ 31 (1893), S. 134-139, hier: S. 137 f.

Ergebnis bestand in dem konkreten Fall aus der Sicht des Gerichts allerdings letztlich keine Notwendigkeit dafür. In den Gründen hieß es dazu:

> „[...] daß von einer analogen Ausdehnung dieser Gesetzesvorschrift in dieser Richtung keine Rede sein kann, hat das Oberlandesgericht mit Recht angenommen.“[590]

Das Gericht hielt den Wortlaut des § 36 KO im Rahmen dieser Entscheidung für eindeutig, weshalb eine Analogie hier nicht in Betracht kommen konnte[591]. Nach dem Wortlaut würde das Verfolgungsrecht nur während des Transports bestehen. Mit der Ablieferung in Rotterdam hätte der Spediteur nachfolgend im Auftrag des Käufers gehandelt. Die geschützte Rechtssphäre des Verkäufers hatte damit eine Begrenzung. Eine zeitliche Ausdehnung des relevanten Zeitraums widerspräche in dieser Sichtweise dem Gesetz. Daran anschließend finden sich Überlegungen zu der Frage, ob der Beklagte besondere Umstände des Einzelfalles vorgetragen hat, die eine abweichende Bewertung erforderlich machen würden. Im Ergebnis hat das Reichsgericht diese Bedingung als nicht erfüllt angesehen.

Mit der Prüfung der Notwendigkeit für eine Analogie hat das Reichsgericht konkludent den rechtspolitischen Schutzzweck der Norm übernommen. Das Gericht förderte mit dieser Vorgehensweise die praktische Wirksamkeit der normativen Intentionen. Die Rechtsfortbildung hielt man für ein Instrument, um eine effektive Realisierung des Normzwecks möglich zu machen.

(3) RG, 24.02.1883, I 539/82 - Frachtgut

Im Rahmen der Entscheidung vom 24.02.1883 (Az. I 539/82) beschäftigte sich das Reichsgericht ein weiteres Mal mit dem besonderen Aussonderungsrecht des Verkäufers nach § 36 KO[592].

In dieser Fallkonstellation hatte das Streitverhältnis eine unmittelbare Auswirkung auf verschiedene Rechtskreise. Der klagende Verkäufer verlangte von dem beklagten Spediteur die Herausgabe der verkauften Ware. Der Käufer geriet noch vor Erhalt der Ware in den Konkurs und hatte die Ware nicht bezahlt. Der Spediteur hatte seinerseits eine Forderung gegen den Käufer und verweigerte gegenüber dem Verkäufer die Herausgabe, indem er sich auf ein Zurückbehaltungsrecht berief. Zur Begründung dieser Ansicht führte er aus, dass § 36 KO dem Warenverkäufer ein Recht einräumen würden, das ungerechtfertigt in die Rechte des Spediteurs nach dem betreffenden Landesrecht und nach dem Handelsrecht eingreift. Nach diesen Vorschriften könnte der

---

590 RG, Urteil v. 11.07.1893, Az. II 114/93, in: RGZ 31 (1893), S. 134-139, hier: S. 137.
591 RG, Urteil v. 11.07.1893, Az. II 114/93, in: RGZ 31 (1893), S. 134-139, hier: S. 137.
592 RG, Urteil v. 24.02.1883, Az. I 539/82, in: RGZ 8 (1883), S. 79-86.

Spediteur wegen seiner Forderung gegen den Käufer ein Zurückbehaltungsrecht gegenüber dem Verkäufer geltend machen. Dieses Recht hielt der Spediteur durch § 36 KO für verletzt.

In dieser Situation standen sich zwei konträre Rechtspositionen gegenüber. Auf der einen Seite musste man die Regelungen der neuen Konkursordnung in Gestalt des § 36 KO anwenden. Auf der anderen Seite gab es wohlerworbene Rechte nach anderen bereits bestehenden Vorschriften. Der Gesetzgeber war generell darauf bedacht, durch die Kodifikation der Konkursordnung nicht in die bestehenden Partikularreche einzugreifen[593]. Trotz dieser Absicht war in dem hier vorgestellten Fall eine Kollisionslage entstanden.

Im Ergebnis hat das Reichsgericht den Spediteur zur Herausgabe verurteilt. Zur Begründung führte das Gericht an, dass § 36 KO nach seinem Wortlaut, seiner Entstehungsgeschichte und seiner systematischen Stellung dem Verkäufer gegenüber jedem Besitzer der Ware ein Aussonderungsrecht verschaffen wollte[594]. Das Gericht ermittelte im Wege der Auslegung, welchen Regelungsgehalt die entscheidende Norm für das betreffende Streitverhältnis hatte. In der Weiterführung dieses Gedankenganges gelangte es zu der Schlussfolgerung, dass entgegenstehende Normen des bürgerlichen Landesrechts der Anwendung einer reichsrechtlichen Norm in der Form des § 36 KO nicht entgegenstehen könnten[595]. Das höherrangige Recht verdrängte nach der Ansicht des Gerichts gewissermaßen das niederrangige Recht.

Besonders auffällig ist der weitere Gang der Entscheidungsgründe[596]. Das Reichsgericht wollte das Aussonderungsrecht nach § 36 KO nicht voraussetzungslos gewähren, sondern im Sinne einer gerechten Lastenverteilung. Das leitende Prinzip war dabei das Ideal der Gerechtigkeit. Daneben achtete das Gericht auf die wirtschaftlichen Auswirkungen für die Rechtsgemeinschaft als Ganzes. Wörtlich führte das Gericht dazu aus:

> „Diese reichsrechtlichen Normen [...] stellen in dieser Verknüpfung einen Rechtszustand her, durch welchen zugleich der Forderung eines der aequitas entsprechenden Rechtes genügt und der Warenhandel gesichert wird.“[597]

Die Argumentation beschränkte sich demnach nicht auf eine Anwendung der Norm im Sinne der Regeln der juristischen Auslegung. Das Gericht erkannte in der Norm einen darüber hinausgehenden konstitutiven Aspekt der Gerechtigkeit, der die Rechtfertigung für die Anwendung der Norm begründen sollte. Gleichzeitig kam hierin eine Grundaufgabe der Rechtsprechung zum Aus-

593 Vgl. Motive IV, S. 160 ff.
594 RG, Urteil v. 24.02.1883, Az. I 539/82, in: RGZ 8 (1883), S. 79-86, hier: S. 84.
595 RG, Urteil v. 24.02.1883, Az. I 539/82, in: RGZ 8 (1883), S. 79-86, hier: S. 84.
596 RG, Urteil v. 24.02.1883, Az. I 539/82, in: RGZ 8 (1883), S. 79-86, hier: S. 85.
597 RG, Urteil v. 24.02.1883, Az. I 539/82, in: RGZ 8 (1883), S. 79-86, hier: S. 85.

druck, nämlich der Schutz der individuellen Rechtspositionen in der Situation des Konkurses. Der folgende Auszug aus den Entscheidungsgründen möge der Veranschaulichung dienen:

> „Es ist recht und billig, daß derjenige, welcher Waren unter der gerechtfertigten Voraussetzung, daß er dafür den Gegenwert erhalten werde, im Falle diese Voraussetzung [...] wider Erwarten fortfällt, demjenigen vorgehe, welcher sich an den Waren erholen will, wegen solcher zwischen ihm und dem [...] Destinatär bestehenden Rechtsverhältnisse, welche nicht das Geringste mit demjenigen Rechtsverhältnisse zu thun haben, durch welches er den Gewahrsam an den Sachen erlangt hat."[598]

Diese Ausführungen zeigen, dass für das Gericht das Prinzip von Recht und Billigkeit der Grund dafür war, weshalb sich das Rechtsverhältnis zwischen dem Spediteur und dem Käufer nicht zulasten des Verkäufers auswirken können sollte[599]. Die rechtliche Beziehung zwischen Spediteur und dem Käufer war demnach unabhängig von der rechtlichen Beziehung zwischen dem Spediteur und dem Verkäufer. In der Sichtweise des Gerichts gab es folglich zwei eigenständige Rechtskreise. Diese Auslegung förderte hauptsächlich den Vertrauensschutz des Verkäufers.

In dieser Entscheidung brachte das Reichsgericht den Normzweck des § 36 KO in der Praxis zu einer weitreichenden Entfaltung. Als zwingende Folgewirkung blieb auf der anderen Seite der Vertrauensschutz des Spediteurs in der Wertung des Gerichts ohne Schutz. Die Auslegung des Gerichts orientierte sich in diesem Fall vorrangig an der allgemeinen Intention des Gesetzgebers. Die Auswirkungen dieser Entscheidung auf die Rechtslage des Spediteurs unterzog das Gericht keiner näheren Betrachtung.

3. Ergebnis

a) Schutz des Eigentums

Das Reichsgericht hielt den Schutz des individuellen Eigentums dem Grunde nach für eine wichtige Aufgabe. Diese Ansicht befand sich in Übereinstimmung mit der allgemeinen Zielsetzung des Gesetzgebers. Bei der Lösung der konkreten Streitfälle in der Praxis kann man das Prinzip einer dogmatischen Differenzierung zwischen dem formellen Eigentum und dem materiellen Eigentum feststellen. Das Gericht betrachtete nicht allein den formalen Rechtszustand, sondern stellte Erwägungen zu dem Problem an, welchem der Betei-

598 RG, Urteil v. 24.02.1883, Az. I 539/82, in: RGZ 8 (1883), S. 79-86, hier: S. 85.

599 Vgl. zur Kritik an dem Prinzip von Treu und Glauben in der Rechtsprechung des Reichsgerichts: Hedemann, Reichsgericht und Wirtschaftsrecht, § 17, S. 316 ff.

ligten ein bestimmter Gegenstand des Vermögens unter wirtschaftlichen Gesichtspunkten zustehen sollte.

Auf diese Weise wollte das Reichsgericht unberechtigte Eingriffe in die Rechte der Beteiligten verhindern. Die Grundlage für die Argumentation war dabei das Prinzip der Gerechtigkeit mit dem Ziel eines Ausgleichs der individuellen Interessen. In der Folge dieser Rechtsprechung unterlag nur das Vermögen der Verwertung im Konkurs, welches in wirtschaftlicher Hinsicht als Vermögen des Schuldners zu betrachten war. Vermögensgegenstände, die bei wirtschaftlicher Betrachtung einem Dritten zustanden, unterlagen im Umkehrschluss nicht der Aussonderung.

b) Rechtsposition der Ehefrau

Im Rahmen der Rechtsanwendung des Reichsgerichts kann man eine Förderung der Rechtsposition der Ehefrau des Schuldners feststellen. Das Gericht erkannte in Bezug auf das Aussonderungsrecht der Ehefrau die Notwendigkeit für eine begriffliche Differenzierung zwischen dem formellen Eigentum und dem materiellen Eigentum. Durch diese Methodik unterlagen die Vermögensgegenstände, die in wirtschaftlicher Hinsicht dem Ehegatten zustanden, unabhängig von der formellen Eigentumslage nicht der Verwertung zugunsten der Gläubiger.

Der Gesetzgeber hatte die Rechtslage der Ehefrau im Konkurs vergleichsweise ungünstig ausgestaltet. In diesem Kontext förderte die Rechtsanwendung des Gerichts eine Absicherung für die Familie des Schuldners. Dieses Anliegen hatte einen Bezug zu dem Aspekt des Schutzes im Interesse des Schwächeren. Die Ehefrau war in wirtschaftlicher Hinsicht regelmäßig in besonderem Maße von den Folgen des Konkurses betroffen.

c) Rechtsposition des Verkäufers

Bei dem besonderen Aussonderungsrecht des Verkäufer nach § 36 KO hat das Reichsgericht dem Grunde die Zielsetzung des Gesetzgebers übernommen. Der leitende Gesichtspunkt war die Förderung des Fernhandels im Interesse der Volkswirtschaft. Das Gericht brachte die rechtspolitische Intention in der Praxis des Rechts zu einer weitgehenden Entfaltung.

Darüber hinaus erkannte das Reichsgericht in dem Verfolgungsrecht des Verkäufers einen Aspekt der Gerechtigkeit. Der Verkäufer sollte sein Eigentum nicht zugunsten der Gläubiger verlieren, wenn seine Gegenleistung ausbleibt. Die Verwertung der Kaufsache zugunsten der Gläubiger würde das Gericht in diesem Falle für ungerecht halten.

Im Zusammenhang mit dem Aussonderungsrecht des Verkäufers nach § 36 KO beschäftigte sich das Reichsgericht mit dem Bedürfnis für eine Analogie. Die Analogie sollte eine Erweiterung des Anwendungsbereichs bewirken. Die Annahme einer Analogie hätte die Reichweite des Verfolgungsrechts über das normativ gewollte Ausmaß erweitert. Im Ergebnis erkannte das Gericht auf der Grundlage der konkreten Umstände des Einzelfalles allerdings keine Notwendigkeit für eine Analogie. Es zeigt sich hierin aber eine generelle Bereitschaft des Gerichts, zur möglichst weitreichenden Entfaltung der rechtspolitischen Intentionen nötigenfalls eine analoge Anwendung der Normen in Betracht zu ziehen.

d) Schutz von Immaterialgüterrechten

Das Reichsgericht verwendete das allgemeine Aussonderungsrecht nach § 35 KO teilweise contra legem[600]. In dem Wortlaut des Gesetzes erkannte man überwiegend eine Beschränkung auf körperliche Sachen. Das Gericht erweiterte den Anwendungsbereich im Gegensatz dazu auf Immaterialgüterrechte. Nach dieser Auslegung umfasste die Reichweite der Aussonderung auch das Persönlichkeitsrecht.

Mit dieser Methodik der Rechtsanwendung realisierte das Reichsgericht einen Schutz des Individuums durch die Rechtsgemeinschaft. Die Erweiterung des Anwendungsbereichs hatte dabei eine Auswirkung auf die Frage eines effektiven Rechtsschutzes. Die Rechtsverfolgung außerhalb des Konkursverfahrens hätte einen Zeitverlust zur Folge gehabt mit der dringenden Gefahr einer weiteren Beschädigung des betroffenen Rechtsguts. Die Kläger waren in dieser Situation nachdrücklich auf die Unterstützung durch die Organe der Rechtspflege angewiesen. Das Gericht führte für die Begründung seiner Vorgehensweise das natürliche Rechtsgefühl an[601]. Mit Hilfe dieser Konstruktion rechtfertigte das Reichsgericht eine Rechtsanwendung contra legem.

Der Sachverhalt betraf eine prominente Persönlichkeit der Zeitgeschichte. Fraglich könnte daher sein, ob das Gericht auch in anderen Fällen eine extensive Auslegung der Konkursordnung vorgenommen hätte. Andererseits war der persönliche Status der Betroffenen nicht in erkennbarer Weise relevant.

---

600 Vgl. zum Prinzip der freien Rechtsfindung: Wadle, Das Reichsgericht im Widerschein denkwürdiger Tage, in: JuS 19 (1979), S. 841-847; Buschmann, Das Reichsgericht, in: Kern/Schmidt-Recla, 125 Jahre Reichsgericht, Festschrift, S. 41-75.

601 Vgl. zur Aufgabe der Rechtsprechung für die Fortbildung des Rechts: Bülow, Gesetz und Richteramt.

IV. Absonderung

1. Bedeutung der Absonderung

Das Recht der Absonderung war ein häufiger Streitgegenstand in der Praxis des Reichsgerichts. Offenbar waren die Gläubiger im ausgehenden 19. Jahrhundert sehr darauf bedacht, für ihre Forderungen eine Sicherheit zu erlangen und gegebenenfalls mit gerichtlicher Hilfe durchzusetzen.

Besonders häufig kam es zu Streitfällen im Zusammenhang mit dem Absonderungsrecht des Verpächters (§ 41 Nr. 2 KO) und dem Absonderungsrecht des Vermieters (§ 41 Nr. 4 KO). Diesen beiden Bereichen der Gesellschaft lag die Wohnungsfrage bzw. die Grundstücksfrage zugrunde. Dieser Fragenkreis bildete neben der Arbeiterfrage den wichtigsten Teil der sozialen Frage im 19. Jahrhundert[602]. Die anderen Absonderungsrechte waren in der Praxis des Reichsgerichts weniger wichtig.

Bemerkenswert ist das Phänomen, dass zuweilen der Schuldner mit einem seiner Gläubiger eine rechtsgeschäftliche Abrede über Art und Ausmaß bestimmter Vorzugsrechte getroffen hatte. Der Normzweck der Konkursordnung wäre damit praktisch umgangen. Nach der Intention des Gesetzgebers sollten Vorzugsrechte im Konkurs einen restriktiven Umfang haben und nur im Rahmen der kodifizierten Fallgruppen zur Anerkennung gelangen. Parteiabreden über Vorzugsrechte waren oftmals die Ursache für gerichtliche Auseinandersetzungen.

Ein problematisches Phänomen auf dem Gebiet des Konkursrechts war die Sicherungsabtretung. Die Sicherungsabtretung war ein durch Parteiabrede geschaffenes Sicherungsrecht. Die juristische Handhabe dieser Konstruktion im Konkurs war am Ende des 19. Jahrhunderts vergleichsweise ungeklärt. Dieser Fragenkreis war ein wichtiger Gegenstand in der Praxis des Gerichts.

Häufig waren außerdem Streitfälle, die ihren Ursprung darin hatten, dass ein dem Grunde nach zur Absonderung berechtigter Gläubiger zur Steigerung seines Anteils sowohl aus dem Vorzugsrecht als auch aus der persönlichen Forderung vorgehen wollte. Diese Fallgruppe betraf die Situation der Konkursbeendigung im Wege des Vergleichs. Einzelne Gläubiger verfolgten hierbei zunächst ihre persönliche Forderung im Rahmen des Vergleichs. Im Anschluss daran machten sie ihre Forderungen sodann unter Berufung auf ihr angebliches Recht zur Absonderung weiterhin geltend.

602 Vgl. Repgen, Das Vermieterpfandrecht im Kaiserreich, in: Falk/Mohnhaupt, Das Bürgerliche Gesetzbuch und seine Richter, S. 231-280, hier: S. 231 ff.

2. Einzelne Entscheidungen

a) Verpächter (§ 41 Nr. 2 KO)

(1) RG, 29.10.1896, VI 170/96 - Inventarüberlassung

Die Entscheidung vom 29.10.1896 (Az. VI 170/96) hatte ihren Ursprung in der Frage des Pfandrechts für den Verpächter nach § 41 Nr. 2 KO[603]. Das Reichsgericht beschäftigte sich in diesem Zusammenhang mit den individuellen wirtschaftlichen Verhältnissen der Parteien.

Der Kläger hatte in diesem Fall ein Rittergut an den Schuldner verpachtet. In dem Pachtvertrag war bestimmt, dass der Pächter das Inventar als Eigentum übernimmt und bei Ende des Vertrages gleichwertige Sachen zurückgewährt. Während der Laufzeit des Pachtvertrages sollte der Pächter zur Bewirtschaftung nach ökonomischen Grundsätzen verpflichtet sein. Der Pächter gewährte aufgrund dieser Abrede dem Verpächter bei Vertragsende das Inventar zurück. Der Wert blieb aber in Höhe von 3.736,17 Mark hinter dem Wert bei Vertragsbeginn zurück. Kurze Zeit später geriet der Pächter in den Konkurs. Der Verpächter beanspruchte für seine Restforderung von 3.736,17 Mark ein Absonderungsrecht an den eingebrachten Sachen nach § 41 Nr. 2 KO. Der beklagte Verwalter machte demgegenüber geltend, dass in Bezug auf das Inventar ein selbständiger Kaufvertrag vorliegen würde, welcher von dem Pachtvertrag unabhängig sein sollte.

Der Kern des Rechtsstreits war die Frage, ob der Anspruch auf Rückgewähr des Inventars als ein Anspruch aus dem Pachtverhältnis zu behandeln wäre. Nach dem Wortlaut des § 41 Nr. 2 KO gaben nur solche Forderungen, die unmittelbar aus dem Pachtverhältnis stammten, ein Recht zur Absonderung. Der Wortlaut der Vertragsurkunde sprach in diesem Zusammenhang zunächst von einem Pachtvertrag. Der Verwalter betrachtete gleichwohl den Wortlaut des Vertrages nicht für verbindlich. Unabhängig von der Bezeichnung des Vertrags legte er die Abrede über das Inventar als einen selbständigen Kaufvertrag aus. Mit dieser Interpretation verfolgte der Verwalter das Ziel einer möglichst weitreichenden Masseerhaltung im Interesse der Gläubiger. Wenn man dem Verpächter kein Recht zur Absonderung zuerkennen würde, dann stünde das Inventar für die Vergrößerung der Masse zur Verfügung.

Das Reichsgericht verurteilte den Verwalter im Ergebnis zur Herausgabe des Inventars. Die Inventarüberlassung interpretierte das Gericht nicht als einen selbständigen Kaufvertrag, sondern als Nebenbestandteil des Pachtver-

603 RG, Urteil v. 29.10.1896, Az. VI 170/96, in: RGZ 38 (1896), S. 66-73.

trages[604]. Für die Restforderung von 3.736,17 Mark konnte der Verpächter nach dieser Entscheidung folglich ein Recht zur Absonderung beanspruchen. Die Begründung für diese Auslegung beruhte auf dem wirtschaftlichen Zweck, den die Parteien verfolgten. Der Pächter sollte im Interesse einer ordentlichen Bewirtschaftung in der Verfügung über das Inventar nicht beschränkt sein[605]. Daraus ergibt sich nach der Auslegung des Gerichts der notwendige Zusammenhang mit dem Pachtvertrag[606]. Wörtlich führte das Reichsgericht zu dieser Frage das Folgende aus:

> „Es liegt hierin eine Anerkennung der hohen wirtschaftlichen Bedeutung, welche derartige Verpachtungen dem Inventare und der Regelung der beidseitigen Rechte und Pflichten in Ansehung desselben zukommt."[607]

Bemerkenswert ist in diesem Zusammenhang, dass das Reichsgericht in seinen Überlegungen nicht von dem Wortlaut der Vertragsurkunde ausging. Das Gericht erklärte in dieser Entscheidung den wirtschaftlichen Zweck, den die Parteien mit den vertraglichen Abreden verfolgten, zu einem wichtigen Kriterium der Auslegung[608]. Das Leitmotiv war dabei die Abwägung der von den Parteien beabsichtigten Verteilung der wirtschaftlichen Risiken.

Das Gericht beachtete in diesem Kontext die aktuelle Entwicklung des Wirtschaftslebens. Die Rechtsanwendung hatte in diesem Sinne einen Bezug zu der gesellschaftlichen Realität. Das Recht sollte demnach eine Funktion für die Gestaltung der gegenwärtigen Problemfelder haben. Der folgende Auszug aus den Gründen möge diese Sichtweise veranschaulichen:

> „[...] daß in neuerer Zeit Vereinbarungen der vorliegenden Art [...] sehr häufig in Pachtverträgen getroffen werden. Die Entwicklung der wirtschaftlichen Verhältnisse hat zu dieser Gestaltung der Übernahme des Inventars geführt."[609]

Die Frage einer angemessenen Lastenverteilung hatte keinen ausdrücklichen Eingang in die Erwägungen gefunden. Auf den ersten Blick könnte dies als Begünstigung des Verpächters erscheinen, schließlich erlangte er durch die Auslegung des Reichsgerichts eine weitgehende Sicherung, ohne dass dabei die Auswirkungen für den Pächter erheblich wären. Das Gericht begründete seine Auslegung aber im Weiteren wie folgt:

---

604 RG, Urteil v. 29.10.1896, Az. VI 170/96, in: RGZ 38 (1896), S. 66-73, hier: S. 67 f.

605 RG, Urteil v. 29.10.1896, Az. VI 170/96, in: RGZ 38 (1896), S. 66-73, hier: S. 69.

606 RG, Urteil v. 29.10.1896, Az. VI 170/96, in: RGZ 38 (1896), S. 66-73, hier: S. 70.

607 RG, Urteil v. 29.10.1896, Az. VI 170/96, in: RGZ 38 (1896), S. 66-73, hier: S. 72.

608 Vgl. zur Frage des außerjuristischen Wissens: Hachenburg, Die Rechtsprechung des Reichsgerichts in Zivilsachen, in: DJZ 9 (1904), Sp. 880-890; Hedemann, Reichsgericht und Wirtschaftsrecht, § 14, S. 202 ff.

609 RG, Urteil v. 29.10.1896, Az. VI 170/96, in: RGZ 38 (1896), S. 66-73, hier: S. 72.

„Es soll hierdurch nicht bloß oder vorwiegend der Verpächter gesichert werden, sondern der Hauptzweck ist, daß der Pächter, auf welchen auch die volle Gefahr des Inventars übergeht, auch in der Verfügung über das Inventar, in der freien, durch die wirtschaftlichen Verhältnisse und Interessen geforderten Bewegung im Handel und Austausch, nicht gehindert werde."[610]

Für das Reichsgericht ging es folglich nicht um eine einseitige Privilegierung des Verpächters. Mit Hilfe einer Analyse der wirtschaftlichen Bedingungen versuchte man, einen angemessenen Ausgleich der widerstreitenden Interessen zu finden. Im Ergebnis kam das Gericht zu der Einsicht, dass in dieser Fallkonstellation die Gestaltung der vertraglichen Verhältnisse mit der wirtschaftlichen Interessenlage der Parteien übereinstimmte. Die obligatorischen Rechtsbeziehungen waren in diesem Sinne eine Konkretisierung einer angemessenen Verteilung der unterschiedlichen Chancen und Risiken.

(2) RG, 29.10.1897, III 248/97 - Mühlenpacht

In der Entscheidung vom 29.10.1897 (Az. III 248/97) ging es ebenfalls um das Pfandrecht des Verpächters nach § 41 Nr. 2 KO[611]. In diesem Fall waren die wirtschaftlichen Verhältnisse die bestimmenden Leitlinien der Argumentation.

Die Klägerin war in diesem Fall die Stadt Hildesheim. Die Stadt Hildesheim hatte an den Schuldner eine Mühle verpachtet. Für den ausstehenden Pachtzins beanspruchte die Klägerin im Konkurs des Pächters ein Recht zur Absonderung an den Müllereiprodukten. Der Verwalter lehnte die Herausgabe der Müllereiprodukte ab.

Das Problem des Falles bestand in der Abgrenzung zwischen Pacht und Miete. Nach dem Wortlaut der Konkursordnung erstreckte sich nur bei der Pacht das Recht zur Absonderung auch auf die Früchte. Ein Recht zur Absonderung in Bezug auf die Müllereiprodukte wäre in diesem Sinne also nur gegeben, wenn die Abrede zwischen den Parteien als Pachtvertrag gelten würde. Die Parteien hatten im Wortlaut der Vertragsurkunde das Wort Pacht verwendet. Zwischen der Stadt Hildesheim und dem Verwalter war nun aber streitig, ob es sich auch wirklich um ein Pachtverhältnis handelte, oder aber unabhängig vom eindeutigen Wortlaut der Vertragsurkunde in tatsächlicher Hinsicht ein Mietverhältnis vorliegen würde.

Das Reichsgericht kam zu dem Ergebnis, dass das Rechtsverhältnis zwischen den Parteien trotz der anderslautenden Bezeichnung in der Vertragsurkunde als Mietvertrag anzusehen wäre. Ein Recht zur Absonderung in Bezug

610 RG, Urteil v. 29.10.1896, Az. VI 170/96, in: RGZ 38 (1896), S. 66-73, hier: S. 72.
611 RG, Urteil v. 29.10.1897, Az. III, 248/97, in: RGZ 40 (1897), S. 23-29.

auf die Früchte bestand nach dieser Sichtweise folglich nicht. Den Wortlaut des Vertrags betrachte das Gericht im Rahmen der richterlichen Vertragsauslegung nicht als verbindlich[612].

Freilich musste das Reichsgericht einräumen, dass sich aus dem Wortlaut der Konkursordnung nicht ergibt, wie der Gesetzgeber zwischen Miete und Pacht unterscheiden wollte[613]. Auch der allgemeine Sprachgebrauch war nach seiner Auffassung unsicher und nicht in allen Rechtsgebieten gleich[614]. Die Lösung für dieses Auslegungsproblem fand das Reichsgericht schließlich in dem wirtschaftlichen Zweck, welcher dem Absonderungsrecht des Verpächters nach der Meinung des Gerichts zugrundeliegen würde[615].

Das Vorzugsrecht sollte demnach die Stundung des Pachtzinses im Falle von Missernten, Überschwemmungen oder sonstigen wirtschaftlichen Notlagen erleichtern. Daraus folgerte das Gericht, dass dieses Recht exklusiv für die Verpachtung landwirtschaftlicher Flächen gedacht sein müsste. Es erlangte seine normative Rechtfertigung durch die spezifischen Gefahren der Bodennutzung. Auf den hier vorliegenden Fall einer sogenannten Mühlenpacht könnte das Vorzugsrecht daher nach der Meinung des Gerichts keine Anwendung finden. Bei einer Mühle stand in diesem Sinne nicht die unmittelbare Bodennutzung im Vordergrund, sondern der Betrieb der Mühle.

Mit dieser Argumentation hat das Reichsgericht die sozialpolitischen Implikationen des Vorzugsrechts übernommen. Gleichzeitig beschränkte das Gericht die Anwendung dieser Regelung auf den Kernbereich des Normzwecks. In der Erwägung des Normzwecks sollte das Vorzugsrecht nur dann zur Geltung gelangen, wenn der wirtschaftliche Zweck im Einzelfall auch tatsächlich gegeben war. Das war nach der Ansicht des Gerichts in diesem konkreten Streitverhältnis nicht der Fall.

b) Vermieter (§ 41 Nr. 4 KO)

(1) RG, 08.12.1882, II 396/82 - Räumung

In der Entscheidung vom 08.12.1882 (Az. II 396/82) beschäftigte sich das Reichsgericht mit dem Absonderungsrecht des Vermieters nach § 41 Nr. 4 KO[616]. Im Rahmen dieses Streitfalles war insbesondere die Rechtsposition

612 Vgl. allgemein zur Frage der Vertragsauslegung: Brox, Allgemeiner Teil des BGB, § 6, Rn. 124 ff.

613 RG, Urteil v. 29.10.1897, Az. III, 248/97, in: RGZ 40 (1897), S. 23-29, hier: S. 26.

614 RG, Urteil v. 29.10.1897, Az. III, 248/97, in: RGZ 40 (1897), S. 23-29, hier: S. 25.

615 RG, Urteil v. 29.10.1897, Az. III, 248/97, in: RGZ 40 (1897), S. 23-29, hier: S. 26 f.

616 RG, Urteil v. 08.12.1882, Az. II 396/82, in: RGZ 8 (1882), S. 99-102.

des zahlungsunfähigen Mieters unter der Bedingung des Konkurses von Bedeutung.

Der klagende Vermieter verlangte von dem beklagten Verwalter die Herausgabe der eingebrachten Sachen des Mieters. Der Mieter hatte die Sachen bereits vor der Eröffnung des Verfahrens unbemerkt fortgeschafft. Nach dem geltenden Landesrecht konnte der Vermieter allerdings in diesem Fall die Rückschaffung verlangen. In der Situation des Konkurses war der Zugriff auf das Inventar eine Verteilungsfrage von existentieller Bedeutung. Für den Mieter war das Inventar regelmäßig ein besonders werthaltiger Teil seines Vermögens, auf dessen Besitz er für die Fortführung seiner wirtschaftlichen Existenz angewiesen war. Auf der anderen Seite hatten Vermieter gerade in Zeiten der Krise mit unredlichen Mietern und gehäuften Mietausfällen zu kämpfen. Außerdem war das heimliche Fortschaffen der Einrichtung am Ende des 19. Jahrhunderts ein weit verbreitetes Übel[617]. Der Zugriff auf das Inventar konnte dadurch zu einer substanziellen Frage für die Geschäftsgrundlage der Vermieter werden.

Das Reichsgericht lehnte im Ergebnis das Absonderungsrecht des Vermieters ab. Es führte dafür den Wortlaut des § 41 Nr. 4 KO an, demzufolge das Recht der Absonderung nur bestehen sollte, wenn die Sachen sich zum Zeitpunkt der Eröffnung noch auf dem Grundstück befanden[618]. Sodann griff das Gericht auf die Motive zurück, um die Frage zu klären, wie es sich im Falle des heimlichen Fortschaffens verhalten würde. Aus den Motiven ergibt sich danach, dass das Pfandrecht des Vermieters in diesem Fall nicht untergehen sollte[619]. Nach dem geltenden Landesrecht sollte der Vermieter außerdem einen Anspruch auf Rückschaffung haben. Eine umfassende Sicherung des Vermieters war demnach in der Ansicht des Gerichts rechtspolitisch gewollt.

Diese zuvor festgestellte rechtspolitisch gewollte Erweiterung der Rechtsposition des Vermieters setzte das Reichsgericht anschließend aber nicht in der Praxis des Rechts um. Dazu stellte das Gericht fest, dass die Erweiterung des Pfandrechts zwar nach den Motiven intendiert wäre, aber keinen eindeutigen Ausdruck im Gesetz gefunden hätte[620]. Das Gericht führte in diesem Zusammenhang das Folgende aus:

---

617 Vgl. zum sogenannten Rücken: Repgen, Das Vermieterpfandrecht im Kaiserreich, in: Falk/ Mohnhaupt, Das Bürgerliche Gesetzbuch und seine Richter, S. 231-280, hier: S. 231 ff.

618 RG, Urteil v. 08.12.1882, Az. II 396/82, in: RGZ 8 (1882), S. 99-102, hier: S. 99.

619 RG, Urteil v. 08.12.1882, Az. II 396/82, in: RGZ 8 (1882), S. 99-102, hier: S. 100.

620 RG, Urteil v. 08.12.1882, Az. II 396/82, in: RGZ 8 (1882), S. 99-102, hier: S. 100.

> „Dieser Gedanke [...] ist indes in dem Gesetze nicht zum Ausdrucke gekommen, und daher [...] anzunehmen, daß bei der Auslegung des Gesetzes nicht über seinen Wortlaut hinausgegangen werden darf."[621]

Mit dieser Auslegung widersetzte sich das Gericht der vom Gesetzgeber intendierten Erweiterung der Rechtsposition des Vermieters. Nach der Ansicht des Reichsgerichts endete die Rechtsposition des Vermieters mit der Fortschaffung des Inventars. Der Vermieter hätte danach zur Wahrung seiner Rechte die Fortschaffung des Inventars verhindern müssen. Die Begrenzung des Pfandrechts des Vermieters erschien dem Gericht in dieser Hinsicht angemessen zu sein.

Das Reichsgericht offenbarte in diesem Fall keine originäre sozialpolitische Zielsetzung. In der praktischen Folge war die Auslegung des Gerichts v.a. für den Rechtskreis der Mieter hilfreich. Die Situation der Mieter hatte in diesem Zusammenhang einen wesentlichen Bezug zu der sozialen Frage am Ende des 19. Jahrhunderts. Die Mieter befanden sich in dieser Zeit regelmäßig in einer strukturell schwächeren Lage. Allgemeine Wohnungsnot und problematische Wohnbedingungen waren zunehmend ein Massenphänomen der Gesellschaft. Die Wohnungsfrage entwickelte sich zu einem der wichtigsten Teile der sozialen Frage im ausgehenden 19. Jahrhundert[622]. Die oben aufgezeigte Rechtsanwendung war in dieser Situation eine Maßnahme, die für die wirtschaftliche Lage der Mieter nützlich war.

(2) RG, 14.02.1882, II 408/81 - Kündigung

Das Reichsgericht beschäftigte sich im Rahmen des Urteils vom 14.02.1882 (Az. II 408/81) mit der Rechtsposition des Vermieters.[623]

Der Schuldner hatte ein Gebäude für zehn Jahre gemietet. Die Mietzeit sollte am 25.09.1882 ablaufen. Am 08.05.1880 erfolgte die Eröffnung des Konkursverfahrens über das Vermögen des Mieters. Der Konkursverwalter kündigte daraufhin den bestehenden Mietvertrag zum 31.05.1880. Der Vermieter verlangte Schadensersatz für den Fall, dass er das Gebäude bis zum planmäßigen Ablauf des Vertrages nicht oder nur zu einem geringen Mietpreis anderweitig vermieten könnte. Für seinen Ersatzanspruch machte er mit seiner Klage das Absonderungsrecht des § 41 Nr. 4 KO geltend. Der Verwalter bestritt das Vorzugsrecht.

---

621 RG, Urteil v. 08.12.1882, Az. II 396/82, in: RGZ 8 (1882), S. 99-102, hier: S. 100.

622 Vgl. zur Wohnungsfrage am Ende des 19. Jahrhunderts: Repgen, Das Vermieterpfandrecht im Kaiserreich, in: Falk/Mohnhaupt, Das Bürgerliche Gesetzbuch und seine Richter, S. 231-280, hier: S. 231 ff.

623 RG, Urteil v. 14.02.1882, Az. II 408/81, in: RGZ 7 (1882), S. 19-21.

Das Reichsgericht sprach dem Vermieter das Vorzugsrecht zu. Es erkannte in dem Ersatzanspruch einen Anspruch aus dem Mietverhältnis i.S.v. § 41 Nr. 4 KO[624]. Dieses Ergebnis folgte freilich bereits aus dem Wortlaut des Gesetzes. Darin fanden neben dem Mietzins ausdrücklich auch die anderen Forderungen aus dem Mietverhältnis eine Erwähnung. Die geltend gemachten Sekundäransprüche hatten ihren Ursprung letztlich in dem Vertrag. Bei der Forderung des Vermieters handelte es sich folglich um einen vertraglichen Anspruch aus dem Mietverhältnis.

In dieser Fallkonstellation erkannte das Reichsgericht keine Notwendigkeit für eine einschränkende Auslegung, um die rechtliche Situation des Mieters zu fördern. Das Gericht brachte im Gegensatz dazu den unmittelbaren Regelungsgehalt der Norm zur Entfaltung. Das Vertrauen des Vermieters auf die Laufzeit des Vertrags und die damit verbundenen Einnahmen waren in dieser Wertung ein berechtigtes Anliegen. Das Reichsgericht verschaffte damit dem zugrundeliegenden Normzweck in der Praxis eine weitgehende Wirksamkeit.

(3) RG, 10.03.1885, II 431/84 - Untermiete

In der Entscheidung vom 10.03.1885 (Az. II 431/84) beschäftigte sich das Reichsgericht mit der Rechtsposition des Untermieters[625]. Der Untermieter war ein Unternehmer, der die betreffenden Räume für geschäftliche Zwecke von den Hauptmietern angemietet hatte. Die Klägerin war die Vermieterin der Hauptmieter. Sie machte an den eingebrachten Sachen des Untermieters im Konkurs desselben das Recht zur Absonderung nach § 41 Nr. 4 KO geltend. Der Verwalter bestritt das Recht zur Absonderung.

Ein Vertragsverhältnis der Klägerin bestand eigentlich nur zwischen der Klägerin auf der einen Seite und den Hauptmietern auf der anderen Seite. Zwischen der Klägerin und dem Untermieter gab es keine vertraglichen Beziehungen. Daher gab es eigentlich keine Anhaltspunkte für einen Anspruch der Klägerin gegen den Untermieter. Es ist wohl aber zu vermuten, dass die Klägerin in Sorge um die Mietzahlung durch die Hauptmieter war. Jedenfalls versuchte die Klägerin, ihre Forderung gegen die Hauptmieter durch einen Zugriff auf das Eigentum des Untermieters zu sichern.

Das Reichsgericht verschaffte der Klage keinen Erfolg. Es stellte dazu fest, dass der Vermieter die Absonderung nur bezüglich der eingebrachten Sachen seines eigenen Mieters beanspruchen könnte[626]. Dem Absonderungsrecht stand außerdem die Tatsache entgegen, dass der Mieter über die Sachen des

624 RG, Urteil v. 14.02.1882, Az. II 408/81, in: RGZ 7 (1882), S. 19-21, hier: S. 20.
625 RG, Urteil v. 10.03.1885, Az. II 431/84, in: RGZ 13 (1885), S. 39-41.
626 RG, Urteil v. 10.03.1885, Az. II 431/84, in: RGZ 13 (1885), S. 39-41, hier: S. 40.

Untermieters keine Verfügungsgewalt hatte[627]. Die Klägerin hatte im Übrigen nur Forderungen gegen die Hauptmieter[628]. Zu dem Untermieter stand die Klägerin dagegen nach der Ansicht des Gerichts in keinem obligatorischen Verhältnis, vermöge dessen sie Ansprüche an die Konkursmasse erheben könnte[629].

Das Gericht brachte damit freilich nur den unmittelbaren Regelungsgehalt der Konkursordnung zur Entfaltung. Nach dem maßgebenden normativen Befund bestand ausschließlich ein Pfandrecht des Vermieters an den Sachen des Mieters. Die Erweiterung auf die Sachen des Untermieters wäre über den Wortlaut des Gesetzes hinausgegangen.

Die konsequente Anwendung der gesetzlichen Regelung begrenzte in diesem Fall das Andrängen der Vermieterin. Einen Zugriff der Vermieterin auf das Eigentum des Untermieters hätte das Gericht für einen ungerechtfertigten Eingriff in die Rechte des Untermieters gehalten. Das Reichsgericht konkretisierte damit die dem Gesetz innewohnenden Schranken der Berechtigung des Vermieters.

c) Parteivereinbarungen

(1) RG, 05.03.1888, VI 29/88 - Hypothekenbrief

Die Entscheidung vom 05.03.1888 (Az. VI 29/88) betraf ein angebliches Recht zur Absonderung aufgrund einer Parteiabrede[630]. Das Reichsgericht beachtete für die Lösung des Problems in besonderer Weise die Intention des Gesetzgebers.

Der Verwalter klagte in diesem Fall gegen einen Gläubiger des Schuldners. Der beklagte Gläubiger hatte sich für die Sicherung seiner Forderung eine Hypothekenforderung von dem Gemeinschuldner verpfänden lassen. Der Verwalter hatte die Verpfändung bereits erfolgreich angefochten und verlangte nunmehr die Herausgabe des Hypothekenbriefs. Der beklagte Gläubiger berief sich dagegen auf eine Vereinbarung mit dem Schuldner, derzufolge der Gläubiger ein vertragliches Zurückbehaltungsrecht an dem Hypothekenbrief haben sollte. Das Zurückbehaltungsrecht sollte danach bis zum Wegfall des Sicherungszwecks bestehen. In dieser Abrede erkannte der beklagte Gläubiger ein Absonderungsrecht in Bezug auf den Hypothekenbrief.

Das Reichsgericht hat den Gläubiger zur Herausgabe des Hypothekenbriefes verurteilt. Die Abrede zwischen dem Gläubiger und dem Schuldner hat

627 RG, Urteil v. 10.03.1885, Az. II 431/84, in: RGZ 13 (1885), S. 39-41, hier: S. 40.
628 RG, Urteil v. 10.03.1885, Az. II 431/84, in: RGZ 13 (1885), S. 39-41, hier: S. 40.
629 RG, Urteil v. 10.03.1885, Az. II 431/84, in: RGZ 13 (1885), S. 39-41, hier: S. 40.
630 RG, Urteil v. 05.03.1888, Az. VI 29/88, in: RGZ 20 (1888), S. 133-137.

das Gericht nicht als Absonderungsrecht anerkannt. Dazu führte es aus, dass Sicherungs- und Vorzugsrechte nur im Rahmen der Konkursordnung existieren würden[631]. Vertragliche Absonderungsrechte könnten daher nach der Auffassung des Gerichts keine Anerkennung im Konkurs finden[632]. In den Entscheidungsgründen hieß es in diesem Zusammenhang wörtlich:

> „Die Konkursmasse dient danach zur gemeinschaftlichen Befriedigung der Konkursgläubiger und ist zu diesem Zwecke von dem Konkursverwalter zu verwerten […]. Sicherungs- und Vorzugsrechte aber, welche vom Gemeinschuldner einzelnen Gläubigern eingeräumt waren, verlieren mit der Konkurseröffnung ihre Bedeutung, sofern nicht ihre fortdauernde Wirksamkeit in der Konkursordnung selbst […] ausdrücklich anerkannt ist […].“[633]

Mit dieser Auslegung begrenzte das Gericht die Rechtsposition des einzelnen Gläubigers. Die Begrenzung erfolgte im kollektiven Interesse der Gemeinschaft der Gläubiger. Die vertragliche Vereinbarung von Vorzugsrechten wäre ein Widerspruch zu der allgemeinen Intention des Gesetzgebers. Das rechtspolitische Ziel im Bereich des Rechts der Absonderung bestand nämlich in einer Begrenzung der Vorzugsrechte im Interesse einer gleichmäßigen Verlustverteilung[634]. Das Reichsgericht hat in dieser Hinsicht konkludent die Intention des Gesetzgebers übernommen. Die Methodik der Auslegung begrenzte gewissermaßen die Privatautonomie, um das rechtspolitisch gewollte Prinzip der Verlustgemeinschaft in der Praxis durchzusetzen.

(2) RG, 21.01.1882, V 783/81 - Doppelspiel

In der Entscheidung vom 21.01.1882 (Az. V 783/81) befasste sich das Reichsgericht ebenfalls mit der Frage von Parteivereinbarungen im Konkursverfahren[635]. Im Mittelpunkt stand wiederum ein Streit um ein angebliches Recht zur Absonderung aufgrund einer individuellen Parteiabrede.

Der klagende Gläubiger hatte gegen den Gemeinschuldner eine Forderung in Höhe von 20.585 Mark. Der Schuldner bestellte ihm zur Sicherung eine Hypothek über 15.000 Mark. Zugleich vereinbarten der Schuldner und der klagende Gläubiger, dass derselbe sich unbeschadet der Rechte aus der Hypo-

---

631 RG, Urteil v. 05.03.1888, Az. VI 29/88, in: RGZ 20 (1888), S. 133-137, hier: S. 135.

632 RG, Urteil v. 05.03.1888, Az. VI 29/88, in: RGZ 20 (1888), S. 133-137, hier: S. 136.

633 RG, Urteil v. 05.03.1888, Az. VI 29/88, in: RGZ 20 (1888), S. 133-137, hier: S. 136.

634 Vgl. zur Intention des Gesetzgebers im Bereich der Absonderung: Motive IV, S. 184 ff.; Petersen/Kleinfeller, Konkursordnung für das Deutsche Reich, §§ 39-45, Vorbemerkungen, S. 205 ff., § 39, S. 209 ff, § 40, S. 211 ff., § 41, S. 215 ff.; Kohler, Lehrbuch des Konkursrechts, § 33, S. 155 ff.; Endemann, Das deutsche Konkursverfahren, § 61, S. 369 ff.; Völderndorff, Konkursordnung für das Deutsche Reich, Absonderung, Einleitung, S. 491 ff.

635 RG, Urteil v. 21.01.1882, Az. V 783/81, in: RGZ 6 (1882), S. 66-69.

thek wegen der gesamten Forderung an das Vermögen des Schuldners halten können sollte. Im Konkursverfahren machte der Kläger nunmehr seine gesamte Forderung geltend. Auf die Hypothek hatte der Kläger dagegen nicht zugegriffen.

Das Reichsgericht hielt die Klage im Ergebnis nicht für begründet. Es berief sich dazu auf den nach seiner Meinung klaren Wortlaut des Gesetzes[636]. Nach § 57 KO müsste danach der Absonderungsberechtigte auf die Absonderung verzichten, wenn er seine gesamte Forderung als Konkursforderung geltend machen will. Sofern der Kläger also in diesem Fall die gesamte Forderung als Konkursforderung anmelden möchte, hätte er zuvor auf die Hypothek verzichten müssen.

Der Gesetzgeber wollte mit der Norm des § 57 KO eine übermäßige Bevorzugung des absonderungsberechtigten Gläubigers verhindern. Ein Gläubiger, dessen Forderung mit einem Sicherungsrecht verbunden war, hatte in dieser Betrachtung bereits eine erheblich günstigere Rechtsposition als die übrigen Gläubiger. Es erschien dem Gesetzgeber daher unbillig, dem absonderungsberechtigten Gläubiger in Bezug auf den Zugriff auf die Masse die vollen Rechte einzuräumen. Die Abrede zwischen dem Schuldner und dem Gläubiger, derzufolge der Gläubiger unbeschadet der Rechte aus der Hypothek das Vermögen des Schuldners in Anspruch nehmen durfte, stellte somit eine Umgehung des Normzwecks dar.

Die Abrede zwischen dem Schuldner und dem Gläubiger würde in diesem Sinne dem Gedanken der Verlustgemeinschaft widersprechen. An die Stelle des gesetzlich vorgesehenen Ausgleichs wäre gewissermaßen eine Verteilung nach Parteiabrede getreten. Ein Anliegen des Gesetzgebers bestand im Gegensatz dazu in der Eingrenzung der willkürlichen und unberechenbaren Bevorzugung einzelner Gläubiger[637]. Die formlose Einräumung von Vorzugsrechten hielt man am Ende des 19. Jahrhundert vor dem Inkrafttreten der Konkursordnung für ein großes Übel des Konkursrechts.

Das Reichsgericht förderte mit dieser Entscheidung das rechtspolitische Ziel des Gesetzgebers. Das Ideal des Konkursverfahrens sollte demnach der gleichmäßige Ausgleich sein. Für dieses Ziel entzog das Gericht abweichenden Parteiabreden die rechtliche Wirksamkeit. Das Prinzip der Privatautonomie war hierdurch eingeschränkt, indem das Gericht die Normen der Konkursordnung gewissermaßen für nicht dispositiv erklärte. Wörtlich stellte das Gericht in diesem Zusammenhang das Folgende fest:

---

636 RG, Urteil v. 21.01.1882, Az. V 783/81, in: RGZ 6 (1882), S. 66-69, hier: S. 67.

637 Vgl. Motive IV, S. 184 ff.; Völderndorff, Konkursordnung für das Deutsche Reich, Absonderung, Einleitung, S. 491 ff.

> „Das Recht, die durch Hypothek oder Pfand gesicherten Gläubiger zunächst an das Pfand zu verweisen, steht nach § 57 a.a.O. den übrigen Konkursgläubigern zu, sodaß es durch Vertrag des Gemeinschuldners mit dem Absonderungsgläubiger vor dem Konkurse nicht ausgeschlossen werden kann.“[638]

In der vorliegenden Fallkonstellation erkannte das Reichsgericht, dass die im Streit stehende Parteiabrede im Ergebnis eine Vereinbarung zulasten Dritter wäre. Ein primäres Ziel der Konkursordnung sollte demgegenüber im öffentlichen Interesse eine gleichmäßige Teilnahme der Gläubiger an der Masse sein[639]. In der Erkenntnis dieses Normzwecks erklärte das Gericht die Norm des § 57 KO für zwingendes Recht.

(3) RG, 02.02.1889, I 332/88 - Sicherungsabtretung

Die Entscheidung vom 02.02.1889 (Az. I 332/88) hatte ihren Ursprung in der Frage der Absonderungsrechte im Rahmen einer Sicherungsabtretung[640]. Das Reichsgericht beschäftigte sich hierbei in grundlegender Weise mit der Handhabung der Sicherungsabtretung im Konkurs.

Der Schuldner hatte dem klagenden Gläubiger eine Forderung zur Sicherung abgetreten. Der Schuldner und der Gläubiger vereinbarten weiterhin, dass der Gläubiger im Falle des Forderungsausfalls die abgetretene Forderung verwerten sollte. Der klagende Gläubiger begehrte nun für seine Forderung zunächst seinen vollen Anteil aus der Masse. Für den dadurch nicht bezahlten Teil seiner Forderung wollte er sodann aus der zur Sicherung übertragenen Forderung vorgehen. Der beklagte Verwalter bestritt das Recht auf den vollen Anteil aus der Masse, wenn gleichzeitig die Verwertung der Sicherheit erfolgen sollte. Wenn der Kläger den vollen Anteil aus der Masse begehrt, müsste er angeblich zuvor auf sein Sicherungsrecht verzichten.

Das Ansinnen des Klägers war betriebswirtschaftlich betrachtet durchaus vorteilhaft. Er sicherte sich den maximal möglichen Anteil an der Masse und behielt das Sicherungsmittel zur Kompensation des Ausfalls zurück. Der Kläger wollte praktisch an der Verlustgemeinschaft teilnehmen und anschließend seine Forderung als Individualrecht weiterhin verfolgen. Hierin kann man erkennen, dass die einzelnen Gläubiger in Zeiten der Krise große Kreativität obwalten ließen, um sich einen Vorteil gegenüber den übrigen Gläubigern zu verschaffen. Der Kläger versuchte in diesem Fall, seine individuelle Rechtsposition zulasten der Gemeinschaft der Gläubiger zu verbessern.

---

638 RG, Urteil v. 21.01.1882, Az. V 783/81, in: RGZ 6 (1882), S. 66-69, hier: S. 67.

639 Vgl. Motive IV, S. 44 ff.; Sellert, Die Reichsjustizgesetze von 1879, in: JuS 17 (1977), S. 781-789; Seuffert, Deutsches Konkursprozessrecht, § 1, S. 1 ff.

640 RG, Urteil v. 02.02.1889, Az. I 332/88, in: RGZ 24 (1889), S. 45-54.

Der Gesetzgeber hatte im Rahmen der Normierung des Rechts der Absonderung grundsätzlich das Nebeneinander von persönlicher Forderung und Absonderungsrecht als allgemeines Problem erkannt. Für die Lösung hatte der Gesetzgeber die Norm des § 57 KO vorgesehen. Nach § 57 KO konnte ein Gläubiger seine Forderung zur Masse nur für den Betrag anmelden, zu welchem er auf abgesonderte Befriedigung verzichtet oder mit welchem er bei letzterer ausgefallen war. Das Lösungsmodell des Gesetzgebers beschrieb im Vergleich zu der Vorgehensweise des Klägers eine andere Reihenfolge. Nach der rechtspolitischen Wertung war der betreffende Gläubiger durch ein Vorzugsrechts gegenüber den übrigen Gläubigern ausreichend privilegiert. Aus diesem Grund wäre nur in der Höhe des Ausfalls seines Individualrechts eine Teilnahme an der Verlustgemeinschaft möglich gewesen.

Der Streitfall hatte seine Ursache allerdings darin, dass die Anwendbarkeit des § 57 KO auf den Fall einer Sicherungsabtretung aus der Perspektive des 19. Jahrhunderts ungeklärt war. Im 19. Jahrhundert war die Sicherungsabtretung ein vergleichsweise neuartiges Phänomen des Rechtslebens, dessen juristische Handhabe mancherlei Fragen aufwarf[641]. Die analoge Anwendung des Rechts der Absonderung und insbesondere die Anwendung des § 57 KO auf diesen Fragenkreis war deswegen keineswegs selbstverständlich.

Das Reichsgericht hat die Beteiligung des Klägers an der Masse im Ergebnis abgelehnt. Es erklärte den Normzweck des § 57 KO für die Frage der Sicherungsabtretung für entsprechend anwendbar[642]. Danach war es ein entscheidender Grundgedanke dieser Norm, die Rechte des durch ein Pfandrecht gesicherten Gläubigers zu begrenzen[643]. Die Sicherungsabtretung behandelte das Gericht folglich nach den Vorschriften über ein Pfandrecht im Konkurs. Der gesicherte Gläubiger konnte seine Forderung nicht gleichzeitig zur Masse anmelden, solange er aus der Sicherheit vorgehen wollte. Diese Regelung war nach der Ansicht des Gerichts im öffentlichen Interesse nicht durch Parteivereinbarung abdingbar[644]. In den Gründen hieß es dazu wörtlich:

> „Eine gesunde, mit den Anforderungen des natürlichen Rechtsgefühls in Einklang stehende Regelung der Kreditverhältnisse ist für das gemeine Wohl von eminenter Wichtigkeit."[645]

---

641 Vgl. zur Problematik der Sicherungsrechte: Jaeger/Lent, Konkursordnung, Band 1, 8. Aufl., Einleitung, S. LV ff.; Jaeger, Konkursordnung, Band 1, 5. Aufl., § 43, Anm. 38 ff., S. 671 ff.

642 RG, Urteil v. 02.02.1889, Az. I 332/88, in: RGZ 24 (1889), S. 45-54, hier: S. 46 f.

643 RG, Urteil v. 02.02.1889, Az. I 332/88, in: RGZ 24 (1889), S. 45-54, hier: S. 47.

644 RG, Urteil v. 02.02.1889, Az. I 332/88, in: RGZ 24 (1889), S. 45-54, hier: S. 47.

645 RG, Urteil v. 02.02.1889, Az. I 332/88, in: RGZ 24 (1889), S. 45-54, hier: S. 48.

Für die Rechtfertigung der entsprechenden Anwendung des § 57 KO berief sich das Gericht auf das natürlichen Rechtsgefühl. Das natürliche Rechtsgefühl ist freilich ein diffuser Begriff. Seine Verwendung offenbart, dass nach Ansicht des Gerichts das Ansinnen des Klägers dem Prinzip des gerechten Ausgleichs widersprochen hätte. Als Maßstab diente dem Gericht dabei der Normzweck des § 57 KO. Die zweifache Beteiligung des Klägers wäre demgemäß ein unberechtigter Sondervorteil zulasten der übrigen Gläubiger. Die Vorgehensweise des Klägers wäre ein Widerspruch zu dem Prinzip der Verlustgemeinschaft gewesen.

Außerdem erkannte das Gericht eine Gefahr für den allgemeinen Kredit. Die Argumentation richtete sich dabei auf das kollektive Wohl im Interesse der Rechtsgemeinschaft. Das Gericht konkretisierte den Verstoß gegen das Prinzip des gleichmäßigen Ausgleichs abschließend wie folgt:

> „Eine solche Gestaltung würde entschieden beeinträchtigt werden, wenn diejenigen Gläubiger, denen eine besondere Sicherheit [...] bestellt worden ist, bei demnächstigen Verfall des Schuldners in Konkurs sich, in Konkurrenz mit den nicht derartig gesicherten Gläubigern, ebenso wie letztere hinsichtlich der Befriedigung aus der Konkursmasse sollten verhalten dürfen.“[646]

Wer bereits dadurch aus der Gemeinschaft der Gläubiger hervorgehoben war, dass er eine individuelle Sicherung hatte, sollte also aus Gründen der Gerechtigkeit bei der kollektiven Verteilung der Masse zurückstehen.

Dagegen ließe sich einwenden, dass es der Geschäftstüchtigkeit des gesicherten Gläubigers geschuldet war, dass er in zweifacher Weise die Erfüllung seiner Forderung suchen konnte. Es standen hierbei letztlich zwei gegenläufige Prinzipien im Widerstreit. Auf der einen Seite stand die Autonomie des einzelnen Gläubigers. Auf der anderen Seite stand die Idee des gleichmäßigen Ausgleichs innerhalb der Gemeinschaft der Gläubiger.

Das Reichsgericht erachtete es in dieser Gemengelage im Ergebnis für unbillig, wenn der einzelne Gläubiger seine individuellen subjektiven Rechte soweit geltend machen könnte, dass die Gemeinschaft der Gläubiger dadurch einen nicht begründeten Nachteil erleiden müsste. Im Interesse des kollektiven Wohlergehens führte das Reichsgericht gewissermaßen eine immanente Schranke des subjektiven Rechts ein.

Obgleich der klagende Gläubiger also seine Rechtsposition durch eigene Geschäftstüchtigkeit grundsätzlich rechtmäßig erworben hatte, war er demnach aus höherwertigen Gründen in der konkreten Situation an der Ausübung derselben eingeschränkt[647]. Die Reichweite des privaten Rechts sollte im öf-

646 RG, Urteil v. 02.02.1889, Az. I 332/88, in: RGZ 24 (1889), S. 45-54, hier: S. 48.
647 Vgl. RG, Urteil v. 02.02.1889, Az. I 332/88, in: RGZ 24 (1889), S. 45-54, hier: S. 49.

fentlichen Interesse eine Begrenzung haben. In dieser Betrachtung war das Privatrecht gewissermaßen ein Instrument für die sozialpolitische Gestaltung der Gesellschaft[648]. Wörtlich führte das Reichsgericht in dieser Hinsicht das Folgende aus:

> „Die Annahme, daß der Gesetzgeber nur bei der einen von den beiden [...] Formen der besonderen Sicherstellung einzelner Gläubiger die im öffentlichen Interesse gebotenen Schranken des Zugriffs desselben auf die (zur gemeinschaftlichen Befriedigung aller nicht besonders gesicherter Gläubiger nach Verhältnis des Betrages ihrer Konkursforderungen bestimmte) Konkursmasse habe setzen wollen, würde den [...] schweren Vorwurf an den Gesetzgeber in sich schließen, daß derselbe (in kurzsichtiger Weise) den Keim zur Vereitelung des von ihm im Gesetze gewollten praktischen Einflusses auf die Lebensverhältnisse selbst gepflanzt, das öffentliche Interesse, welches er gegen er gegen für dasselbe nachteilige Folgen einer zu weit greifenden Geltendmachung eines privaten Interesses habe schützen wollte, in Wirklichkeit [...] wehrlos gelassen habe.“[649]

Abschließend fühlte sich das Reichsgericht in dieser Entscheidung zu einer Erwägungen über die freie Methode der Rechtsfindung veranlasst. In den Entscheidungsgründen beschrieb das Gericht diese Vorgehensweise folgendermaßen:

> „Es ist schließlich nicht des Gesetzgebers Sache, an alle juristisch-technischen Formen zu denken, vermöge welcher (einer Rechtsprechung, welche an den Buchstaben des Gesetzes haftet, gegenüber) die Ziele des Gesetzes vereitelt werden könnten. Es ist vielmehr Sache der Jurisprudenz und vor allem Pflicht der [...] Judikatur die [...] Grundprinzipien des Gesetzes zu Tage zu fördern und auf die im Leben hervortretenden, im Gesetze nicht besonders hervorgehobenen, unter das betreffende Prinzip fallende Fälle anzuwenden, namentlich aber nicht zu dulden, daß im öffentlichen Interesse wurzelnde Rechtsprinzipien in ihrer lebendigen Wirkung, sei es absichtlich vereitelt, sei es auch nur objektiv gelähmt werden [...].“[650]

Das Gericht begründete in dieser Entscheidung die Lehre von einer eigenen Verantwortung der Rechtsprechung im Gefüge der Staatsgewalten[651]. Danach

---

648 Vgl. zur sozialen Aufgabe des Rechts: Pfeiffer, Das Reichsgericht und seine Rechtsprechung, in: DRiZ 57 (1979), S. 325-332; Planck, Die soziale Tendenz des Bürgerlichen Gesetzbuchs, in: DJZ 4 (1899), S. 181-184; Fuld, Das Bürgerliche Gesetzbuch und die Sozialpolitik, in: Gruchot 35 (1891), S. 635-657; Repgen, Die soziale Aufgabe des Privatrechts.

649 RG, Urteil v. 02.02.1889, Az. I 332/88, in: RGZ 24 (1889), S. 45-54, hier: S. 49.

650 RG, Urteil v. 02.02.1889, Az. I 332/88, in: RGZ 24 (1889), S. 45-54, hier: S. 50.

651 Vgl. zur Trennung von Gesetzesanwendung und Gesetzgebung: Friedmann, Die Gerichte und die Fortbildung des Rechts, in: Friedmann, Recht und sozialer Wandel, S. 33-71; vgl. zur Frage des richterlichen Prüfungsrechts: Hirsch, Vom Kampf des Rechts gegen die Gesetze, in: AcP 175 (1975), S. 471-511; Richard, Das richterliche Prüfungsrecht, in: AöR 43 (1922), S. 267-286.

sollte die Rechtsprechung die allgemeinen Prinzipien aufgreifen, welche der Gesetzgeber in seiner Kodifikation normiert hatte. Sodann sollte es an der Rechtsprechung liegen, diese Prinzipien unter dem Gesichtspunkt des öffentlichen Wohls für die Lösung der konkreten Streitfälle in der Praxis weiterzuentwickeln.

d) Forderung und Vorzugsrecht

(1) RG, 20.12.1879, I 21/79 - Kleiderhändler

Die Entscheidung vom 20.12.1879 (Az. I 21/79) hatte ihren Ursprung darin, dass der klagende Gläubiger auf zweifache Weise vorgehen wollte[652]. Er nahm einerseits an einem Vergleich zur Beendigung des Konkurses teil. Andererseits verfolgte er im Anschluss daran seinen Anspruch gegen den Schuldner weiterhin als Konkursforderung unter Berufung auf ein angebliches Vorzugsrecht.

Gegenstand des Verfahrens war der Konkurs eines Kleiderhändlers. Der Kläger war ein Bankier, der dem Kleiderhändler ein Darlehen gewährt hatte. Zur Sicherung des Darlehens hatte der Schuldner zugunsten des Bankiers ein Pfandrecht eingeräumt. Die Beendigung des Konkursverfahrens erfolgte im Wege des Zwangsvergleichs. Nach dem Ergebnis des Vergleichs sollte jeder Gläubiger 50 % auf seine Forderung erhalten. Die übrigen 50 % der Forderung sollten als erlassen gelten. Der Vergleich fand die Zustimmung der Mehrheit der Gläubiger, so dass er kraft Gesetzes für alle Gläubiger verbindlich war. Der Kläger nahm daraufhin für seine Forderung die entsprechende Zahlung vorbehaltlos an. Im Anschluss daran wollte der Kläger wegen der übrigen 50 % seiner Forderung aus dem Pfandrecht vorgehen.

Das Reichsgericht hat die Klage im Ergebnis abgewiesen. Die vorbehaltlose Annahme der Vergleichsrate hatte nach der Ansicht des Gerichts die vollständige Tilgung der Forderung bewirkt[653]. Gerade in diesem Umstand erkannte das Gericht eine wesensbildende Eigenschaft des Zwangsvergleichs. Aufgrund der Akzessorietät ist demnach das Pfandrecht mit der Tilgung der Forderung erloschen[654]. Die Berufung auf ein etwaiges Pfandrecht war daher in diesem Fall nicht mehr möglich.

Der Kläger wehrte sich entschieden gegen diese Auslegung. Er machte insbesondere geltend, dass er mit der Annahme der Vergleichsrate auf keinen Fall den Verzicht auf das Pfandrecht erklären wollte[655]. Das besondere Prob-

652 RG, Urteil v. 20.12.1879, Az. I 21/79, in: RGZ 1 (1879), S. 183-188.
653 RG, Urteil v. 20.12.1879, Az. I 21/79, in: RGZ 1 (1879), S. 183-188, hier: S. 185.
654 RG, Urteil v. 20.12.1879, Az. I 21/79, in: RGZ 1 (1879), S. 183-188, hier: S. 185.
655 RG, Urteil v. 20.12.1879, Az. I 21/79, in: RGZ 1 (1879), S. 183-188, hier: S. 185.

lem des Falles entstand also aus dem Umstand, dass der objektive und der subjektive Tatbestand nicht übereinstimmten. Das Reichsgericht führte für seine Auslegung die folgende Begründung an:

> „Die vom Kläger […] hervorgehobene Erwägung, der Gläubiger nehme, was er nur irgend an Geld bekommen könne, erscheint nicht geeignet, die vom Gesichtspunkt der Treue und des Glaubens erforderliche Konkludenz des Schlusses zu beseitigen, daß, wenn der Gläubiger eine ihm mit einem bestimmten, für ihn erkennbaren rechtsgeschäftlichen Willen vom Schuldner dargebotene Summe ohne einen Widerspruch annimmt, er als mit jenem Willen einverstanden zu erachten ist.“[656]

Das Vorbringen des Klägers zeigt ein weiteres Mal exemplarisch auf, wie energisch die Gläubiger am Ende des 19. Jahrhunderts ihre Rechte verfolgt haben. Der Kläger hat hier nicht gezögert, zunächst die Vergleichsrate unter dem geheimen Vorbehalt der weiteren Rechtsverfolgung anzunehmen. Die Auszahlung der Vergleichsrate bedingte eigentlich den Verzicht auf die darüber hinausgehende Forderung. Unter Vorspiegelung dieser Tatsache hatte der Kläger trotz allem die Vergleichsrate angenommen, wohl wissend dass er nachfolgend aus dem Pfandrecht vorgehen wollte.

Das Reichsgericht setzte dem Andrängen des Klägers unter dem Gesichtspunkt von Treu und Glauben eine Grenze[657]. Damit schützte das Gericht das Vertrauen des Schuldners in die Absprache mit seinen Gläubigern. Außerdem förderte diese Auslegung die Anstrengungen des Schuldners für das Ziel einer ökonomischen Rehabilitation. Der Zwangsvergleich war in rechtspolitischer Hinsicht ein Instrument, mit dessen Hilfe man den wirtschaftlichen Neuanfang des Schuldners erleichtern wollte. Wenn es dem Schuldner gelang, die Mittel für eine mehrheitlich akzeptable Vergleichsrate aufzubringen, so erreichte er mit dem erfolgreichen Abschluss des Vergleichs einen Fortfall der weitergehenden Verbindlichkeiten. Mit dem Institut des Vergleichs förderte das Konkursrecht die wirtschaftliche Rehabilitation des Schuldners.

In seiner Auswirkung auf die Praxis des Rechts förderte die Beschränkung des Gläubigerrechts das Prinzip der Verlustgemeinschaft. Hierin konkretisiert sich zugleich das Leitmotiv einer gleichmäßigen Verteilung. Die zweifache Vorgehensweise des Gläubigers hielt das Reichsgericht in diesem Sinne für einen unberechtigten Sondervorteil zulasten der übrigen Gläubiger.

---

656 RG, Urteil v. 20.12.1879, Az. I 21/79, in: RGZ 1 (1879), S. 183-188, hier: S. 186.

657 Vgl. allgemein zum Prinzip von Treu und Glauben: Brox/Walker, Allgemeines Schuldrecht, § 7, Rn. 1 ff.

(2) RG, 18.09.1886, V 225/86 - Vormerkung

Im Rahmen der Entscheidung vom 18.09.1886 (Az. V 225/86) bestätigte das Reichsgericht ein weiteres Mal die Unzulässigkeit einer gleichzeitigen Vorgehensweise aus dem Vorzugsrecht und aus der Forderung[658].

Bemerkenswert ist, dass trotz der höchstrichterlichen Klärung dieser Frage in der zuvor besprochenen Entscheidung die gleiche Streitfrage noch einmal im Jahre 1886 durch alle Instanzen bis zum Reichsgericht gelangte[659]. Daraus lässt sich erkennen, dass viele Gläubiger in Zeiten der Krise mit besonderer Stringenz versucht hatten, ihre Forderungen vor dem wirtschaftlichen Verfall zu retten. Eine häufige Vorgehensweise war dabei, an einem Zwangsvergleich teilzunehmen unter dem geheimen Vorbehalt, im Anschluss noch eine weitergehende Erfüllung aus einem Sicherungsrecht zu suchen.

So lag es auch in dem hier zu besprechenden Fall. Der Gläubiger hatte am 05.09.1884 die Eintragung einer Vormerkung im Wege des Arrests erwirkt. Am 12.09.1884 erfolgte die Eröffnung des Konkursverfahrens. Die Beendigung des Verfahrens erfolgte wiederum durch einen Zwangsvergleich. Der Gläubiger nahm an den Verhandlungen teil und stimmte mit ab, ohne die Vormerkung offenzulegen. Nach dem Ergebnis des Vergleichs erhielt er eine Vergleichsrate von 40 % auf seine Forderung. Anschließend beanspruchte er für den Rest seiner Forderung ein Recht auf Absonderung unter Berufung auf die Vormerkung.

In dieser Konstellation lehnte das Reichsgericht ebenfalls die Zuerkennung eines Absonderungsrechts ab. Der Gläubiger konnte nach der Ansicht des Gerichts nicht vorerst als persönlicher Gläubiger möglichst umfangreich an der gemeinsamen Masse partizipieren und sich danach für den Restbetrag an die Absonderungsobjekte zum Zwecke der Erfüllung halten[660]. Die Teilnahme am Vergleich und die Annahme der Vergleichsrate waren nach der Meinung des Gerichts als ein Verzicht auf weitergehende Rechte auszulegen[661]. Das Gericht führte dazu aus:

> „Ein solches Verhalten der Beklagten [...] konnte der Berufungsrichter ohne Rechtsirrtum dahin auslegen, daß die Beklagten den Willen, ihre Befriedigung als Konkursgläubiger mit Aufgabe ihres Sonderrechts zu suchen, genugsam zum Ausdruck gebracht haben. Ist dies der Fall, so müssen sie sich auch der Rechtswirkung des gültig abgeschlossenen und vom Kläger erfüllten Vertrages, nämlich Ermäßigung ihrer Forderungen auf 40 Prozent, ihrerseits unterwerfen."[662]

---

658 RG, Urteil v. 18.09.1886, Az. V 225/86, in: RGZ 16 (1886), S. 68-72.

659 RG, Urteil v. 20.12.1879, Az. I 21/79, in: RGZ 1 (1879), S. 183-188.

660 RG, Urteil v. 18.09.1886, Az. V 225/86, in: RGZ 16 (1886), S. 68-72, hier: S. 70.

661 RG, Urteil v. 18.09.1886, Az. V 225/86, in: RGZ 16 (1886), S. 68-72, hier: S. 71.

662 RG, Urteil v. 18.09.1886, Az. V 225/86, in: RGZ 16 (1886), S. 68-72, hier: S. 71.

Das Gericht führte in diesem Fall eine richterliche Vertragsprüfung durch. Auf dieser Grundlage ermittelte es den Inhalt und die Reichweite der Willenserklärung im Wege der Auslegung. Dieses Vorgehen verhinderte ungerechtfertigte Nachteile zulasten der Parteien. In dieser Entscheidung betraf dies besonders die Situation des Schuldners. Die Auslegung durch das Gericht förderte das Vertrauen des Schuldners in die Abrede mit den beklagten Gläubigern sowie das damit verbundene Bemühen des Schuldners um eine wirtschaftliche Rehabilitation. Das Recht zur richterlichen Vertragsprüfung fasste das Gericht schließlich noch einmal wie folgt zusammen:

> „Der Richter ist vielmehr ungehindert, zu prüfen, ob der Wille eines Absonderungsberechtigten, sein Sonderrecht aufzugeben, und im Konkurse seine Rechte als persönlicher Gläubiger zu verfolgen, zur Geltung gelangt ist.“[663]

Der Gang der Argumentation bestätigt folglich noch einmal den Grundsatz, der auch schon in der Entscheidung vom 20.12.1879 (Az. I 21/79) leitend war[664]. Der Gläubiger musste sich auf den Rechtsschein verweisen lassen, den er durch sein Verhalten im Zuge des Vergleichs gesetzt hatte. Ein geheimer Vorbehalt mit anderem Inhalt hatte keine rechtliche Wirkung. Für das übermäßige Andrängen des einzelnen Gläubigers im Wege einer doppelten Strategie definierte das Gericht eine Begrenzung. In der Folge förderte diese Auslegung das Prinzip der Gemeinschaft der Gläubiger.

Dieses Ergebnis begründete das Gericht abschließend mit einem durch langjährige Praxis in das allgemeine Rechtsbewusstsein übergegangen Rechtsgrundsatz[665]. Eine einschlägige Norm der Konkursordnung konnte das Gericht für die Lösung des Problems nicht benennen, weil es für die vorliegende Fallkonstellation in normativer Hinsicht keine Bestimmung gab. Der allgemeine Rechtsgrundsatz hatte nach der Auffassung des Gerichts seinen Inhalt darin, dass die vorbehaltlose Annahme einer Vergleichsrate einen stillschweigenden Verzicht auf die weitergehende Forderung enthalten würde. Zu dem Argument des allgemeinen Rechtsgrundsatzes finden sich in den Gründen die folgenden Ausführungen:

> „Andererseits enthält die Reichskonkursordnung keine Vorschrift, welche darauf hindeutet, daß eine Änderung des ausgeführten, durch langjährige Rechtspraxis ins Rechtsbewußtsein übergegangenen Rechtsgrundsatzes beabsichtigt ist.“[666]

Der explizite Wortlaut war danach keine absolute Grenze der Rechtsfindung. Die Ausführungen zeigen gewissermaßen die Entwicklung einer gewohnheits-

663 RG, Urteil v. 18.09.1886, Az. V 225/86, in: RGZ 16 (1886), S. 68-72, hier: S. 71.
664 RG ,Urteil v. 20.12.1879, Az. I 21/79, in: RGZ 1 (1879), S. 183-188.
665 RG, Urteil v. 18.09.1886, Az. V 225/86, in: RGZ 16 (1886), S. 68-72, hier: S. 72.
666 RG, Urteil v. 18.09.1886, Az. V 225/86, in: RGZ 16 (1886), S. 68-72, hier: S. 72.

rechtlichen Rechtsnorm. Mit der Berufung auf das allgemeine Rechtsbewusstsein machte das Gericht die Förderung der materiellen Gerechtigkeit zu einem generellen Anliegen der Rechtsprechung auf dem Gebiet des Konkursrechts. Auf dieser Grundlage förderte das Gericht den Ausgleich der Interessen innerhalb der Gemeinschaft der Gläubiger.

3. Ergebnis

a) Prinzip der Verlustgemeinschaft

(1) Grundsatz

Das Gericht erkannte in dem Prinzip der Verlustgemeinschaft eine wichtige Funktion des Konkursrechts. In dieser Sichtweise befand es sich in Übereinstimmung mit der generellen Intention des Gesetzgebers. Außerdem betonte das Gericht in diesem Zusammenhang ein Bedürfnis für eine gesunde Gestaltung der Kreditverhältnisse. In dieser Frage sollte gleichzeitig eine Frage des öffentlichen Wohls liegen. Der Konkurs war demnach eine Angelegenheit mit Auswirkungen für die gesamte Volkswirtschaft.

(2) Beschränkung der Privatautonomie

Die Förderung des Prinzips der Verlustgemeinschaft erfolgte u.a. durch eine Einschränkung der Privatautonomie in der Situation des Konkurses. Das Reichsgericht hielt Parteiabreden über die Schaffung von Vorzugsrechten im Konkurs für nicht zulässig. Die Normen der Konkursordnung waren nach dieser Rechtsprechung zwingendes Recht. Ein Vorzugsrecht konnte nur dann eine Anerkennung finden, wenn es ausdrücklich in der Konkursordnung vorgesehen war. Sondervorteile zugunsten eines einzelnen Gläubigers aufgrund einer Parteiabrede hielt das Gericht dagegen nicht für zulässig.

(3) Begrenzung der subjektiven Rechtsmacht

Die Förderung des Prinzips der Verlustgemeinschaft erfolgte weiterhin durch eine Begrenzung der subjektiven Rechtsmacht des einzelnen Gläubigers unter der Bedingung des Konkurses. Die konkreten Fälle betrafen Situationen, in denen das Konkursverfahren im Wege des Vergleichs endete. Das Reichsgericht betrachtete in diesem Zusammenhang das doppelte Vorgehen einzelner Gläubiger im Rahmen des Vergleichs einerseits sowie aus dem Vorzugsrecht andererseits für nicht zulässig. Mit der Teilnahme an dem Vergleich entfielen danach die weitergehenden Rechte. Die Reichweite der subjektiven Rechte des einzelnen Gläubigers hatte dadurch eine immanente Grenze im Interesse der Gemeinschaft der Gläubiger.

b) Formelles und materielles Recht

In der Frage der Sicherungsabtretung war das Ideal der Verlustgemeinschaft die Grundlage der Argumentation. Dieses Rechtsinstitut war eine vergleichsweise problematische Erscheinung der zivilrechtlichen Dogmatik. Die juristische Handhabe dieses Phänomens im Konkurs war dementsprechend fraglich. Das Gericht verschaffte diesem Rechtsinstitut eine grundsätzliche Anerkennung. Dabei fanden u.a. die wirtschaftlichen Verhältnisse eine besondere Berücksichtigung. Die Sicherungsabtretung behandelte das Gericht sodann nach den Vorschriften über das Recht der Absonderung.

In diesem Zusammenhang erklärte das Gericht insbesondere die Norm des § 57 KO für entsprechend anwendbar. Danach musste ein Gläubiger, welcher mit seiner persönlichen Forderung am Konkurs teilnehmen wollte, vorher auf sein Sicherungsrecht in Gestalt der Sicherungsabtretung verzichten. Das Leitbild war in diesem Bereich das Prinzip der Verlustgemeinschaft. Die doppelte Rechtstellung des Gläubigers aufgrund der Forderung einerseits und aufgrund des Sicherungsmittels andererseits hielt das Gericht in der Situation des Konkurses nicht für angemessen.

c) Schutz des Schuldners

Das Reichsgericht förderte im Rahmen der Absonderung den Rechtskreis des Schuldners. Das Vertrauen des Schuldners in die Abrede mit seinen Gläubiger erhielt in der Praxis des Konkurses eine Anerkennung, indem das Gericht das Vertrauen des Schuldners in die Wirksamkeit eines Vergleichs schütze. Ein Gläubiger, der an dem Vergleich teilnahm, konnte sich im Anschluss an den Vergleich nicht auf ein darüber hinausgehendes Recht berufen. Vor diesem Hintergrund hielt das Reichsgericht das widersprüchliche Verhalten der betreffenden Gläubiger für nicht rechtswirksam.

d) Rechtsposition der Pächter

Im Bezug auf das Pfandrecht des Verpächters nach § 41 Nr. 2 KO übernahm das Reichsgericht im Allgemeinen den sozialpolitischen Schutzzweck dieser Norm. Danach sollte das Pfandrecht nicht nur den Verpächter privilegieren, sondern darüber hinaus auch den Rechtskreis des Pächters fördern. Die Verpächter sollten aufgrund ihres Sicherungsrechts in wirtschaftlichen Notlagen größere Nachsicht mit säumigen Pächtern haben. An dieser Intention orientierte das Reichsgericht die Auslegung und die Anwendung der Konkursordnung in der Praxis des Rechts.

e) Rechtsposition der Mieter

Das Pfandrecht des Vermieters nach § 41 Nr. 4 KO brachte das Reichsgericht größtenteils im Sinne der Intention des Gesetzgebers zur Anwendung. Der Normzweck erlangte dadurch in der Rechtspraxis eine unmittelbare Umsetzung. Das Gericht betrachtete im Einzelfall allerdings nicht immer die Ziele des Gesetzgebers als vorbehaltlose Autorität[667]. Die Reichweite des Pfandrechts des Vermieters begrenzte es im Rahmen seiner Rechtsfindung entgegen der ausdrücklichen Zielsetzung der Rechtspolitik. Danach bestand nach der Auffassung des Gerichts kein Pfandrecht zugunsten des Vermieters, wenn der Mieter die eingebrachten Sachen fortgeschafft hatte.

Die enge Fassung der Reichweite des Pfandrechts schützte das Interesse des Mieters an dem Erhalt seines Inventars. Die Auswirkungen dieser Auslegung hatten eine erhebliche Bedeutung für die akuten Probleme dieser Zeit. Die Mieter befanden sich regelmäßig in einer strukturell schwächeren Lage. Die Wohnungsfrage war am Ende des 19. Jahrhunderts ein Hauptproblem der sozialen Frage. Die wirtschaftlich angeschlagenen Mieter waren oftmals in der Situation des Konkurses zur Weiterführung ihrer wirtschaftlichen Existenz auf den Erhalt des Inventars angewiesen. Vor diesem Hintergrund kann man die Rechtsprechung des Reichsgerichts als mieterfreundlich betrachten.

V. Vorrechte

1. Bedeutung der Vorrechte

Die Vorrechte im Konkurs waren ein bedeutender Gegenstand in der Praxis des Reichsgerichts. Bei den verschiedenen Privilegien, die der Gesetzgeber anerkannt hatte, ging es im Kern um die Frage des gerechten Ausgleichs bei der Verteilung der Masse. Die Inhaber eines Vorzugsrechts hatten beim Zugriff auf die Reste des Vermögens einen individuellen Sondervorteil. Die Bevorzugung des einzelnen Gläubigers bewirkte im Umkehrschluss unmittelbar einen Nachteil zulasten der übrigen Gläubiger.

Besonders häufig waren gerichtlichen Auseinandersetzungen im Zusammenhang mit dem Vorrecht der Dienstleute (§ 54 Nr. 1 KO), dem Vorrecht

667 Vgl. zur Bedeutung der Rechtsfortbildung: Odersky, Rechtsgeschichte und Rechtsprechung, in: DNotZ 42 (1991), S. 108-118.

des Staates (§ 54 Nr. 2, 3 KO) und dem Vorrecht der Kinder (§ 54 Nr. 5 KO). Das Vorrecht der Medizinalpersonen (§ 54 Nr. 4 KO) war in der Praxis des Reichsgerichts weniger relevant.

2. Einzelne Entscheidungen

a) Dienstleute (§ 54 Nr. 1 KO)

(1) RG, 10.05.1881, III 420/81 - Ziegelmeister

Die Entscheidung vom 10.05.1881 (Az. III 420/81) hatte ihre Grundlage in einem Streit über das Vorrecht der Dienstleute nach § 54 Nr. 1 KO[668]. Es handelt sich um den in der Einleitung vorgestellten Fall. Das Gericht erweiterte in diesem Urteil die Reichweite des Vorrechts im Interesse der Arbeiter.

Der Kläger war ein Ziegelmeister, der sich gegenüber einem Ziegeleibesitzer verpflichtet hatte, den Betrieb der Ziegelei für die Kampagne des Jahres 1879 zu übernehmen. Der Ziegelmeister sollte mit etwa 50 seiner eigenen Gehilfen den Betrieb der Ziegelei vollständig durchführen. Der Ziegeleibesitzer sollte dafür als Gegenleistung eine Zahlung an den Ziegelmeister leisten. Die Auseinandersetzung mit seinen Gehilfen sollte dem Ziegelmeister überlassen bleiben.

Im Januar 1880 verfiel der Ziegeleibesitzer in den Konkurs und leistete in der Folge keine Zahlungen mehr. Für einen Rückstand von 8.093 Mark beanspruchte der klagende Ziegelmeister ein Vorrecht nach § 54 Nr. 1 KO. Der Verwalter bestritt die Berechtigung des Vorrechts.

Der rechtspolitische Hintergrund für dieses Vorrecht war der Schutz der Arbeitnehmer[669]. Dieser Befund hätte prinzipiell für die Zuerkennung einer Privilegierung sprechen können. Das besondere Problem des Falles bestand aber in der entscheidenden Tatsache, dass sich nicht die Arbeitnehmer selbst gegenüber dem Schuldner zu Diensten verpflichtet hatten. Sie hatten sich gegenüber dem Ziegelmeister verpflichtet und dieser hatte sich wiederum in Person einschließlich seiner Gehilfen gegenüber dem Schuldner verpflichtet. Die zentrale Streitfrage war deshalb, ob das Vorrecht zugunsten der Arbeiter auch in dieser speziellen Fallkonstellation gleichermaßen berechtigt wäre.

Der Gesetzgeber hatte in dieser Frage gewissermaßen nur den Normalfall geregelt, nämlich die Verdingung unmittelbar gegenüber dem Schuldner. Die

---

668 RG, Urteil v. 10.05.1881, Az. III 420/81, in: RGZ 4 (1881), S. 423-425.

669 Vgl. Motive IV, S. 235 ff.; Fuchs, Der deutsche Concursproceß, § 14, S. 71 ff.; Kohler, Lehrbuch des Konkursrechts, § 57, S. 332 ff.; Endemann, Das deutsche Konkursverfahren, § 76, S. 500 ff.; Wengler, Die Konkursordnung für das Deutsche Reich, § 54, S. 378 ff.; Mentzel, Konkursordnung, § 61, Anm. 14 ff., S. 385 ff.

Frage der mittelbaren Verpflichtung war demgegenüber bei der Kodifikation der Konkursordnung nicht relevant. Mit anderen Worten lag hier eine Form der Leiharbeit bzw. eine Form der Arbeitnehmerüberlassung vor. Die juristische Handhabe dieser Frage im Konkurs war im ausgehenden 19. Jahrhunderts ungeklärt.

Im Ergebnis hat das Reichsgericht dem Ziegelmeister das Vorrecht für die gesamte Forderung zugesprochen, d.h. also für seine eigene Entlohnung und für den Lohn seiner sämtlichen Gehilfen[670]. Das Gericht führte dazu zunächst aus, dass man im Zweifel von einer persönlichen Dienstverpflichtung ausgehen müsste[671]. Daneben wäre es allerdings keineswegs ausgeschlossen, dass ein Unternehmer auch mittelbar die Dienste dritter Personen mieten könnte[672]. Dazu stellte das Gericht im Einzelnen die folgenden Erwägungen an:

> „Ein Fall der Vermietung fremder Dienste ist in I. 25 Dig. de op. Lib. 38, 1 erwähnt, und derartige Verträge kommen im heutigen Verkehr bekanntlich vielfach vor. Die Worte des Gesetzes [...] müssen auch bezogen werden auf solche Personen, welche, wie im vorliegende Falle die Gehilfen des Klägers, sich durch Vermittlung eines Anderen demselben verdungen haben.“[673]

Das Reichsgericht verwendete in diesem Fall eine weite Auslegung, um die Reichweite des Normzwecks im Interesse der Arbeitnehmer zu definieren. Der Anwendungsbereich des Vorrechts erstreckte sich demnach auch auf die Frage der mittelbaren Dienstmiete. Das Gericht beachtete hierfür in besonderer Weise die gewandelten wirtschaftlichen Umstände der Zeit. Das häufige Vorkommen der Dienstmiete im praktischen Rechtsleben und die fehlende Normierung dieser Frage waren die Grundlage für eine extensive Interpretation des Schutzbereichs. In der Folge förderte diese Auslegung einen Aspekt der sozialen Frage in Form der Arbeiterfrage.

Das Gericht beschäftigte sich anschließend mit dem Einwand, dass die Arbeitnehmer ihre Vergütung nicht direkt ausgezahlt bekommen sollten, sondern nur indirekt über die Vermittlung durch den Ziegelmeister[674]. Im Ergebnis sollte dieser Umstand nach der Ansicht des Gerichts der Anerkennung einer Bevorzugung nicht im Wege stehen. Nach dieser Auffassung kam es auf die Person des Gläubigers nicht an, weil das Gesetz nur die Lohnforderungen im sachlichen Sinne privilegieren wollte.

Diese Auslegung entsprach nicht dem unmittelbaren Wortlaut der Konkursordnung. Nach dem Wortlaut des § 54 Nr. 1 KO müssten die Arbeiter

---

670 RG, Urteil v. 10.05.1881, Az. III 420/81, in: RGZ 4 (1881), S. 423-425, hier: S. 424 f.
671 RG, Urteil v. 10.05.1881, Az. III 420/81, in: RGZ 4 (1881), S. 423-425, hier: S. 424.
672 RG, Urteil v. 10.05.1881, Az. III 420/81, in: RGZ 4 (1881), S. 423-425, hier: S. 424.
673 RG, Urteil v. 10.05.1881, Az. III 420/81, in: RGZ 4 (1881), S. 423-425, hier: S. 424 f.
674 RG, Urteil v. 10.05.1881, Az. III 420/81, in: RGZ 4 (1881), S. 423-425, hier: S. 425.

sich direkt gegenüber dem Schuldner verdungen haben. Das Reichsgericht legte diese Vorschrift im Gegensatz dazu im Interesse Arbeiter in einer erweiterten Sichtweise aus. Für das Gericht war in dieser Hinsicht nur von Bedeutung, ob es sich in sachlicher Hinsicht um Lohnforderungen handelte. Die formalen Rechtsverhältnisse waren im Gegenzug nicht entscheidend.

Bemerkenswert ist schließlich, dass das Gericht dem Ziegelmeister auch für seinen eigenen Vergütungsanspruch eine Privilegierung zubilligte[675]. Der Ziegelmeister nahm in dieser Fallkonstellation eine vergleichsweise selbständige Tätigkeit war und entsprach nicht dem Prototyp eines abhängig Beschäftigten im Sinne des Normzwecks. Die rechtliche Dimension des Normzwecks war eine Streitfrage des Konkursrechts am Ende des 19. Jahrhunderts. Nach der Intention des Gesetzgebers fand dieses Privileg seine Legitimation ausdrücklich in dem Moment der Abhängigkeit[676]. Eine Ausdehnung auf Beschäftigte mit Leistungsfunktion wäre in diesem Sinne ein Widerspruch zu der offenkundigen Zielsetzung des Gesetzgebers[677]. Andererseits hatten einige Autoren der Zeit keine Bedenken gegen eine Ausweitung des Schutzbereichs[678].

Das Reichsgericht vertrat in dieser Frage schließlich die Ansicht, dass das Vorrecht für Dienste aller Art gelten würde, also auch bei höheren selbständigen Tätigkeiten[679]. Der Ausdruck „Lohn“ war nach der Ansicht des Gerichts im weitesten Sinne zu verstehen. Das Gericht erweiterte den Schutzbereich des Vorrechts folglich auf den größtmöglichen Bereich. Die aufgezeigte Methodik der Auslegung erweiterte in diesem Fall die Reichweite des Vorrechts über die sozialpolitische Intention des Gesetzgebers hinaus.

Die Arbeiterfrage war im ausgehenden 19. Jahrhundert ein Hauptproblem der sozialen Frage[680]. Außerhalb der Konkursordnung existierte ein Arbeitsrecht im Sinne einer Sicherung der Arbeiter nur in vergleichsweise schwacher Ausprägung[681]. Außerdem waren kollektive Sicherungssysteme am Ende des 19. Jahrhunderts kaum vorhanden. Erst die Sozialgesetzgebung in den 1880er Jahren schaffte allmählich Abhilfe, wobei der Umfang der Absicherung zu-

---

675 RG, Urteil v. 10.05.1881, Az. III 420/81, in: RGZ 4 (1881), S. 423-425, hier: S. 425.

676 Vgl. Motive IV, S. 235 ff.

677 Vgl. zum Merkmal der Abhängigkeit: Jaeger, Lehrbuch des Deutschen Konkursrechts, § 11, S. 59 ff.; Endemann, Das deutsche Konkursverfahren, § 76, S. 500 ff.

678 Vgl. Wilmowski, Deutsche Reichs-Konkursordnung, § 61, Nr. 4, S. 267 f.; Sydow, Konkursordnung, § 61, Nr. 8, S. 278 f.

679 RG, Urteil v. 10.05.1881, Az. III 420/81, in: RGZ 4 (1881), S. 423-425, hier: S. 425.

680 Vgl. zur Situation der Arbeiter im 19. Jahrhundert: Lütge, Deutsche Sozial- und Wirtschaftsgeschichte, S. 440 ff.; Wischermann/Nieberding, Die institutionelle Revolution, S. 115 ff.; Schmoeckel, Rechtsgeschichte der Wirtschaft, Rn. 297 ff.; Ritter, Arbeiter, Arbeiterbewegung und soziale Ideen.

681 Vgl. zur Geschichte des Arbeitsrechts: Dütz, Arbeitsrecht, § 1, Rn. 7 ff.

nächst noch vergleichsweise gering war[682]. Davor blieb nur eine rudimentäre Absicherung durch die Familie, die Kirche oder kommunale Unterstützungskassen[683]. In der Folge war die existenzielle Abhängigkeit der Arbeiter von der gesicherten Lohnzahlung besonders groß.

Das Reichsgericht praktizierte in diesem Kontext eine arbeitnehmerfreundliche Rechtsprechung. Die prekäre Situation der Arbeiter war am Ende des 19. Jahrhunderts ein wesentlicher Aspekt der sozialen Frage. Die Entscheidungspraxis des Gerichts förderte in dieser Situation die wirtschaftliche Existenzgrundlage der strukturell schwächeren Partei.

(2) RG, 12.01.1897, III 233/96 - Fuhrlohn

Die Entscheidung vom 12.01.1897 (Az. III 233/96) hatte ihren Ursprung ebenfalls in einem Streit über das Vorrecht der Dienstleute nach § 54 Nr. 1 KO[684]. In diesem Fall beschäftigte sich das Gericht ein weiteres Mal mit dem Anwendungsbereich der Privilegierung.

Der Gemeinschuldner war der Inhaber einer Zuckerfabrik. Der klagende Gläubiger machte für einen rückständigen Fuhrlohn das Vorrecht des § 54 Nr. 1 KO geltend. Der Verwalter bestritt das Vorrecht. Der klagende Gläubiger hatte sich durch Vertrag mit dem Schuldner zunächst für ein Jahr (beginnend am 01.07.1887) verpflichtet, alle Fuhren nach Anordnung auszuführen. Außerdem sollte er sich ständig bereithalten, um anfallende Fuhren nach entsprechender Beauftragung auszuführen. Andere Aufgaben in dem Unternehmen des Schuldners hatte er nicht. Der Kläger war nicht in den Betrieb des Beklagten integriert. Als Gegenleistung für seine Tätigkeit erhielt er einen monatlichen Fuhrlohn. Damit sollten alle Ansprüche in Bezug auf die ausgeführten Fahrten eines Monats abgegolten sein. Die Vertragsparteien verlängerten den Vertrag jeweils jährlich bis zum 01.07.1895.

Das zentrale Problem des Falles bestand abermals in der Frage der Arbeitnehmerstellung des Klägers. Die Rechtsstellung des Klägers entsprach nicht dem Prototyp eines abhängig Beschäftigten. Auf der einen Seite sollte er sich zwar ständig bereithalten, um die jeweils anstehenden Fuhren auszuführen. Auf der anderen Seite handelte er aber schließlich auf der Grundlage individueller Aufträge wie ein selbständiger Unternehmer. Die rechtliche Konstruktion könnte man als eine Rahmenvereinbarung i.V.m. mit konkreten Einzelaufträgen beschreiben.

682 Vgl. zur Sozialgesetzgebung in den 1880er Jahren: Stolleis, Geschichte des Sozialrechts, S. 52 ff.; Henning, Handbuch der Wirtschafts- und Sozialgeschichte Deutschlands, Band 2: 19. Jahrhundert, S. 1152 ff.

683 Vgl. Schmoeckel, Rechtsgeschichte der Wirtschaft, Rn. 297 ff.

684 RG, Urteil v. 12.01.1897, Az. III 233/96, in: RGZ 38 (1897), S. 113-114.

Die von den Parteien beabsichtige Regelung entsprach gewissermaßen dem Konzept der Scheinselbständigkeit. Der Kläger war formal selbständig, aber tatsächlich ausschließlich für einen bestimmten Auftraggeber tätig, nämlich für den Schuldner. Die Tätigkeit des Klägers für den Schuldner nahm außerdem die gesamte Arbeitskraft des Klägers in Anspruch.

Das Reichsgericht gewährte dem Kläger im Ergebnis das Vorrecht. Nach der Ansicht des Gerichts war das Rechtsverhältnis zwischen dem Kläger und dem Schuldner dadurch geprägt, dass der Kläger sich für die Ausführung von Fuhren dauerhaft zur Verfügung halten sollte[685]. Damit war nach der Auffassung des Gerichts die gesamte Erwerbstätigkeit des Klägers gebunden und in den Dienst der Zuckerfabrik gestellt. Unerheblich war dagegen, dass der Kläger die Stellung eines gleichberechtigten Kontrahenten hatte und das Merkmal der persönlichen Abhängigkeit fehlte[686]. Wörtlich führte das Reichsgericht in diesem Zusammenhang das Folgende aus:

> „Das Vorrecht des § 54 Ziff. 1 K.O. ist nicht an das Moment der persönlichen Unterwerfung des die Dienste Leistenden durch einen Dienstvertrag im engeren Sinne geknüpft, sondern nur an die Verpflichtung zu dauernden Diensten."[687]

Das Gericht führte keine formale Betrachtung der Rechtsverhältnisse durch, sondern erklärte die tatsächlichen Arbeitsbedingungen des Klägers zu einem entscheidenden Kriterium. Die wirtschaftliche Abhängigkeit hielt das Gericht für das entscheidende Merkmal bei der Frage der Schutzbedürftigkeit der Arbeiter. Diese Voraussetzungen waren nach der Meinung des Gerichts in diesem Fall erfüllt. Aus diesem Grund gewährte es dem Kläger das Vorrecht.

In diesem Zusammenhang offenbart sich eine übergreifende Entwicklungslinie in der Rechtsprechung des Reichsgerichts. In der zuvor besprochenen Entscheidung aus dem Jahre 1881 ging es um die Frage der Dienstmiete bzw. die Frage der Arbeitnehmerüberlassung[688]. Die hier zu besprechenden Entscheidung aus dem Jahre 1887 hatte einen Bezug zu dem Problem der Scheinselbständigkeit[689]. Bei diesen Arrangements befanden sich die Arbeiter oftmals in einer strukturell schwächeren Position[690].

---

685 RG, Urteil v. 12.01.1897, Az. III 233/96, in: RGZ 38 (1897), S. 113-114, hier: S. 114.

686 Vgl. zum Merkmal der Abhängigkeit: Sydow, Konkursordnung, § 61, Nr. 8, S. 278 f.; Warneyer, Konkursordnung, § 61, Nr. II, S. 258 ff.

687 RG, Urteil v. 12.01.1897, Az. III 233/96, in: RGZ 38 (1897), S. 113-114, hier: S. 114.

688 Vgl. RG, Urteil v. 10.05.1881, Az. III 420/81, in: RGZ 4 (1881), S. 423-425.

689 Vgl. RG, Urteil v. 12.01.1897, Az. III 233/96, in: RGZ 38 (1897), S. 113-114.

690 Vgl. zur Lage der Arbeiter im 19. Jahrhundert: Lütge, Deutsche Sozial- und Wirtschaftsgeschichte, S. 440 ff.; Wischermann/Nieberding, Die institutionelle Revolution, S. 115 ff.; Schmoeckel, Rechtsgeschichte der Wirtschaft, Rn. 297 ff.; Ritter, Arbeiter, Arbeiterbewegung und soziale Ideen.

Bei einer formalen Wirksamkeit dieser Abreden wäre der sozialpolitisch motivierte Schutz der Arbeiter praktisch wertlos. Vor diesem Hintergrund wirkte die Auslegung der Konkursordnung durch das Gericht einer Erosion des politisch gewollten Schutzzwecks entgegen. Das Gericht legte die Normen der Konkursordnung generell im Interesse der Arbeiter aus. In diesem Sinne kann man die Rechtsanwendung des Reichsgerichts als arbeitnehmerfreundlich betrachten. Im 19. Jahrhundert hatte das System der Privilegien im Konkurs dadurch eine praktische Bedeutung für die Arbeiterfrage.

b) Fiskus, öffentliche Einrichtungen (§ 54 Nr. 2, 3 KO)

(1) RG, 24.11.1880, I 814/80 - Branntweinsteuer

In der Entscheidung vom 24.11.1880 (Az. I 814/80) beschäftigte sich das Reichsgericht mit dem Vorrecht des Fiskus nach § 54 Nr. 2 KO[691]. Das entscheidende Kriterium für die Auslegung war dabei der Normzweck.

Der Gemeinschuldner betrieb eine staatlich konzessionierte Brennerei für die Herstellung von Getränken. Die zuständige Steuerbehörde gewährte ihm einen Kredit für die eigentlich sofort fällige Branntweinsteuer. Der klagende Gläubiger übernahm gegenüber dem Fiskus eine Bürgschaft für die Sicherung der kreditierten Steuerschulden.

Diese Konstruktion erleichterte dem Schuldner zunächst die wirtschaftliche Weiterführung seines Unternehmens. Der allgemeine wirtschaftliche Niedergang gefährdete im weiteren Verlauf jedoch die ordnungsgemäße Rückführung des Kredits. Die Steuerbehörde musste letztlich die Bürgschaft in Anspruch nehmen. Im Wege der Legalzession war der Kläger dadurch der neue Inhaber der Forderung. Für seinen Anspruch gegenüber dem Gemeinschuldner beanspruchte er mit seiner Klage nunmehr das Vorrecht des § 54 Nr. 2 KO. Der beklagte Verwalter bestritt demgegenüber das Vorrecht. Er machte geltend, dass die Privilegierung ausschließlich für hoheitliche Gläubiger gelten würde. Der Inhaber der Forderung war indessen aufgrund der gesetzlichen Zession eine private Person.

Die Interessenlage in dieser Fallkonstellation entsprach dem Prototyp, mit welchem der Gesetzgeber bei der Kodifikation dieses Privilegs argumentierte[692]. In Zeiten der Krise sollte der Fiskus dadurch motiviert sein, die offenen Steuerschulden zu stunden. Wenn anschließend der Konkurs ausbrach, sollte der Staat im Gegenzug privilegiert sein. Diesem Prinzip erschien der Fall hier zunächst zu entsprechen. Das besondere Problem entstand nun aber aus dem

691 RG, Urteil v. 24.11.1880, Az. I 814/80, in: RGZ 3 (1880), S. 34-54.
692 Vgl. Motive IV, S. 235 ff.

Forderungsübergang infolge der Bürgschaft. Fraglich war in dieser Situation, ob das Vorrecht des Fiskus zusammen mit der Forderung auf den neuen Inhaber übergegangen war.

Das Reichsgericht sprach sich im Ergebnis für einen Übergang des Vorrechts aus. Nach der Ansicht des Gerichts wäre es eigentlich eine dringende Aufgabe der Gesetzgebung gewesen, für diese Materie eine ausdrückliche und klare Bestimmung zu treffen[693]. Das Nichtvorhandsein einer entsprechenden Normierung führte zu einer eigenständigen Methodik der Rechtsfindung, um eine angemessene Lösung für den Streitfall zu finden. Für die Bewältigung des Problems ermittelte das Gericht den Schutzzweck des Vorrechts. Dazu führte es in den Gründen das Folgende aus:

> „[...], um nur solche Forderungen in dieser Weise zu bevorzugen, deren objektives Wesen als (nach gegenwärtigem Kulturzustande) innig mit dem öffentlichen Wohl, dem allgemeinen Verkehrs- und Kreditbedürfnisse und dem Interesse der Rechtsordnung verwachsen, erkannt wurde."[694]

Die Privilegierung des Fiskus hielt das Gericht demnach nicht für ein der Obrigkeit geschuldetes Opfer, sondern für eine Schutznorm im Interesse des Gemeinwesens. Das Vorzugsrecht haftete in diesem Sinne nicht an der Person, sondern an der Forderung selbst[695].

Auf die Frage der Berechtigung dieses Vorrechts ging das Reichsgericht in dieser Entscheidung nicht weiter ein, sondern übernahm dem Grunde nach die sozialpolitische Motivation des Gesetzgebers[696]. Den Aspekt des Schutzes führte das Gericht schließlich weiter, um daran gemessen einen Maßstab für die interessengerechte Lösung des Falles zu finden. Das Gericht erwog dazu im Weiteren das Folgende:

> „Es sprang mit größter Schärfe die Gefahr für den Staat und den Verkehr in das Auge, welche durch die Erschwerung des Vorrechtsübergangs und die dadurch entstehende Paralysierung des bereiten Willens Dritter, für die Abgabenrestanten einzutreten, entstand."[697]

Das Reichsgericht begründete in diesem Auszug aus den Gründen unter Berufung auf den Normzweck für die Frage des Vorrechtsübergangs das Bedürfnis für eine weite Auslegung. Die sozialpolitische Intention der Rechtspolitik kam durch diese Methodik in der Praxis des Rechts zu einer umfassenden Entfaltung.

---

693 RG, Urteil v. 24.11.1880, Az. I 814/80, in: RGZ 3 (1880), S. 34-54, hier: S. 41.
694 RG, Urteil v. 24.11.1880, Az. I 814/80, in: RGZ 3 (1880), S. 34-54, hier: S. 38.
695 Vgl. Aufseß, Konkursrecht und Konkursverfahren, § 27, S. 70 ff.
696 Vgl. Motive IV, S. 235 ff.
697 RG, Urteil v. 24.11.1880, Az. I 814/80, in: RGZ 3 (1880), S. 34-54, hier: S. 50 f.

Die Literatur hielt in der Folgezeit ebenfalls überwiegend einen Übergang des Vorrechts für geboten[698]. Den Grund für den Übergang des Vorrechts erkannte man in allgemeinen Grundsätzen des bürgerlichen Rechts. Danach würden Sicherungsrechte grundsätzlich zusammen mit der gesicherten Forderung übergehen. Das Reichsgericht berief sich demgegenüber nicht auf allgemeine Prinzipien des Rechts. Das Gericht hatte den rechtspolitisch intendierten Normzweck ermittelt und sich dem sozialpolitischen Ziel der Norm angeschlossen.

In den praktischen Auswirkungen schützte dieses Vorgehen unmittelbar den Rechtskreis des Bürgen. Die Bereitschaft, dem Schuldner finanziell auszuhelfen, erlangte eine Anerkennung durch die Akzeptanz eines Vorrechts. Mittelbar half diese Auslegung außerdem den Schuldnern im Allgemeinen. Durch die Hilfeleistung eines Bürgen war für den Schuldner die wirtschaftliche Weiterführung seiner Existenz möglich. In der Fernwirkung diente diese Förderung schließlich ebenso den Interessen der Gläubiger. Der Fortbestand der ökonomischen Grundlage erhöhte die Aussichten auf die Erfüllung der ausstehenden Forderung.

Das Reichsgericht stellte in dieser Hinsicht keine ausdrücklichen Erwägungen über die Förderung des Individuums an. Im Mittelpunkt der Argumentation standen der Schutz des Staates und der Schutz des Verkehrs. Diese Ziele sollten vorrangig die Interessen der Rechtsgemeinschaft als Ganzes fördern. Der Schutz des Einzelnen entfaltete sich hieraus als mittelbare Folgewirkung.

(2) RG, 11.05.1888, II 92/88 - Gebühren

Die Entscheidung vom 11.05.1888 (Az. II 92/88) betraf ebenfalls das Vorrecht des Fiskus nach § 54 Nr. 2 KO[699]. Das Gericht beschäftigte sich in diesem Zusammenhang ein weiteres Mal mit der Frage des Normzwecks.

Der Schuldner war ein Gastwirt. Wegen der Durchführung geschäftlicher Transaktionen machte der badische Fiskus im Konkurs des Schuldners Forderungen aus Kaufbriefgebühren und aus Notariatsgebühren geltend. Mit der Klage beanspruchte er für seine Forderungen ein Vorrecht nach § 54 Nr. 2 KO. Der Verwalter verweigerte die Anerkennung des Vorrechts.

Das Reichsgericht verneinte in diesem Fall das Vorrecht des badischen Fiskus. Im Kern ging es dabei um die Auslegung des Begriffs der „öffentliche

698 Vgl. zum Übergang des Vorrechts: Warneyer, Konkursordnung, § 61, Nr. I, S. 257 f.; Wilmowski, Deutsche Reichs-Konkursordnung, § 61, Nr. 3, S. 267; Endemann, Das deutsche Konkursverfahren, § 76, S. 500 ff.; Aufseß, Konkursrecht und Konkursverfahren, § 27, S. 70 ff.

699 RG, Urteil v. 11.05.1888, Az. II 92/88, in: RGZ 21 (1888), S. 46-51.

Abgabe". Nach der Ansicht des Reichsgerichts war der Gebrauch dieses Ausdrucks in den verschiedenen Staaten des Deutsche Reiches nicht einheitlich definiert[700]. Daher hielt es den Begriff für auslegungsbedürftig[701]. Im Ergebnis sollten schließlich Gebühren nicht unter den Begriff der öffentlichen Abgabe fallen[702].

Die Lösung des Problems fand das Gericht in der Frage des Normzwecks. Die im Streit stehenden Gebühren hatten nach der Auffassung des Gerichts ihren Grund in einer privatnützigen Tätigkeit des Staates[703]. Der Schuldner hatte in diesem Sinne eine Leistung des Staates im privaten Interesse in Anspruch genommen und war im Gegenzug zur Zahlung der entsprechenden Gebühren verpflichtet. Das Vorrecht des § 54 Nr. 2 KO war hingegen nur für solche Forderungen bestimmt, die für die allgemeine Finanzierung des Staates bestimmt waren. Das öffentliche Interesse rechtfertigte nach der Meinung des Gerichts daher kein Vorrecht für die streitgegenständlichen Gebühren.

Das Reichsgericht übernahm damit dem Grunde nach die Intention des Gesetzgebers[704]. Die Legitimation für das Vorrecht des Fiskus beruhte demnach auf einem öffentlichen Interesse an der Kreditierung von Steuerschulden[705]. Die Sicherung der Staatsfinanzen für den Fall des Konkurses war ein Instrument für die Förderung des kollektiven Wohls[706]. Der Gesetzgeber beschwerte den Staat mit einer Verantwortung für den Schutz des Eigentums und den Schutz des Verkehrs[707]. Hieraus sollte sich das Interesse an der Finanzierung des Staates begründen.

Die rechtspolitische Zielsetzung förderte das Reichsgericht in der Praxis allerdings nicht grenzenlos. Das Gericht legte in diesem Fall den Anwendungsbereich des Vorrechts restriktiv aus, indem es nur Steuern im engeren Sinne in den Normzweck einbeziehen wollte. Gebühren für die Inanspruchnahme staatlicher Leistungen fielen nach der Ansicht des Gerichts dagegen nicht in den Anwendungsbereich des Vorrechts, obwohl auch diese Gebühren für die Sicherung der Staatsfinanzen nützlich gewesen wären.

Die Interpretation des Gerichts förderte in der Folgewirkung die Interessen der Gemeinschaft der Gläubiger. Die restriktive Konkretisierung des Schutzbereichs hatte zugleich einen Bezug zu dem Prinzip der Verlustgemeinschaft.

700 RG, Urteil v. 11.05.1888, Az. II 92/88, in: RGZ 21 (1888), S. 46-51, hier: S. 48.
701 RG, Urteil v. 11.05.1888, Az. II 92/88, in: RGZ 21 (1888), S. 46-51, hier: S. 49.
702 RG, Urteil v. 11.05.1888, Az. II 92/88, in: RGZ 21 (1888), S. 46-51, hier: S. 50 f.
703 RG, Urteil v. 11.05.1888, Az. II 92/88, in: RGZ 21 (1888), S. 46-51, hier: S. 50.
704 Vgl. Motive IV, S. 235 ff.
705 Vgl. Wengler, Die Konkursordnung für das Deutsche Reich, § 54, S. 378 ff.
706 Vgl. Motive IV, S. 235 ff.
707 Vgl. Motive IV, S. 235 ff.

Jede Form der Privilegierung galt in der Anschauung des ausgehenden 19. Jahrhunderts als ungerecht[708]. Vorrechte würden in diesem Sinne insbesondere dem Prinzip der gleichmäßigen Verlustverteilung schaden[709]. Wilhelm Endemann hielt in diesem Zusammenhang in Bezug auf die Vorrechte jedenfalls dem Grunde nach eine enge Auslegung für angezeigt[710].

(3) RG, 10.01.1889, VI 260/88 - Berufsgenossenschaft

Die Entscheidung vom 10.01.1889 (Az. VI 260/88) hatte ihren Ursprung in einem Konflikt über das Vorrecht für die öffentlichen Einrichtungen nach § 54 Nr. 3 KO[711]. Die Klägerin war eine Berufsgenossenschaft. Im Konkurs einer Gewerkschaft beanspruchte die Klägerin ein Vorrecht für Beiträge zur Unfallversicherung. Im Streit waren die Beiträge für die Angestellten der Gewerkschaft für die Zeit vom 01.10.1885 bis zum 31.12.1886 in Höhe von 5.541,98 Mark.

Die Kontroverse resultierte aus dem zeitlichen Ablauf der Ereignisse. Die Zustellung des Beitragsbescheids bei der Beklagten erfolgte am 31.05.1887. Die Klägerin verlangte mit diesem Bescheid die Beiträge für die Zeit vom 01.10.1885 bis zum 31.12.1886. Die Eröffnung des Konkursverfahrens fand am 08.09.1887 statt. Der Verwalter wollte daraufhin das Vorrecht für eine Forderung von 1.382,80 Mark anerkennen. Er berief sich darauf, dass nach dem Wortlaut der Konkursordnung nur die Beiträge für das letzte Jahr vor der Eröffnung des Verfahrens ein Vorrecht hätten und dass für das letzte Jahr Beiträge in Höhe von 1.382,80 Mark zu entrichten waren. Die Klägerin meinte dagegen, dass es allein entscheidend wäre, ob die Beiträge in dem letzten Jahr vor der Eröffnung fällig geworden waren. Für die Fälligkeit sollte dabei die Zustellung des Beitragsbescheids maßgebend sein. Die Zustellung des Beitragsbescheids über 5.541.98 Mark erfolgte in diesem Sinne innerhalb des letzten Jahres.

Dieser Fall hatte eine unmittelbare Relevanz für die soziale Frage. Die Gewerkschaft hatte eine Funktion für die Lösung der akuten Probleme der damaligen Zeit. Aufgrund der allgemeinen Wirtschaftskrise konnten die Mitglieder ihre Beiträge nicht aufbringen. In der Folge geriet die Gewerkschaft in

708 Vgl. Völderndorff, Konkursordnung für das Deutsche Reich, Konkursgläubiger, Einleitung, S. 616 ff.; Wilmowski, Deutsche Reichs-Konkursordnung, Konkursgläubiger, Einleitung, S. 264 f.; Wolff, Die Konkursordnung, § 61, Nr. 2, S. 293; Wengler, Die Konkursordnung für das Deutsche Reich, § 54, S. 373 ff.

709 Vgl. Motive IV, S. 235 ff.; Jaeger/Lent, Konkursordnung, Band 1, 8. Aufl., Einleitung, S. LV ff.; Jaeger, Lehrbuch des Deutschen Konkursrechts, § 11, S. 59 ff.

710 Vgl. Endemann, Das deutsche Konkursverfahren, § 76, S. 500 ff.

711 RG, Urteil v. 10.01.1889, Az. VI 260/88, in: RGZ 22 (1889), S. 139-145.

den Konkurs. Der Konkurs beeinträchtigte die Funktion der Gewerkschaft für die Wahrnehmung der Interessen der Arbeiter.

Der Beitragsrückstand der Gewerkschaft bei der Berufsgenossenschaft gefährdete die Absicherung der Arbeiter durch diese Einrichtung. Die Arbeiter befanden sich am Ende des 19. Jahrhunderts in einer schwierigen Situation[712]. Die Berufsgenossenschaft war ein politisches Produkt dieser Zeit und sollte im Rahmen der Sozialgesetzgebung der problematischen Situation der Arbeiter abhelfen[713]. Die Erfüllung dieser gemeinnützigen Aufgabe setzte naturgemäß eine ausreichende Versorgung mit Finanzmitteln voraus.

Das Reichsgericht sprach im Ergebnis der Berufsgenossenschaft das Vorrecht des § 54 Nr. 3 KO zu. Für die Begründung des Privilegs reichte danach die Fälligkeit in dem letzten Jahr vor der Eröffnung des Verfahrens[714]. Die Fälligkeit der Forderung entstand nach dieser Auffassung mit der Zustellung des Beitragsbescheids[715].

Das Gericht musste allerdings feststellen, dass die gesetzliche Formulierung in § 54 Nr. 3 KO („aus dem letzten Jahr") für sich allein genommen völlig zweideutig war[716]. Die Lösung für das Problem fand das Reichsgericht über einen Rückgriff auf die Motive[717]. Danach hätte das Vorrecht des § 54 Nr. 3 KO den gleichen Grund wie das Vorrecht des § 54 Nr. 2 KO. In § 54 Nr. 2 KO hieß es in diesem Zusammenhang „im letzten Jahr vor der Eröffnung fällig geworden". Daraus folgerte das Gericht, dass in Bezug auf § 54 Nr. 3 KO ebenfalls die Fälligkeit in dem letzten Jahr entscheidend sein müsste. In der Erwägung dieser Umstände kam das Gericht schließlich zu der folgenden Schlussfolgerung:

> „In dem vorliegenden Fall wird das, was nach dem Angeführten von den Motiven beabsichtigt […] durch das in seinem Zusammenhange betrachtete Gesetzeswort als Wille des Gesetzgebers festgestellt und bestätigt. Im Zweifel ist nicht anzunehmen, daß der Gesetzgeber mit denselben Worten verschiedenes ausdrückt."[718]

---

712 Vgl. zum Begriff der sozialen Frage: Walter, Einführung in die Wirtschafts- und Sozialgeschichte, S. 156 ff.; Repgen, Die soziale Aufgabe des Privatrechts, S. 25 ff.; Lütge, Deutsche Sozial- und Wirtschaftsgeschichte, S. 440 ff.; Ritter, Soziale Frage und Sozialpolitik in Deutschland seit Beginn des 19. Jahrhunderts.

713 Vgl. zur Sozialgesetzgebung in den 1880er Jahren: Stolleis, Geschichte des Sozialrechts, S. 52 ff.; Henning, Handbuch der Wirtschafts- und Sozialgeschichte Deutschlands, Band 2: 19. Jahrhundert, S. 1152 ff.

714 RG, Urteil v. 10.01.1889, Az. VI 260/88, in: RGZ 22 (1889), S. 139-145, hier: S. 142.

715 RG, Urteil v. 10.01.1889, Az. VI 260/88, in: RGZ 22 (1889), S. 139-145, hier: S. 142.

716 RG ,Urteil v. 10.01.1889, Az. VI 260/88, in: RGZ 22 (1889), S. 139-145, hier: S. 143.

717 RG, Urteil v. 10.01.1889, Az. VI 260/88, in: RGZ 22 (1889), S. 139-145, hier: S. 143.

718 RG, Urteil v. 10.01.1889, Az. VI 260/88, in: RGZ 22 (1889), S. 139-145, hier: S. 144.

In diesem Fall verwendete das Reichsgericht gewissermaßen eine systematische Methode der Auslegung. Diese Methodik förderte im Ergebnis den sozialpolitischen Auftrag der Berufsgenossenschaft. Die Zuerkennung des Vorrechts stabilisierte die Finanzierung und sicherte die Funktionsfähigkeit dieser Einrichtung.

Am Ende seiner Ausführungen stellte das Gericht Überlegungen über eine Härtefallprüfung an. Als Beleg für die Richtigkeit der zuvor gefundenen Auslegung berief sich das Reichsgericht auf die Zweckmäßigkeit und auf eine unbillige Härte, welche es auf diese Weise zu vermeiden gelte. Wörtlich führte das Gericht in diesem Zusammenhang das Folgende aus:

> „[…] und gerade im vorliegenden Falle tritt nicht bloß klar hervor, wie unzweckmäßig es gewesen wäre, das Vorzugsrecht der fraglichen Beitragsforderungen von ihrer in verschiedenen Zeitmomenten auseinanderliegenden Entstehung abhängig zu machen, statt von ihrer Fälligkeit, welche einheitlich durch die Zustellung des Auszugs aus der Heberolle bestimmt wird, sondern auch, wie hart eine solche Bestimmung den Gläubiger träfe, da von einer Nachlässigkeit desselben hinsichtlich der Geltendmachung seiner Forderung vor deren Fälligkeit nicht die Rede sein kann."[719]

Die Ausführungen zeigen auf, dass der Wortlaut und die Motive kein exklusives Kriterium der Auslegung waren. Das Gericht war im Gegensatz dazu darauf bedacht, die Normen der Konkursordnung nach der Maßgabe einer angemessenen Lastenverteilung zur Anwendung zu bringen. Die Billigkeitsprüfung sollte dabei im Einzelfall der Vermeidung einer übermäßigen Härte dienen.

c) Kinder, Pflegebefohlene (§ 54 Nr. 5 KO)

(1) RG, 10.03.1884, IV 198/83 - Gütergemeinschaft

In der Entscheidung vom 10.03.1884 (Az. IV 198/83) beschäftigte sich das Reichsgericht mit dem Vorrecht der Kinder nach § 54 Nr. 5 KO[720]. Das Gericht begrenzte in diesem Fall den Anwendungsbereich des Vorrechts auf den Kernbereich seiner normativen Funktion.

Die Mutter der Kinder war bereits seit längerer Zeit verstorben. Im weiteren Verlauf der Ereignisse ist schließlich auch der Vater der Kinder gestorben. Der Vater der Kinder lebte bis dahin mit seiner neuen Ehefrau (also der Stiefmutter der Kinder) in Gütergemeinschaft. Über den Nachlass des Vaters erfolgte die Eröffnung des Konkursverfahrens. Die Stiefmutter verfiel kurz darauf ebenfalls in den Konkurs. Die klagenden Kinder beanspruchten im

719 RG, Urteil v. 10.01.1889, Az. VI 260/88, in: RGZ 22 (1889), S. 139-145, hier: S. 145.
720 RG, Urteil v. 10.03.1884, Az. IV 198/83, in: RGZ 11 (1884), S. 63-65.

Konkurs der Stiefmutter das Vorrecht nach § 54 Nr. 5 KO in Ansehung des der väterlichen Verwaltung unterworfenen Vermögens. Der beklagte Verwalter bestritt das Vorrecht.

Die Entscheidung macht exemplarisch offensichtlich, welche Ausmaße die allgemeine Krise der Wirtschaft am Ende des 19. Jahrhunderts erreichte. Der wirtschaftliche Verfall war allgegenwärtig. In kurzer zeitlicher Folge gerieten die Mutter und der Vater in den Konkurs. Die Kinder befanden sich dabei regelmäßig in einer strukturell schwächeren Lage. Ihr Vermögen befand sich ohne ihren Willen in der väterlichen Verwaltung. Die Verfolgung ihrer Rechte war für die Kinder daher vergleichsweise schwierig.

Im Falle des Konkurses stellte sich für die Kinder das Problem, wie sie die Ansprüche auf Herausgabe des Vermögens sichern könnten. Bei einem Wegfall der Eltern hatte diese Frage oftmals eine existenzielle Bedeutung. Der Gesetzgeber hielt die Kinder aufgrund der Abhängigkeit für schutzbedürftig. Die Privilegierung der Kinder im Konkurs war ein sozialpolitisch motiviertes Instrument für den Schutz der Kinder.

Auf der anderen Seite gab gegen das Vorrecht nach § 54 Nr. 5 KO grundlegende Einwände[721]. Das wesentliche Problem erkannte man in dem Umstand begründet, dass es regelmäßig das einzige Vorrecht von erheblichem wirtschaftlichem Umfang war. Die Vermögenswerte, die der väterlichen Verwaltung unterlagen, konnten zuweilen beträchtliche Ausmaße erreichen. Das Vorrecht der Kinder würde in dieser Hinsicht die Masse zulasten der übrigen Gläubiger in erheblichem Maße schmälern.

Die besondere Schwierigkeit dieses Falles bestand schließlich darin, dass sich das Vermögen der Kinder nicht nur in der Verwaltung des Vaters befand, sondern zugleich das Vermögen des Vaters in Gütergemeinschaft mit der Stiefmutter verbunden war. Es bestand folglich nur eine Vermögensmasse von Vater und Stiefmutter. Die Kinder mussten ihre Ansprüche in Ansehung des väterlichen Vermögens daher gegen die Stiefmutter geltend machen.

Das Reichsgericht hat in dieser Konstellation ein Vorrecht der Kinder im Ergebnis abgelehnt[722]. Das Vorrecht galt danach nur im Konkurs über den Nachlass des Vaters, nicht aber im Konkurs über das gütergemeinschaftliche Vermögen von Vater und Stiefmutter. Zum Nachlass des Vaters gehörte demnach nur der Anspruch auf Auseinandersetzung der Gütergemeinschaft. Nach der Auseinandersetzung hätten die Kinder im Konkurs über den väterlichen Nachlass ein Vorrecht beanspruchen können. Auf das gemeinschaftli-

721 Kohler, Lehrbuch des Konkursrechts, § 57, S. 332 ff.

722 RG, Urteil v. 10.03.1884, Az. IV 198/83, in: RGZ 11 (1884), S. 63-65, hier: S. 64.

che Vermögen der Eheleute könnte man das Vorrecht indessen nicht ausdehnen. Wörtlich führte das Gericht dazu aus:

> „Die klare Fassung des Gesetzes läßt nur die Absicht erkennen, daß das Vermögen des Gemeinschuldners für die bezeichneten Forderungen und Gläubiger dem darin geschaffenen Vorrechte unterworfen sein soll, [...].“[723]

Mit dieser Auslegung begrenzte das Reichsgericht die Reichweite des Vorrechts. Obwohl es sich in wirtschaftlicher Betrachtung um das Vermögen der Kinder handelte, wollte es den Kindern das Vorrecht nicht gewähren. Dabei berief sich das Gericht v.a. auf die formale Rechtssituation. Aus dem Wortlaut der Konkursordnung folgerte das Gericht, dass das Vorrecht der Kinder nur anzuerkennen wäre, wenn die Kinder zugleich die persönlichen Gläubiger der Stiefmutter wären.

Die restriktive Handhabung der Privilegien im Konkurs entsprach dem Grunde nach einem Ziel des Gesetzgebers. Der Abbau der bestehenden Vorrechte war ein wichtiges politisches Motiv dieser Zeit[724]. Die Beibehaltung des Vorrechts zugunsten der Kinder sollte demgegenüber allerdings eine Ausnahme im Interesse der Kinder sein[725]. Es hätte daher durchaus nahegelegen, den intendierten Schutzzweck in der Praxis durch eine extensive Auslegung zu einer umfänglichen Geltung zu bringen. Das Reichsgericht verfolgte allerdings trotz allem eine restriktive Auslegung.

Die enge Auslegung war für die Rechtsposition der Kinder in dieser Fallkonstellation äußerst ungünstig. Zum väterlichen Nachlass gehörte in Ansehung des Anspruchs auf Auseinandersetzung der Gütergemeinschaft nur die Quote, welche auch allgemein auf alle nicht bevorrechtigten Gläubiger im Konkurs der Stiefmutter entfiel. Die nichtbevorrechtigten Gläubiger erhielten erfahrungsgemäß nur einen kleinen Anteil ihrer Forderungen ersetzt[726]. Erst im Anschluss an die Auseinandersetzung hatten die Kinder danach ein Vorrecht im Konkurs über den Nachlass des Vaters.

Die Auslegung des Reichsgerichts befand sich in Übereinstimmung mit der allgemeinen Kritik an den Vorrechten[727]. Jede Ausgestaltung einer Vorrechts-

723 RG, Urteil v. 10.03.1884, Az. IV 198/83, in: RGZ 11 (1884), S. 63-65, hier: S. 64.

724 Vgl. Motive IV, S. 235 ff.

725 Vgl. Jaeger, Konkursordnung, Band 1, 5. Aufl., § 61, Anm. 32 ff., S. 867 ff.; Motive IV, S. 235 ff.

726 Vgl. Baumann, Konkurs und Vergleich, § 9, S. 93 ff.

727 Vgl. zur Kritik an den Vorrechten: Wolff, Die Konkursordnung, § 61, Nr. 2, S. 293; Wengler, Die Konkursordnung für das Deutsche Reich, § 54, S. 373 ff.; Fuchs, Der deutsche Concursproceß, § 14, S. 71 ff.; Petersen/Kleinfeller, Konkursordnung für das Deutsche Reich, § 54, S. 269 ff.; Jaeger, Lehrbuch des Deutschen Konkursrechts, § 11, S. 59 ff.; Wilmowski, Deutsche Reichs-Konkursordnung, Konkursgläubiger, Einleitung, S. 264 f.

ordnung hielt man am Ende des 19. Jahrhunderts dem Grunde nach für ungerecht. In dem System der Vorrechte erkannte man einen Widerspruch zu dem Prinzip der Verlustgemeinschaft[728]. Nach diesem Prinzip sollte das Ideal des Konkursverfahrens der gleichmäßige Ausgleich innerhalb der Gemeinschaft der Gläubiger sein[729]. In Bezug auf die gleichwohl nicht vermeidbaren Vorrechte forderte man jedenfalls eine enge Auslegung[730].

(2) RG, 24.05.1897, VI 443/96 - Abtretung

Das Reichsgericht hatte sich mit dem Schutz der Kinder ein weiteres Mal in der Entscheidung vom 24.05.1897 (Az. VI 443/96) beschäftigt[731]. In diesem Fall brachte das Gericht den Schutzzweck der Norm zu einer umfassenden Wirksamkeit.

Der Kläger war in diesem Rechtsstreit ein Kind des Gemeinschuldners. Die Mutter des Schuldners (also die Großmutter des Klägers) hatte dem Gemeinschuldner ein Darlehen über 3.000 Mark gewährt. Im weiteren Verlauf der Ereignisse hatte sie ihre Forderung an den Kläger abgetreten. Der Kläger machte nun für diese Forderung das Vorrecht des § 54 Nr. 5 KO geltend. Der Verwalter bestritt das Vorrecht.

Das Problem des Falles war offensichtlich. Formal war der Kläger der Inhaber der Forderung. Die Forderung würde in dieser Eigenschaft der väterlichen Verwaltung unterliegen. Aus diesem Grund würde dem Kläger grundsätzlich das Vorrecht des § 54 Nr. 5 KO zustehen. Zweifel ergaben sich aber dadurch, dass der Kläger die Forderung erst kurz vor Ausbruch des Konkurses im Wege der Abtretung erworben hatte. Ein eventueller Missbrauch des Rechts ließ sich nicht mit Sicherheit ausschließen. Möglicherweise hatte die Mutter des Gemeinschuldners ihre Forderung an den Kläger nur deswegen abgetreten, um die Forderung mit einem Vorrecht auszustatten. Nicht bevorrechtigte Forderungen hatten im Konkurs oftmals nur einen eingeschränkten

---

728 Vgl. zum Prinzip der Verlustgemeinschaft: Eickmann, Konkurs- und Vergleichsrecht, S. 13 ff.

729 Vgl. zur Aufgabe des Staates im Konkurs: Kohler, Lehrbuch des Konkursrechts, § 1, S. 1 ff.; Kohler, Leitfaden des Deutschen Konkursrechts, § 1, S. 1 ff.; Becker, Insolvenzrecht, § 1, Rn. 1, S 1 ff.; Gerhardt, Aspekte zur Wechselwirkung zwischen Konkursrecht und Wirtschaftsleben, in: Bökelmann/Henckel/Jahr, Festschrift für Friedrich Weber, S. 181-196; Puchta, Ueber den Concursprozeß, § 20, S. 43 ff.; Kleinfeller, Lehrbuch des deutschen Konkursrecht, § 1, S. 1 ff.; Baur/Stürner, Insolvenzrecht, § 1, S. 1 ff.; Hess, Konkursordnung, Einleitung, Rn. 4 ff., S. 58; Oetker, Konkursrechtliche Grundbegriffe, Band 1, § 7, S. 264 ff.; Weber, Fragen zur Gestaltung des Konkursverfahrens in rechtspolitischer und rechtsvergleichender Sicht, in: KTS 80 (1959), S. 80-88.

730 Vgl. Endemann, Das deutsche Konkursverfahren, § 76, S. 500 ff.

731 RG, Urteil v. 24.05.1897, Az. VI 443/96, in: RGZ 39 (1897), S. 70-79.

wirtschaftlich Wert[732]. Die Abtretung an den Kläger könnte die Forderung vor ihrem wirtschaftlichen Untergang bewahren.

Die Gefahr missbräuchlicher Vermögensverschiebungen war ein grundlegender Kritikpunkt an dem Vorrecht der Kinder[733]. Der Gesetzgeber hatte diese Gefahr gesehen, wollte aber gleichwohl an der Privilegierung festhalten, um einen effektiven Schutz der Kinder zu gewährleisten[734]. In Übereinstimmung mit diesem Ziel gewährte das Reichsgericht in diesem Fall dem klagenden Kind das Vorrecht. Das Gericht entfaltete den sozialpolitisch motivierten Schutzzweck der Norm in der Praxis des Rechts.

Nach der Ansicht des Reichsgerichts war der Rechtsgrund der Forderung nicht erheblich[735]. Maßgebend war die Tatsache, dass die betreffende Forderung des Kindes kraft Gesetzes der Verwaltung durch den Vater unterlag[736]. Die Forderung des Klägers richtete sich zwar gegen den Gemeinschuldner, zugleich war der Gemeinschuldner aber als Vater des Klägers kraft Gesetzes der Verwalter des Kindesvermögens. Die Schranke des Vorrechts bestimmte sich nach der Ansicht des Reichsgerichts allein durch die Grenze des gesetzlichen Verwaltungsrechts des Vaters[737]. Diesen Gedanken fasste das Gericht schließlich wie folgt zusammen:

> „Diese Darlegungen geben keine weitere Beschränkung des Vorrechtes der Kinder, als die vorstehend aus dem Wortlaut des Gesetzes abgeleitete."[738]

Das Reichsgericht erkannte demnach keine Veranlassung, im Interesse der übrigen Gläubiger eine einschränkende Auslegung in Erwägung zu ziehen. Die politisch motivierte Sicherung der Interessen der Kinder brachte es mit einer weiten Auslegung zu einer praktischen Bedeutung. Im weiteren Gang der Entscheidungsgründe hieß es in diesem Zusammenhang:

> „Es ist nach alledem […] vielmehr anzunehmen, daß ein Kind, dem eine Forderung an den Vater erwachsen ist, wegen derselben in dessen Konkurse bevorzugte Befriedigung immer dann beanspruchen kann, wenn die Forderung der Verwaltung durch den Vater kraft Gesetzes unterlegen hatte."[739]

Fraglich ist hierbei allerdings, ob das Gericht eine originäre sozialpolitische Motivation hatte. Aus dem Wortlaut der Entscheidung, wie er aus den soeben zitierten Abschnitten ersichtlich ist, zeigt sich, dass für das Gericht eine kin-

---

732 Vgl. Baumann, Konkurs und Vergleich, § 9, S. 93 ff.

733 Vgl. Jaeger, Lehrbuch des Deutschen Konkursrechts, § 11, S. 59 ff.

734 Vgl. Motive IV, S. 235 ff.

735 RG, Urteil v. 24.05.1897, Az. VI 443/96, in: RGZ 39 (1897), S. 70-79, hier: S. 72.

736 RG, Urteil v. 24.05.1897, Az. VI 443/96, in: RGZ 39 (1897), S. 70-79, hier: S. 73.

737 RG, Urteil v. 24.05.1897, Az. VI 443/96, in: RGZ 39 (1897), S. 70-79, hier: S. 74.

738 RG, Urteil v. 24.05.1897, Az. VI 443/96, in: RGZ 39 (1897), S. 70-79, hier: S. 75.

739 RG, Urteil v. 24.05.1897, Az. VI 443/96, in: RGZ 39 (1897), S. 70-79, hier: S. 78.

derfreundliche Auslegung nicht das vorrangige Kriterium der Auslegung war. Das Gericht entfaltete praktisch nur die Idee des Schutzes, die bereits normativ in der Kodifikation angelegt war. In der Konsequenz dieser Grundsätze konnte das Gericht schließlich nicht umhin, dem Kläger das Vorrecht zuzusprechen. Eine originäre soziale Aufgabe der Rechtsprechung kommt darin nicht zum Ausdruck. Die Rechtsanwendung des Gerichts förderte in diesem Zusammenhang aber die praktische Wirksamkeit der sozialpolitischen Ziele des Gesetzgebers.

Bemerkenswert sind schließlich die weiteren Ausführungen des Reichsgerichts[740]. Das Gericht stellte die grundsätzliche Legitimation des Vorrechts unter dem Aspekt eines gerechten Ausgleichs in Frage. Insbesondere warf es die Frage der Missbrauchsgefahr auf. Im Wortlaut der Entscheidung stellte das Reichsgericht dazu die folgenden Erwägungen an:

> „Es ist nicht zu verkennen, daß das Gesetz in dem vorstehend gebilligten Sinne ausgelegt namentlich dann, wenn, wie hier, ein nicht bevorrechtigter Gläubiger seine Forderung durch Rechtsgeschäft unter Lebenden auf ein Kind des Kridars übertragen hat, zu schwerer und der Billigkeit nicht wohl entsprechender Verletzung der übrigen Gläubiger führen kann […].“[741]

Dieser Auszug aus den Gründen offenbart die grundsätzlichen Zweifel des Gerichts an der Berechtigung des Vorrechts in seiner derzeitigen Gestalt. Wiewohl der Schutz des Schwächeren ein Anliegen der Rechtsordnung war, durfte danach der Schutz nicht selber eine Gefahr für die Gerechtigkeit sein. Das Gericht postulierte eine Verantwortung für die gerechte Gestaltung der Rechtsordnung[742].

Tatsächlich ließ sich in dem hier vorliegenden Fall ein Missbrauch des Rechts wohl nicht mit letzter Gewissheit ausschließen. Die Mutter des Gemeinschuldners könnte ihre Forderung aus Sorge um die Beitreibung an ihren Enkel abgetreten haben. Der Enkel hätte dadurch eine bevorrechtigte Forderung erlangt, obgleich sie eigentlich als normale Konkursforderung anzumelden gewesen wäre. Dadurch könnte ein erheblicher Schaden für die Gemeinschaft der Gläubiger entstehen. Auf der anderen Seite muss man bedenken, dass die Fälle eines Missbrauchs des Rechts im Allgemeinen mit einem Problem für die Beweisführung verbunden waren.

---

740 RG, Urteil v. 24.05.1897, Az. VI 443/96, in: RGZ 39 (1897), S. 70-79, hier: S. 79.

741 RG, Urteil v. 24.05.1897, Az. VI 443/96, in: RGZ 39 (1897), S. 70-79, hier: S. 79.

742 Vgl. zur Bedeutung der Rechtsprechung für die Fortbildung des Rechts: Odersky, Rechtsgeschichte und Rechtsprechung, in: DNotZ 42 (1991), S. 108-118; Bülow, Gesetz und Richteramt.

Vor diesem Hintergrund konnte das Gericht für dieses generelle Problem letztlich keine Lösung im Wege der Auslegung finden[743]. Die gesetzliche Regelung ließ nach der Meinung des Gerichts nur den Schluss auf einen bedingungslosen Schutz des Kindes zu. In den Gründen führte das Reichsgericht in dieser Frage das Folgende aus:

> „Indes können diese gegen die Zweckmäßigkeit der Bestimmung in § 54 Ziff. 5 K.O. gewiß vorliegenden Bedenken gegenüber den oben geltend gemachten Erwägungen nicht die von dem Oberlandesgericht vorgenommene Auslegung rechtfertigen.“[744]

Obwohl das Gericht also Bedenken gegen die Berechtigung des normativen Zustands hatte, brachte es trotz allem den unmittelbaren Wortlaut des Gesetzes zur Anwendung[745]. Hierin zeigt sich das Ideal einer strikten Trennung der Aufgaben zwischen Gesetzgebung einerseits und Gesetzesanwendung andererseits[746]. Das Reichsgericht formulierte gewissermaßen ein obiter dictum, mit welchem es auf den nach seiner Meinung bestehenden Missstand aufmerksam machen wollte[747].

(3) RG, 20.09.1898, III 109/98 - Testament

Die Entscheidung vom 20.09.1898 (Az. III 109/98) veranlasste das Reichsgericht ebenfalls zu einer Auseinandersetzung mit dem Schutz der Kinder durch das Vorrecht nach § 54 Nr. 5 KO[748]. Das Gericht entfaltete in diesem Fall den Normzweck im Interesse der Kinder.

Der Kläger war hier zugleich der Gemeinschuldner. Er machte in seinem eigenen Konkurs für die Forderung seiner Kinder in Ansehung ihres der väterlichen Verwaltung unterworfenen Vermögens ein Vorrecht nach § 54 Nr. 5

---

743 RG, Urteil v. 24.05.1897, Az. VI 443/96, in: RGZ 39 (1897), S. 70-79, hier: S. 79.

744 RG, Urteil v. 24.05.1897, Az. VI 443/96, in: RGZ 39 (1897), S. 70-79, hier: S. 79.

745 Vgl. zur Bindung des Gerichts an das Gesetz: Wadle, Das Reichsgericht im Widerschein denkwürdiger Tage, in: JuS 19 (1979), S. 841-847; Buschmann, Das Reichsgericht, in: Kern/Schmidt-Recla, 125 Jahre Reichsgericht, Festschrift, S. 41-75; vgl. allgemein zum Positivismus: Kaufmann, Artikel Rechtspositivismus, in: Erler/Kaufmann, Handwörterbuch zur deutschen Rechtsgeschichte, Band 4, Sp. 321-335.

746 Vgl. zur Trennung von Gesetzesanwendung und Gesetzgebung: Friedmann, Die Gerichte und die Fortbildung des Rechts, in: Friedmann, Recht und sozialer Wandel, S. 33-71; vgl. zur Frage des richterlichen Prüfungsrechts: Hirsch, Vom Kampf des Rechts gegen die Gesetze, in: AcP 175 (1975), S. 471-511; Richard, Das richterliche Prüfungsrecht, in: AöR 43 (1922), S. 267-286.

747 Vgl. dazu im Unterschied die oben bereits besprochene Entscheidung aus dem Jahre 1899 [Urteil v. 28.12.1899, Az. VI 259/99, in: RGZ 45 (1899), S. 170-174]. In dieser Entscheidung trifft das Reichsgericht eine Entscheidung contra legem.

748 RG, Urteil v. 20.09.1898, Az. III 109/98, in: Seuffert 55 (1900), S. 123-125.

KO geltend. Das Vermögen der Kinder bestand aus ihrem Erbteil in Bezug auf das Vermögen der verstorbenen Mutter. Darüber hinaus hatte die Mutter der Kinder testamentarisch zugunsten des Schuldners ein lebenslanges Nießbrauchrecht an dem Erbteil der Kinder eingeräumt. Der Verwalter bestritt das Vorrecht. Seiner Meinung nach würde der Gemeinschuldner das Vermögen der Kinder nicht kraft Gesetzes, sondern kraft testamentarischer Verfügung verwalten.

Die Abhängigkeit der Kinder von der Verwaltung ihres Vermögens durch die Eltern war für die Gesetzgebung ein wesentliches Motiv für die Anerkennung einer Privilegierung. Der konkrete Fall veranschaulicht exemplarisch die tatsächlichen Grundlagen für die sozialpolitische Intention in diesem Bereich. Aufgrund des Konkurses konnte der Vater auf unbestimmte Zeit vermutlich nicht für den Unterhalt der Kinder sorgen. Die Mutter konnte ebenfalls nicht für den Unterhalt aufkommen, weil sie bereits verstorben war. Die wirtschaftliche Existenz der Kinder war praktisch nur durch ihren Anteil an der Masse gesichert. Eine Bevorzugung der Kinder zulasten der übrigen Gläubiger hielt man angesichts dieser Umstände für vertretbar.

Das Reichsgericht hatte schließlich keine Bedenken gegen die Anerkennung eines Vorrechts. Das gesetzliche Verwaltungsrecht sollte nicht zurücktreten, auch wenn zugleich eine Verwaltung kraft letztwilliger Verfügung erfolgte[749]. Der normative Rahmen der Konkursordnung enthielt demnach keine Differenzierung zwischen gesetzlichem und anderweitigem Verwaltungsrecht[750]. Wörtlich stellte das Gericht dazu das Folgende fest:

> „Der Verwaltungsberechtigte ist bei solcher Sachlage nicht minder auf Grund des Gesetzes zur Administration befugt, und das Vermögen der Mündel bedarf des gleichen Schutzes, da sie sich wegen des Gesetzes seiner Verwaltung nicht entziehen können.“[751]

Mit dieser Sichtweise brachte das Gericht den Gedanken einer Absicherung der Kinder im Konkurs zu einer praktischen Geltung. In dieser Methodik liegt zugleich eine Konkretisierung einer sozialpolitischen Aufgabe des Konkursrechts. Die Rechtsanwendung förderte in diesem Bereich die Intention des Gesetzgebers.

---

749 RG, Urteil v. 20.09.1898, Az. III 109/98, in: Seuffert 55 (1900), S. 123-125, hier: S. 124.
750 RG, Urteil v. 20.09.1898, Az. III 109/98, in: Seuffert 55 (1900), S. 123-125, hier: S. 124.
751 RG, Urteil v. 20.09.1898, Az. III 109/98, in: Seuffert 55 (1900), S. 123-125, hier: S. 124.

3. Ergebnis

a) Schutz der Arbeiter

Das Vorrecht der Arbeiter nach § 54 Nr. 1 KO legte das Reichsgericht generell im Interesse der Arbeiter aus. Die Arbeiterfrage war ein Hauptanliegen der sozialen Frage am Ende des 19. Jahrhunderts[752]. Die Auslegung der Konkursordnung durch das Reichsgericht erweist sich im Allgemeinen als arbeitnehmerfreundlich. Die sozialpolitisch intendierte Absicherung der Arbeiter durch eine Privilegierung im Konkurs hatte in der Praxis des Rechts eine umfassende Wirksamkeit.

Das Gericht erweiterte den sachlichen Anwendungsbereich der Privilegierung. Der Gesetzgeber orientierte sich in diesem Bereich als Leitbild an dem Normalfall eines abhängig Beschäftigten. Die Reichweite des Vorrechts umfasste darüber hinausgehend nach der Rechtsprechung des Reichsgerichts die Fälle der Dienstmiete und die Fälle der Scheinselbständigkeit. Der wesentliche Faktor für Definition des Normzwecks war die Frage der Schutzbedürftigkeit auf der Grundlage der tatsächlichen Arbeitsbedingungen.

Außerdem erweiterte das Gericht den persönlichen Schutzbereich des Vorrechts. Der Gesetzgeber legt in diesem Bereich das Leitbild eines weisungsgebundenen Beschäftigten zugrunde. Das Reichsgericht erweiterte den Anwendungsbereich auf Dienstleute mit Leitungsfunktion. Alle Lohnforderungen im weitesten Sinne waren dadurch in den Anwendungsbereich der Privilegierung einbezogen.

b) Sicherung der Staatsfinanzen

Bei den Vorrechten zugunsten des Staates nach § 54 Nr. 2, 3 KO übernahm das Reichsgericht größtenteils die Intentionen des Gesetzgebers. Die Sicherung der Staatsfinanzen sollte in dieser Hinsicht das öffentliche Wohl im Interesse des Gemeinwesens fördern. Die Leitmotive des Gesetzgebers fanden in diesem Bereich einen Eingang in die Argumentation des Gerichts.

Daneben vertrat das Gericht im Einzelfall eine restriktive Haltung zu der konkreten Reichweite des Vorrechts. In den Anwendungsbereich sollten danach nur Steuern im engeren Sinne fallen, nicht aber Gebühren für die Inan-

752 Vgl. zur Lage der Arbeiter: Schmoeckel, Rechtsgeschichte der Wirtschaft, Rn. 297 ff.; Wischermann/Nieberding, Die institutionelle Revolution, S. 115 ff.; Born, Der soziale und wirtschaftliche Strukturwandel Deutschlands am Ende des 19. Jahrhunderts, in: VSWG 50 (1963), S. 361-376; Walter, Einführung in die Wirtschafts- und Sozialgeschichte, S. 156 ff.; Ritter, Arbeiter, Arbeiterbewegung und soziale Ideen.

spruchnahme bestimmter staatlicher Leistungen. Das Gericht konkretisierte damit den Kernbereich des Normzwecks.

Im Rahmen der Entscheidungspraxis auf dem Gebiet der Vorrechte zugunsten des Staates waren außerdem Erwägungen über das Vorliegen eines möglichen Härtefalles zu beobachten. Die Härtefallprüfung hatte die Funktion einer Kontrollüberlegung für das zuvor gefundene Ergebnis der Auslegung. Das Gericht wollte damit eine übermäßige Belastung des Einzelnen verhindern.

c) Rechtsposition der Kinder

Die Rechtsprechung zum Vorrecht der Kinder nach § 54 Nr. 5 KO war uneinheitlich. Das Gericht entfaltete zum überwiegenden Teil die sozialpolitisch intendierte Absicherung der Kinder im Konkurs. Das Reichsgericht übernahm in diesem Bereich konkludent die Ziele des Gesetzgebers. Erwägungen über die normative Legitimation dieser Privilegierung waren dabei nicht feststellbar. Im Einzelfall war unter Berufung auf den Wortlaut eine restriktive Auslegung des Anwendungsbereichs zu beobachten.

Darüber hinaus nahm das Reichsgericht einen Rechtsstreit um das Vorrecht der Kinder zum Anlass, um die allgemeine Berechtigung des Vorrechts in Frage zu stellen. Das Gericht hatte Zweifel daran, ob das Vorrecht in seiner derzeitigen Gestalt mit der Idee eines gerechten Ausgleichs zu vereinbaren wäre. In der praktischen Lösung des Problems brachte das Gericht allerdings gleichwohl den nach seiner Meinung eindeutigen Wortlaut des Gesetzes zur Anwendung[753]. Das Gericht formulierte in den Gründen lediglich eine allgemeine Aufforderung für eine Änderung des normativen Zustandes.

VI. Gesamtschau

In der Gesamtschau sind verschiedene Leitlinien in der Praxis des Reichsgerichts auf dem Gebiet des Konkursrechts zu beobachten. Die Relevanz der sozialen Frage für die Rechtsprechung am Ende des 19. Jahrhunderts war dabei unterschiedlich stark ausgeprägt.

753 Vgl. zur Trennung von Gesetzesanwendung und Gesetzgebung: Friedmann, Die Gerichte und die Fortbildung des Rechts, in: Friedmann, Recht und sozialer Wandel, S. 33-71; vgl. zur Frage des richterlichen Prüfungsrechts: Hirsch, Vom Kampf des Rechts gegen die Gesetze, in: AcP 175 (1975), S. 471-511; Richard, Das richterliche Prüfungsrecht, in: AöR 43 (1922), S. 267-286.

Teilweise orientierte sich das Gericht in seiner Argumentation exklusiv am Wortlaut des Gesetzes und an dem Willen des Gesetzgebers. Den Willen des Gesetzgebers ermittelte es häufig über eine Auswertung der Motive oder über die Frage des Normzwecks. Das Gericht betrachtete es als eine wichtige Aufgabe, die Intentionen des Gesetzgebers in der Praxis möglichst weitreichend umzusetzen. Durch diese Methode kamen die normativ ausgedrückten Ziele der Rechtspolitik in der Praxis des Rechts zu einer effektiven Anwendung.

In einigen Fällen übernahm das Reichsgericht im Rahmen seiner Argumentation ausdrücklich die rechtspolitischen Ziele auf dem Gebiet des Konkursrechts. Die Intentionen des Gesetzgebers kamen dadurch in vielen Bereichen zu einer weitreichenden Entfaltung. Die Rechtsanwendung des Gerichts förderte auf die Weise die praktische Wirksamkeit der sozialpolitischen Implikationen der Konkursordnung.

Darüber hinaus offenbarte das Reichsgericht in vielen Fällen eine eigene Verantwortung für die Auslegung und für die Anwendung des Gesetzes. Das leitende Motiv war dabei das Ideal eines gerechten Ausgleichs der widerstreitenden Interessen. Auf diese Weise wollte das Gericht übermäßige Eingriffe in die Rechtssphäre der Beteiligten vermeiden. Das Gericht untersuchte dafür bei Bedarf auf der Grundlage des konkreten Sachverhalts die Auswirkungen des Streitfalles auf den Rechtskreis des Einzelnen. Außerdem zeigte das Gericht ein Verständnis für die wirtschaftlichen Hintergründe und Zusammenhänge der Streitfälle. Die soziale Frage hatte dabei keine unmittelbare Bedeutung für die Argumentation des Gerichts. Die Auslegung beruhte häufig auf dem Prinzip der Gerechtigkeit. Auf dieser Grundlage bewirkte die Methodik des Gerichts mittelbar einen Schutz des Schwächeren.

Eine besondere Bedeutung für die soziale Frage hatte die Rechtsprechung des Reichsgerichts für die Situation der Arbeiter. Das Vorrecht der Arbeiter sollte in rechtspolitischer Hinsicht die wirtschaftliche Grundlage der abhängig Beschäftigten absichern. Die Arbeiterfrage war einer der wichtigsten Teile der sozialen Frage am Ende des 19. Jahrhunderts. In diesem Kontext praktizierte das Gericht eine arbeitnehmerfreundliche Rechtsprechung. Bei der Privilegierung der Arbeiter war im Allgemeinen eine extensive Methodik der Auslegung feststellbar. Der Schutzbereich der Norm war in dieser Hinsicht größer als die rechtspolitisch intendierte Reichweite. Die sozialpolitische Aufgabe des Konkursrechts erlangte in diesem Bereich eine besondere Förderung in der Praxis des Rechts.

Kapitel 4: Schlussbetrachtung

I. Die soziale Frage im Konkursrecht

Die Arbeit beschäftigt sich mit der Bedeutung der sozialen Frage für das Konkursrecht am Ende des 19. Jahrhunderts. Im Mittelpunkt der Betrachtung stehen die Kodifikation der Konkursordnung und die Rechtsprechung des Reichsgerichts. Die Untersuchung will herausfinden, welche Auffassungen von einer sozialpolitischen Aufgabe des Konkursrechts im ausgehenden 19. Jahrhundert vorhanden waren.

Das Konkursrecht hatte am Ende des 19. Jahrhunderts eine große praktische Relevanz. Die konjunkturelle Entwicklung war im Zuge der sogenannten großen Depression in der Zeit von 1873 bis 1896 für die meisten Zweige der Wirtschaft von einer kontinuierlichen Schrumpfung bzw. Stagnation geprägt. In der Folge geriet eine große Zahl von Unternehmen und Privatpersonen in den Konkurs. Für die Bewältigung der akuten Probleme dieser Zeit hatte das Konkursrecht eine hervorgehobene Bedeutung.

Gleichzeitig verbreitete sich am Ende des 19. Jahrhunderts eine existenzielle Not in weiten Teilen der Bevölkerung. Im Zusammenhang mit der Industrialisierung und der Verstädterung verschlechterten sich die Lebensbedingungen für einen großen Teil der Bevölkerung. Massenarmut und Klassengegensätze entwickelten sich zu einem vorherrschenden Phänomen in der Realität der Gesellschaft. Das Bemühen um die Abwendung der Missstände ist als die sogenannte soziale Frage bekannt. Die Unzufriedenheit mit den Bedingungen war im öffentlichen Bewusstsein dieser Zeit allgegenwärtig. Die Arbeiterfrage und die Wohnungsfrage waren dabei die beiden wichtigsten Probleme.

In diesem Kontext ist es eine Grundfrage der Rechtsordnung, wie man mit einem wirtschaftlich nicht mehr lebensfähigen Rechtssubjekt verfahren will. Das Paradigma des Sozialen würde in der Situation des Konkurses hervorheben, dass der Konkurs eine Angelegenheit ist, die das Gemeinwesen als Ganzes betrifft. Außerdem würde nach dieser Prämisse eine kollektive Verantwortung für den Schutz des wirtschaftlich Schwächeren in Betracht kommen.

Die Untersuchung konzentriert sich auf vier grundlegende Rechtsinstitute des Konkursrechts. Diese Institute sind die Anfechtung, die Aussonderung, die Absonderung und die Vorrechte. Im ersten Teil der Untersuchung erfolgt eine Beschäftigung mit der Bedeutung der sozialen Frage für die Kodifikation der Konkursordnung. Im Anschluss daran analysiert die Arbeit im zweiten Teil auf der Grundlage der zuvor eingeführten Institutionen die Bedeutung der sozialen Frage für die Rechtsprechung des Reichsgerichts.

Als Quelle für den normativen Zustand des Konkursrechts am Ende des 19. Jahrhunderts steht der Wortlaut der Konkursordnung von 1877 zur Verfügung. Die Motive zur Konkursordnung ermöglichen einen Einblick in die normativen Intentionen des Gesetzgebers. Das wissenschaftliche Schrifttum auf dem Gebiet des Konkursrechts bildet die Grundlage für eine Rekonstruktion der rechtspolitischen Diskussion. Als Quelle für die Untersuchung der Rechtsprechung ist hauptsächlich die amtliche Sammlung des Reichsgerichts (RGZ) von Bedeutung. Daneben finden sich ausgewählte Entscheidungen in verschiedenen Fachzeitschriften. Die Fälle, die im Rahmen dieser Arbeit vorgestellt werden, sollen einen repräsentativen Einblick in die Praxis des Konkursrechts am Ende des 19. Jahrhunderts ermöglichen.

II. Die soziale Frage in der Kodifikation

Gesetzgebung und Wissenschaft am Ende des 19. Jahrhunderts erkannten im Konkursrecht mehrere Aufgaben. Die verschiedenen Ziele hatten eine unterschiedliche Bedeutung für die soziale Frage.

Für eine wichtige Aufgabe des Konkursrechts hielt man den Schutz der Gläubiger. Man wollte eine Verkürzung der Masse im Vorfeld des Konkurses verhindern. Die Gefahren des Missbrauchs standen hierbei im Mittelpunkt der Aufmerksamkeit. In unredlichen Verschiebungen des Vermögens erkannte man ein reales Problem am Ende des 19. Jahrhunderts. Für den Schuldner bestand im Falle der Zahlungsunfähigkeit eine Motivation, die Reste seines Vermögens der Masse zu entziehen. Einzelne Gläubiger konnten darauf bedacht sein, kurz vor dem wirtschaftlichen Zusammenbruch auf das Vermögen des Schuldners zuzugreifen, um einen individuellen Sondervorteil zu erlangen. Außerdem vermutete man eine besondere Gefahr von unredlichen Verschiebungen des Vermögens zwischen dem Schuldner und seiner Familie.

Das Recht der Anfechtung im Konkurs erhielt vor diesem Hintergrund seine Natur als ein umfassendes Schutzrecht im Interesse der Gläubiger. Nahezu alle Rechtshandlungen im Vorfeld des Konkurses unterfielen generell der Möglichkeit der Anfechtung. Die Interessen der anderen Beteiligten hielt man im Vergleich dazu für weniger schutzwürdig.

Als Ideal des Konkursverfahrens in der Auffassung des ausgehenden 19. Jahrhunderts kann man das Prinzip der Verlustgemeinschaft identifizieren. Das Leitmotiv war eine gleichmäßige Verteilung des Verlustes innerhalb des Kreises der Gläubiger, um den Schaden für jeden einzelnen Gläubiger möglichst gering zu halten. Dieses Paradigma betonte in besonderem Maße das Primat der Gleichheit der Gläubiger. Die Reste des Vermögens waren für die gleichmäßige und anteilsmäßige Erfüllung der Forderungen bestimmt, wobei alle Forderungen dem Grunde nach als gleichrangig galten. Das Prinzip der Verlustgemeinschaft sollte eine wesentliche Funktion für den Rechtsfrieden erfüllen. In der gleichmäßigen Verteilung sollte eine sozialpolitische Aufgabe des Konkursrechts zum Ausdruck kommen. Die Grundlage für dieses Modell erkannte man in einer Konkretisierung des Prinzips der Versicherung.

Weitere wichtige Aufgaben des Konkursrechts waren der Schutz des Verkehrs, die Förderung des Handels und die Sicherheit des Kredits. Bei diesen Anliegen stand die Förderung des kollektiven Wohlergehens im Mittelpunkt. Entscheidend für die Intentionen des Gesetzgebers waren in diesem Bereich primär wirtschaftliche Erwägungen im Interesse der Volkswirtschaft.

Daneben gelangten einige Individualrechte zu einer Anerkennung in der Situation des Konkurses. Für wichtig hielt man in dieser Hinsicht die Absicherung des Eigentums und die Anerkennung von bestimmten Verwertungsrechten. Diese Ziele fanden ihren normativen Ausdruck im Recht der Aussonderung und im Recht der Absonderung. Die Anerkennung individueller Rechte im Konkurs ist zugleich eine Grundfrage der Rechtsordnung. Eine Diskussion über die Legitimität individueller Rechte unter der Bedingung des Konkurses war allerdings nicht feststellbar.

Darüber hinaus verfolgte man mit der Konkursordnung unmittelbar eine sozialpolitische Aufgabe der Rechtsordnung. Der wichtigste Aspekt war hierbei der Schutz des Schwächeren im Konkurs. Dieses Ziel kann man im Recht der Absonderung und im Recht der Vorrechte erkennen. Vorzugsrechte hielt man ausnahmsweise für vertretbar, wenn sie einen Schutzzweck förderten. Die Bevorzugung eines Einzelnen sollte in diesen Fällen vertretbar sein, um die Situation des wirtschaftlichen Schwächeren zu fördern. Gegen eine Belastung der Masse zulasten der übrigen Gläubiger hatte man in dieser Hinsicht aus sozialpolitischen Gründen keine Einwände. Im Rahmen der Absonderung hielt man in diesem Sinne eine Absicherung für die Pächter und die Mieter für zweckmäßig. Im Recht der Vorrechte erkannte man eine normative Aufgabe in einer Absicherung für die Arbeiter, den Schuldner sowie die Kinder des Schuldners.

Die sozialpolitischen Zielvorstellungen hatten eine große Bedeutung für die Probleme der damaligen Zeit. Die Arbeiterfrage und die Wohnungsfrage waren die beiden wichtigsten Teile der sozialen Frage am Ende des 19. Jahrhunderts. Die Konkursordnung sollte in diesem Zusammenhang ein Instrument für die sozialpolitische Gestaltung der Gesellschaft sein. Der wirtschaftliche Kontext der Entstehungszeit fand dadurch eine Berücksichtigung bei der Gestaltung der Konkursordnung. Das Prinzip der Förderung des Schwächeren förderte in besonderem Maße die Interessen des Schuldners und seiner Familie. Diese Personen befanden sich aufgrund des wirtschaftlichen Zusammenbruchs regelmäßig in einer besonders prekären Situation.

Für die Gesetzgebung und die Wissenschaft im ausgehenden 19. Jahrhundert war die normative Gestaltung des Konkursrechts eine schwierige Aufgabe. Der Konkurs betraf im Allgemeinen eine Vielzahl von gegenläufigen Interessen. Der Schutz der Gläubiger war in diesem Zusammenhang eine wesentliche Aufgabe des Konkursrechts. Außerdem waren die Belange der Gesamtwirtschaft ein wichtiges Kriterium für die Gesetzgebung. Daneben kann man in der Konstruktion der Konkursordnung gleichfalls verschiedene sozialpolitische Ziele erkennen.

III. Die soziale Frage in der Rechtsprechung

In der Rechtsprechung des Reichsgerichts auf dem Gebiet des Konkursrechts finden sich mehrere Leitmotive. Die Praxis des Rechts hatte dabei eine unterschiedliche Bedeutung für die soziale Frage.

Das Reichsgericht orientierte sich in seiner Argumentation teilweise kategorisch an dem Wortlaut des Gesetzes und an dem Willen des Gesetzgebers. Den Willen des Gesetzgebers ermittelte das Gericht häufig über einen Rückgriff auf die Motive oder die Frage des Normzwecks. Eine eigene Verantwortung der Justiz für die Gestaltung der Gesellschaft erkannte das Gericht in diesen Fällen grundsätzlich nicht. Auf diese Weise gelangten viele normativ ausgedrückte Ziele zu einer authentischen Umsetzung.

Daneben hat sich das Reichsgericht in vielen Entscheidungen den sozialpolitischen Intentionen des Gesetzgebers angeschlossen. Das Gericht übernahm oftmals konkludent im Rahmen der Argumentation die Ziele des Gesetzgebers und machte sie zu einem Kriterium der Rechtsanwendung. Die sozialpolitischen Ziele der Gesetzgebung waren durch diese Vorgehensweise in vielen Bereichen ein bestimmender Faktor in der Praxis des Konkursrechts am Ende des 19. Jahrhunderts. Das Gericht förderte in zahlreichen Fällen die praktische Wirksamkeit der sozialen Implikationen der Konkursordnung.

Darüber hinaus war das Ziel eines angemessenen Ausgleichs der widerstreitenden Interessen ein häufig zu findendes Motiv in der Rechtsanwendung des Reichsgerichts. In diesem Zusammenhang konnte man eine eigene Verantwortung der Rechtsprechung für die Auslegung des Konkursrechts beobachten, um in der Praxis des Rechts angemessene Entscheidungen zu finden. Das entscheidende Ziel war dabei die Verhinderung übermäßiger Eingriffe in die Rechtssphäre des Einzelnen. Das Gericht prüfte dafür aufgrund des konkreten Sachverhalts die Auswirkungen auf die individuelle Situation der Beteiligten. Das Reichsgericht zeigte fernerhin ein grundlegendes Verständnis für die wirtschaftlichen Hintergründe der Streitfälle.

Die Argumentation beruhte häufig auf dem Prinzip der Gerechtigkeit. Außerdem waren die Prüfung eines Härtefalles, die Abwägung entgegenstehender Interessen und eine Rechtsfortbildung contra legem zu beobachten. Weiterhin postulierte das Gericht ein Prüfungsrecht für der Frage, ob die streitentscheidende Norm einen gerechten Ausgleich der Interessen verfolgt. Die soziale Frage war in der Regel kein direkter Bestandteil der Argumentation. Die zuvor beschriebene Anwendung des Rechts bewirkte allerdings mittelbar den Schutz des Schwächeren.

Eine besondere Bedeutung für die soziale Frage hatte die Rechtsprechung des Reichsgerichts für die Absicherung der Arbeiter. Die Arbeiterfrage war einer der wichtigsten Teile der sozialen Frage am Ende des 19. Jahrhunderts. Das Vorrecht der Arbeiter im Konkurs war nach der Intention des Gesetzgebers ein sozialpolitisch motiviertes Instrument, mit dessen Hilfe man die Situation der abhängig Beschäftigten im Konkurs absichern wollte. Das Gericht erweiterte im Rahmen der Auslegung den Anwendungsbereich dieser Privilegierung über das normativ intendierte Ausmaß hinaus. Das System der Konkursprivilegien war dadurch in der Praxis des Rechts ein wichtiges Mittel für die Absicherung der Arbeiter.

In der Zusammenschau ergibt sich ein Befund, nach dem das Reichsgericht die sozialpolitischen Intentionen der Konkursordnung in der Praxis weithin zur Geltung brachte. Darüber hinaus förderte die Rechtsanwendung des Gerichts mittelbar den Schutz des Schwächeren. Das Leitmotiv der Argumentation war dabei in vielen Fällen das Prinzip der Gerechtigkeit. Eine besondere Relevanz der Rechtsprechung für die soziale Frage konnte man im Bereich der Rechtslage der Arbeiter feststellen.

Literatur

Ambrosius, Gerold, Staat und Wirtschaftsordnung, Eine Einführung in Theorie und Geschichte, Stuttgart 2001

Aubin, Hermann/Zorn, Wolfgang (Hg.), Handbuch der deutschen Wirtschafts- und Sozialgeschichte, Band 2: Das 19. und 20. Jahrhundert, Stuttgart 1976

Aufseß, Eckart von, Konkursrecht und Konkursverfahren, Leipzig 1899

Baumann, Jürgen, Konkurs und Vergleich, Bielefeld 1976

Baur, Fritz, Sozialer Ausgleich durch Richterspruch, in: JZ 12 (1957), S. 193-197

Baur, Fritz/Stürner, Ralf, Insolvenzrecht, begründet von *Fritz Baur*, 3. Aufl. bearbeitet von *Rolf Stürner*, 3. Aufl., Heidelberg 1991

Becker, Christoph, Insolvenzrecht, Köln 2005

Berges, August Maria, Vergleich und Konkurs in der Evolution der Marktwirtschaft, in: *Uhlenbruck, Wilhelm/Klasmeyer, Bernd/ Kübler, Bruno M.* (Hg.), Einhundert Jahre Konkursordnung, Festschrift, Köln 1977, S. 363-399

Böhle-Stamschräder, Aloys (Hg.), Konkursordnung, Kommentar, 12. Aufl., München 1976

Bökelmann, Erhard/Henckel, Wolfram/Jahr, Günther (Hg.), Festschrift für Friedrich Weber zum 70. Geburtstag, Berlin 1975

Borchardt, Knut, Wirtschaftliches Wachstum und Wechsellagen 1800-1914, in: *Aubin, Hermann/Zorn, Wolfgang* (Hg.), Handbuch der deutschen Wirtschafts- und Sozialgeschichte, Band 2: Das 19. und 20. Jahrhundert, Stuttgart 1976, S. 198-275

Born, Karl Erich, Der soziale und wirtschaftliche Strukturwandel Deutschlands am Ende des 19. Jahrhunderts, in: VSWG 50 (1963), S. 361-376

Born, Karl Erich (Hg.), Moderne deutsche Wirtschaftsgeschichte, Köln 1966

Bornhorst, Ralf, Das bayerische Insolvenzrecht im 19. Jahrhundert und der Einfluß Bayerns auf das Entstehen der Reichskonkursordnung von 1877, Diss., Online-Publikation, 2002

Brox, Hans, Allgemeiner Teil des BGB, 27. Aufl., Köln 2003

Brox, Hans/Walker, Wolf-Dietrich, Allgemeines Schuldrecht, 33. Aufl., München 2009

Brox, Hans/Walker, Wolf-Dietrich, Besonderes Schuldrecht, 33. Aufl., München 2008

Bruski, Johannes, Die Voraussetzungen der Konkursanfechtung, Normprägende Prinzipien und Regelungsmöglichkeiten in rechtsvergleichender Betrachtung, Diss., Bonn 1990

Bülow, Oskar, Gesetz und Richteramt, Leipzig 1885

Buschmann, Arno, 100 Jahre Gründungstag des Reichsgerichts, in: NJW 32 (1979), S. 1966-1973

Buschmann, Arno, Das Reichsgericht, Ein Höchstgericht im Wandel der Zeiten, in: *Kern, Bernd Rüdiger/Schmidt-Recla, Adrian* (Hg.), 125 Jahre Reichsgericht, Festschrift, Berlin 2006, S. 41-75

Coing, Helmut, Allgemeine Züge der privatrechtlichen Gesetzgebung im 19. Jahrhundert, in: *Coing, Helmut* (Hg.), Handbuch der Quellen der neueren europäisches Privatrechtsgeschichte, Band III/1: Gesetzgebung zum allgemeinen Privatrecht, München 1982, S. 3-16

Coing, Helmut (Hg.), Handbuch der Quellen der neueren europäisches Privatrechtsgeschichte, Band III/1: Gesetzgebung zum allgemeinen Privatrecht, München 1982

Coing, Helmut (Hg.), Handbuch der Quellen der neueren europäisches Privatrechtsgeschichte, Band III/3: Gesetzgebung zu den privatrechtlichen Sondergebieten, München 1986

Coing, Helmut, Europäisches Privatrecht, Band 2: 19. Jahrhundert, München 1989

Danckelmann, Volker von, Aus- und Absonderung im deutschen Konkursrecht, Eine Untersuchung über die Entwicklung des Verständnisses von Verwaltung und Verwertung fremdrechtbelasteter beweglicher Sachen und Immobilien im deutschen Konkursrecht seit 1855, Diss., Münster 2008

Dann, Wilfried, Das Konkursvorrecht der öffentlichen Abgaben, Diss., Berlin 1962

Dütz, Wilhelm, Arbeitsrecht, 9. Aufl., München 2004

Düwel, Lars, Die Nichtigkeit und Anfechtbarkeit der Ehe in der Rechtsprechung des Reichsgerichts zwischen 1900 und 1945, Diss., Frankfurt am Main 2006

Eichenberger, Christian, Die besondere Konkursanfechtung, Analyse der geltenden Bestimmungen und der Reformentwürfe, Diss., Regensburg 1990

Eickmann, Dieter, Konkurs- und Vergleichsrecht, 2. Aufl., Berlin 1980

Eisenhardt, Moritz, Sanierung statt Liquidation, Die Geschichte des Vergleichs zur Abwendung des Konkurses unter besonderer Berücksichtigung der Vergleichsordnung von 1927 und 1935, Diss., Frankfurt am Main 2011

Endemann, Wilhelm, Das deutsche Konkursverfahren, Leipzig 1889

Endemann, Wilhelm, Zur Entwicklung des Konkursverfahrens in der gemeinrechtlichen Lehre bis zu der Deutschen Konkursordnung vom 10. Februar 1877, in: ZZP 12 (1888), S. 24-96

Engelsing, Rolf, Sozial- und Wirtschaftsgeschichte Deutschlands, 2. Aufl., Göttingen 1976

Erler, Adalbert/Kaufmann, Ekkehard (Hg.), Handwörterbuch zur deutschen Rechtsgeschichte, Band 1: Aachen bis Haussuchung, Berlin 1978

Erler, Adalbert/Kaufmann, Ekkehard (Hg.), Handwörterbuch zur deutschen Rechtsgeschichte, Band 2: Haustür bis Lippe, Berlin 1978

Erler, Adalbert/Kaufmann, Ekkehard (Hg.), Handwörterbuch zur deutschen Rechtsgeschichte, Band 4: Protonotarius Apostolicus bis Strafprozessordnung, Berlin 1990

Erler, Adalbert/Kaufmann, Ekkehard (Hg.), Handwörterbuch zur deutschen Rechtsgeschichte, Band 5: Straftheorie bis Zycha, Berlin 1998

Falk, Ulrich/Mohnhaupt, Franz (Hg.), Das Bürgerliche Gesetzbuch und seine Richter, Zur Reaktion der Rechtsprechung auf die Kodifikation des deutschen Privatrechts (1896-1914), Frankfurt am Main 2000

Fitting, Hermann, Das Reichs-Konkursrecht und Konkursverfahren, 3. Aufl., Berlin 1904

Forster, Wolfgang, Konkurs als Verfahren, Francisco Salgado de Somoza in der Geschichte des Insolvenzrechts, Habil., Köln 2009

Friedmann, Wolfgang, Die Gerichte und die Fortbildung des Rechts, in: *Friedmann, Wolfgang* (Hg.), Recht und sozialer Wandel, Frankfurt am Main 1969, S. 33-71

Friedmann, Wolfgang (Hg.), Recht und sozialer Wandel, Frankfurt am Main 1969

Fuchs, Carl, Der deutsche Concursproceß, Leipzig 1877

Fuld, Ludwig, Das Bürgerliche Gesetzbuch und die Sozialpolitik, in: Gruchot 35 (1891), S. 635-657

Gaul, Hans Friedhelm, Zur Reform des Zwangsvollstreckungsrechts, in: JZ 28 (1973), S. 473-483

Gerhardt, Walter, Aspekte zur Wechselwirkung zwischen Konkursrecht und Wirtschaftsleben, in: *Bökelmann, Erhard/Henckel, Wolfram/Jahr, Günther* (Hg.), Festschrift für Friedrich Weber zum 70. Geburtstag, Berlin 1975, S. 181-196

Gerhardt, Walter/Merz, Franz, Aktuelle Probleme der Gläubigeranfechtung im Konkurs, 5. Aufl., Köln 1990

Gottschalk, Max, Zur Abänderung der deutschen Konkursordnung, Berlin 1895

Gottschalk, Max, Zur Novelle der Konkurs-Ordnung, in: DJZ 3 (1898), S. 113-116

Hachenburg, Max, Die Rechtsprechung des Reichsgerichts in Zivilsachen, in: DJZ 9 (1904), Sp. 880-890

Hagemann, Hans-Rudolf, Artikel Eigentum, in: *Erler, Adalbert/Kaufmann, Ekkehard* (Hg.), Handwörterbuch zur deutschen Rechtsgeschichte, Band 1: Aachen bis Haussuchung, Berlin 1978, Sp. 882-896

Hedemann, Justus Wilhelm, Reichsgericht und Wirtschaftsrecht, Ein Bild deutscher Praxis, Jena 1929

Henning, Friedrich-Wilhelm, Handbuch der Wirtschafts- und Sozialgeschichte Deutschlands, Band 2: 19. Jahrhundert, Paderborn 1996

Henning, Friedrich-Wilhelm, Artikel Wirtschaftsrecht/Wirtschaftsverfassung, in: *Erler, Adalbert/Kaufmann, Ekkehard* (Hg.), Handwörterbuch zur deutschen Rechtsgeschichte, Band 5: Straftheorie bis Zycha, Berlin 1998, Sp. 1449-1453

Hess, Harald (Hg.), Kommentar zur Konkursordnung, 5. Aufl., Neuwied 1995

Hesse, Albert, Konkursstatistik, in: Jahrbücher für Nationalökonomie und Statistik 90 (1908), S. 64-101

Hirsch, Ernst E., Vom Kampf des Rechtes gegen die Gesetze, in: AcP 175 (1975), S. 471-511

Hofer, Sibylle, Freiheit ohne Grenzen?, Privatrechtstheoretische Diskussionen im 19. Jahrhundert, Habil., Tübingen 2001

Hofer, Sibylle, "So haben Wir zu Beförderung des Credits vor nöthig befunden (…)" - Kreditsteuerung durch Konkursrecht in der frühen Neuzeit, in: ZNR 26 (2004), S. 177-188

Horn, Christof, Die Rechtsprechung des Reichsgerichts in Ehescheidungssachen der Jahre 1900 bis 1905, Diss., Frankfurt am Main 1996

Jaeger, Ernst, Die Konkursordnung 1879-1904, in: DJZ 9 (1904), Sp. 904-912

Jaeger, Ernst (Hg.), Kommentar zur Konkursordnung, Band 1: §§ 1-70, 5. Aufl., Berlin 1916

Jaeger, Ernst (Hg.), Kommentar zur Konkursordnung, Band 1: §§ 1-70, bearbeitet von *Friedrich Lent*, 8. Aufl., Berlin 1958

Jaeger, Ernst, Lehrbuch des Deutschen Konkursrechts, 8. Aufl., Berlin 1932

Jauernig, Othmar, Zwangsvollstreckungs- und Insolvenzrecht, 20. Aufl., München 1996

Kaufmann, Ekkehard, Artikel Rechtspositivismus, in: *Erler, Adalbert/Kaufmann, Ekkehart* (Hg.), Handwörterbuch zur deutschen Rechtsgeschichte, Band 4: Protonotarius Apostolicus bis Strafprozessordnung, Berlin 1990, Sp. 321-335

Kellenbenz, Hermann, Deutsche Wirtschaftsgeschichte, Band 2: Vom Ausgang des 18. Jahrhunderts bis zum Ende des Zweiten Weltkrieges, München 1981

Kern, Bernd-Rüdiger/Schmidt-Recla, Adrian (Hg.), 125 Jahre Reichsgericht, Festschrift, Berlin 2006

Kieseritzky, Wolther von, Liberalismus und Sozialstaat, Liberale Politik in Deutschland zwischen Machtstaat und Arbeiterbewegung (1878-1893), Köln 2002

Kilger, Joachim, Der Konkurs des Konkurses, in: DB 28 (1975), S. 1445-1449

Kilger, Joachim, Die Reformbedürftigkeit des Konkurs- und Vergleichsrechts, in: ZRP 9 (1976), S. 190-194

Kilger, Joachim/Schmidt, Karsten (Hg.), Konkursordnung, Kommentar, begründet von *Alois Böhle-Stamschräder*, bis zur 15. Aufl. fortgeführt von *Joachim Kilger*, 16. Aufl. neubearbeitet von *Karsten Schmidt*, 16. Aufl., München 1993

Klausing, Friedrich, Die Rechtsprechung des Reichsgerichts in Zivilsachen, in: DJZ 34 (1929), Sp. 1260-1268

Kleinfeller, Georg, Das Bürgerliche Gesetzbuch und die Konkursordnung, in: DJZ 1 (1896), S. 474-478

Kleinfeller, Georg, Die Änderungen der Konkursordnung, in: ZZP 25 (1899), S. 80-127

Kleinfeller, Georg, Lehrbuch des deutschen Konkursrechts, Berlin 1912

Kleinfeller, Georg, Das Reichsgericht und die Konkursgläubiger, in: *Schreiber, Otto* (Hg.), Die Reichsgerichtspraxis im deutschen Rechtsleben, Band 6: Zivilprozessrecht, Festschrift zum 50-jährigen Bestehen des Reichsgerichts, Berlin 1929, S. 211-235

Kleinheyer, Gerd/Schröder, Jan (Hg.), Deutsche und europäische Juristen aus neun Jahrhunderten, Eine biographische Einführung in die Geschichte der Rechtswissenschaft, 5. Aufl., Heidelberg 2008

Knieper, Rolf, Konkurs und Sanierung, in: BB 32 (1977), S. 622-627

Kohler, Josef, Lehrbuch des Konkursrechts, Stuttgart 1891

Kohler, Josef, Leitfaden des Deutschen Konkursrechts, 2. Aufl., Stuttgart 1903

Köllmann, Wolfgang, Politische und soziale Entwicklung der deutschen Arbeiterschaft 1850-1914, in: VSWG 50 (1963), S. 480-504

König, Georg, Das Konkursverfahren nach der Reichs-Konkursordnung vom 10. Februar 1877, 2. Aufl., Hannover 1879

Kopsidis, Michael, Liberale Wirtschaftspolitik im Zeitalter der Industrialisierung, in: *Tilly, Richard H.* (Hg.), Geschichte der Wirtschaftspolitik, München 1993, S. 34-68

Kuhn, Georg/Uhlenbruck, Wilhelm (Hg.), Konkursordnung, Kommentar, begründet von *Franz Mentzel*, 6. Aufl. bis 8. Aufl. fortgeführt von *Georg Kuhn*, seit der 9. Aufl. bearbeitet von *Wilhelm Uhlenbruck*, 11. Aufl., München 1994

Lammel, Siegbert, Recht zur Ordnung des Wettbewerbs, in: *Coing, Helmut* (Hg.), Handbuch der Quellen der neueren europäisches Privatrechtsgeschichte, Band III/3: Gesetzgebung zu den privatrechtlichen Sondergebieten, München 1986, S. 3749-3954

Landau, Felix, Die Vorschläge des Berliner Anwaltsvereins zur Konkursnovelle, in: DJZ 3 (1898), S. 132-135
Leipold, Dieter, Erbrecht, 16. Aufl., Tübingen 2006
Lobe, Adolf, Die äußere Organisation des Reichsgerichts, in: *Lobe, Adolf* (Hg.), Fünfzig Jahre Reichsgericht, Festschrift, Berlin 1929, S. 1-9
Lobe, Adolf, Die innere Organisation des Reichsgerichts, in: *Lobe, Adolf* (Hg.), Fünfzig Jahre Reichsgericht, Festschrift, Berlin 1929, S. 19-33
Lobe, Adolf (Hg.), Fünfzig Jahre Reichsgericht, Festschrift, Berlin 1929
Luig, Klaus, Sammlung sämtlicher Erkenntnisse des Reichsgerichts, in: NJW 46 (1993), S. 1905-1906
Lüke, Wolfgang, Zivilprozessrecht, 8. Aufl., München 2003
Luminati, Michele/Falk, Ulrich/Schmoeckel, Mathias (Hg.), Mit den Augen der Rechtsgeschichte, Rechtsfälle - selbstkritisch kommentiert, Zürich 2008
Lütge, Friedrich, Deutsche Sozial- und Wirtschaftsgeschichte, Ein Überblick, 2. Aufl., Berlin 1960
Makower, Hermann, Zur Revision der deutschen Konkursordnung, Berlin 1894
Makower, Hermann, Zur Revision der deutschen Konkursordnung, in: ZZP 20 (1894), S. 441-485
Meier, Anke, Die Geschichte des deutschen Konkursrechts, Insbesondere die Entstehung der Reichskonkursordnung von 1877, Diss., Frankfurt am Main 2003
Mentzel, Franz (Hg.), Kommentar zur Konkursordnung, 5. Aufl., Berlin 1937
Mertens, Hans-Georg, Untersuchungen zur zivilrechtlichen Judikatur des Reichsgerichts vor dem Inkrafttreten des BGB, in: AcP 174 (1974), S. 333-380
Meyer, Karl (Hg.), Die Konkursordnung für das Deutsche Reich und ergänzende Gesetze, Kommentar, bearbeitet von *Joseph Bleyer*, 2. Aufl., München 1921
Mohnhaupt, Franz, Deutsches Reich (1871-1945), in: *Ranieri, Filippo* (Hg.), Gedruckte Quellen der Rechtsprechung in Europa (1800-1945), Band 3.1, Frankfurt am Main 1992, S. 201-278
Möller, Kristina, Die Rechtsprechung des Reichsgerichts in Zivilsachen, Diss., Paderborn 2001
Müller, Kai, Die Hüter des Rechts, Die Stellung des Reichsgerichts im Deutschen Kaiserreich 1879-1918, Diss., Baden-Baden 1997
Müller-Erzbach, Rudolf, Reichsgericht und Interessenjurisprudenz, in: *Schreiber, Otto* (Hg.), Die Reichsgerichtspraxis im deutschen Rechtsleben, Band 2: Zivil- und Handelsrecht, Festschrift zum 50-jährigen Bestehen des Reichsgerichts, Berlin 1929, S. 161-177
Nipperdey, Thomas, Deutsche Geschichte 1866-1918, Band 1: Arbeitswelt und Bürgergeist, München 1994

Nörr, Knut Wolfgang, Zwischen den Mühlsteinen, Eine Privatrechtsgeschichte der Weimarer Republik, Tübingen 1988

Nörr, Knut Wolfgang, Eher Hegel als Kant, Zum Privatrechtsverständnis im 19. Jahrhundert, Paderborn 1991

Nörr, Knut Wolfgang, Der Richter zwischen Gesetz und Wirklichkeit, Die Reaktion des Reichsgerichts auf die Krisen von Weltkrieg und Inflation, Heidelberg 1996

Nörr, Knut Wolfgang, Kodifikation und Wirtschaftsordnung im Deutschland des 19. Jahrhunderts, in: ZNR 23 (2001), S. 51-61

Odersky, Walter, Rechtsgeschichte und Rechtsprechung, in: DNotZ 42 (1991), S. 108-118

Oertmann, Paul, Gesetzeszwang und Richterfreiheit, Leipzig 1909

Oetker, Friedrich, Das Verfolgungsrecht, Nach § 36 der Reichskonkursordnung, (right of stoppage in transitu), Kassel 1883

Oetker, Friedrich, Konkursrechtliche Grundbegriffe, Band 1: Die Gläubiger, Stuttgart 1891

Oetker, Friedrich, Die Konkursordnung in neuer Gestalt, in: DJZ 4 (1899), S. 265-268

Oetker, Friedrich, Zur Reform der Konkursordnung, in: DJZ 16 (1911), Sp. 445-449

Ogris, Werner, Artikel Konkurs, in: *Erler, Adalbert/Kaufmann, Ekkehard* (Hg.), Handwörterbuch zur deutschen Rechtsgeschichte, Band 2: Haustür bis Lippe, Berlin 1978, Sp. 1083-1085

Ortloff, Hermann, Die wichtigeren Vorschläge zur Revision des Konkursrechts, in: SABRP 4 (1894), S. 641-672

Ostler, Fritz, Wiederauferstehung des toten Reichsgerichts?, in: NJW 48 (1995), S. 23-26

Pagenstecher, Max/Grimm, Max, Der Konkurs, bearbeitet von *Max Grimm*, 4. Aufl., München 1968

Petersen, Julius/Kleinfeller, Georg (Hg.), Konkursordnung für das Deutsche Reich, 3. Aufl., Lahr 1892

Pfeiffer, Gerd, Das Reichsgericht und seine Rechtsprechung, in: DRiZ 57 (1979), S. 325-332

Pieroth, Bodo/Schlink, Bernhard, Grundrechte, Staatsrecht II, 19. Aufl., Heidelberg 2003

Planck, Gottlieb, Die soziale Tendenz des Bürgerlichen Gesetzbuchs, in: DJZ 4 (1899), S. 181-184

Pohlkamp, Matthias, Die Entstehung des modernen Wucherrechts und die Wucherrechtsprechung des Reichsgerichts zwischen 1880 und 1933, Diss., Frankfurt am Main 2009

Prütting, Hanns, Sachenrecht, 33. Aufl., München 2008
Puchta, Wolfgang Heinrich, Ueber den Concursprozeß, Erlangen 1827
Ranieri, Filippo (Hg.), Gedruckte Quellen der Rechtsprechung in Europa (1800-1945), Band 3.1, Frankfurt am Main 1992
Ranieri, Filippo (Hg.), Gedruckte Quellen der Rechtsprechung in Europa (1800-1945), Band 3.2, Frankfurt am Main 1992
Repgen, Tilman, Das Vermieterpfandrecht im Kaiserreich, in: *Falk, Ulrich/ Mohnhaupt, Franz* (Hg.), Das Bürgerliche Gesetzbuch und seine Richter, Zur Reaktion der Rechtsprechung auf die Kodifikation des deutschen Privatrechts (1896-1914), Frankfurt am Main 2000, S. 231-280
Repgen, Tilman, Die soziale Aufgabe des Privatrechts, Eine Grundfrage in Wissenschaft und Kodifikation am Ende des 19. Jahrhunderts, Habil., Tübingen 2001
Repgen, Tilman, Rechtsprechung und Wohnungsfrage im 19. Jahrhundert, Beispiele zum Recht der außerordentlichen Kündigung, in: *Luminati, Michele/ Falk, Ulrich/Schmoeckel, Mathias* (Hg.), Mit den Augen der Rechtsgeschichte, Rechtsfälle - selbstkritisch kommentiert, Wien 2008, S. 235-269
Richard, Thoma, Das richterliche Prüfungsrecht, in: AöR 43 (1922), S. 267-286
Riedemann, Susanne, Zur Entwicklung des Konkursrechts seit Inkrafttreten der Konkursordnung unter dem Aspekt der Gläubigerautonomie, Diss., Norderstedt 2004
Rintelen, Victor, Das Konkursrecht, 2. Aufl., Halle 1902
Ritter, Gerhard Albert, Arbeiter, Arbeiterbewegung und soziale Ideen, Beiträge zur Geschichte des 19. und 20. Jahrhunderts, München 1996
Ritter, Gerhard Albert, Soziale Frage und Sozialpolitik in Deutschland seit Beginn des 19. Jahrhunderts, Opladen 1998
Sarwey, Otto von, Die Konkurs-Ordnung für das Deutsche Reich, Berlin 1879
Schlosser, Hans, Grundzüge der Neueren Privatrechtsgeschichte, 10. Aufl., Heidelberg 2005
Schlüter, Wilfried, BGB-Familienrecht, 11. Aufl., Heidelberg 2005
Schmoeckel, Mathias, Rechtsgeschichte der Wirtschaft, Tübingen 2008
Scholz, Richard, Analyse der Entstehungsbedingungen der reichsgerichtlichen Aufwertungsrechtsprechung, Diss., Frankfurt am Main 2001
Schreiber, Otto (Hg.), Die Reichsgerichtspraxis im deutschen Rechtsleben, Band 6: Zivilprozessrecht, Festschrift zum 50-jährigen Bestehen des Reichsgerichts, Berlin 1929
Schreiber, Otto (Hg.), Die Reichsgerichtspraxis im deutschen Rechtsleben, Band 2: Zivil- und Handelsrecht, Festschrift zum 50-jährigen Bestehen des Reichsgerichts, Berlin 1929

Schröder, Jan, Artikel Otto von Gierke, in: *Kleinheyer, Gerd/Schröder, Jan* (Hg.), Deutsche und europäische Juristen aus neun Jahrhunderten, Eine biographische Einführung in die Geschichte der Rechtswissenschaft, 5. Aufl., Heidelberg 2008, S. 152-158

Schröder, Jan, Artikel Rudolf von Jhering, in: *Kleinheyer, Gerd/ Schröder, Jan* (Hg.), Deutsche und europäische Juristen aus neun Jahrhunderten, Eine biographische Einführung in die Geschichte der Rechtswissenschaft, 5. Aufl., Heidelberg 2008, S. 230-236

Schubert, Werner, Sammlung sämtlicher Erkenntnisse des Reichsgerichts, Jahrgang 1900 bis Jahrgang 1914, Frankfurt am Main 1992-2002

Schubert, Werner, Nachschlagewerk des Reichsgerichts, Band 1 bis Band 10, Frankfurt am Main 1994-2002

Schulte-Nölke, Hans, Die schwere Geburt des Bürgerlichen Gesetzbuchs, in: NJW 49 (1996), S. 1705-1710

Schultze, August Sigmund, Das deutsche Konkursrecht in seinen juristischen Grundlagen, Berlin 1880

Sellert, Wolfgang, Die Reichsjustizgesetze von 1877, in: JuS 17 (1977), S. 781-789

Sellert, Wolfgang, Artikel Reichsjustizgesetze, in: *Erler, Adalbert/Kaufmann Ekkehard* (Hg.), Handwörterbuch zur deutschen Rechtsgeschichte, Band 4: Protonotarius Apostolicus bis Strafprozessordnung, Berlin 1990, Sp. 651-654

Seuffert, Lothar von, Zur Revision der Konkursordnung bei Einführung des Bürgerlichen Gesetzbuches, in: ZZP 22 (1896), S. 475-526

Seuffert, Lothar von, Deutsches Konkursprozessrecht, Leipzig 1899

Silberschmidt, Wilhelm, Das Reichsgericht und der Begriff des Sozialen, in: *Schreiber, Otto* (Hg.), Die Reichsgerichtspraxis im deutschen Rechtsleben, Band 2: Zivil- und Handelsrecht, Festschrift zum 50-jährigen Bestehen des Reichsgerichts, Berlin 1929, S. 1-24

Spann, Michael, Der Haftungszugriff auf den Schuldner zwischen Personal- und Vermögensvollstreckung, Diss., Münster 2004

Stolleis, Michael, Die Entstehung des Interventionsstaates und das öffentliche Recht, in: ZNR 10 (1989), S. 129-147

Stolleis, Michael, Artikel Sozialrecht, in: *Erler, Adalbert/Kaufmann, Ekkehard* (Hg.), Handwörterbuch zur deutschen Rechtsgeschichte, Band 4: Protonotarius Apostolicus bis Strafprozessordnung, Berlin 1990, Sp. 1730-1733

Stolleis, Michael, Geschichte des Sozialrechts, Stuttgart 2003

Sydow, Reinhold von (Hg.), Konkursordnung, Kommentar, begründet von *Reinhold von Sydow*, fortgeführt von *Louis Busch* und *Otto Krieg*, 14. Aufl., Berlin 1926

Tilly, Richard H. (Hg.), Geschichte der Wirtschaftspolitik, München 1993

Treue, Wilhelm, Wirtschaftsgeschichte der Neuzeit, Stuttgart 1962

Uhlenbruck, Wilhelm, Einhundert Jahre Konkursordnung, in: *Uhlenbruck, Wilhelm/Klasmeyer, Bernd/Kübler, Bruno M.* (Hg.), Einhundert Jahre Konkursordnung, Festschrift, Köln 1977, S. 3-34

Uhlenbruck, Wilhelm, Zur Geschichte des Konkurses, in: DZWIR 17 (2007), S. 1-5

Uhlenbruck, Wilhelm/Klasmeyer, Bernd/Kübler, Bruno M. (Hg.), Einhundert Jahre Konkursordnung, Festschrift, Köln 1977

Vieweg, Klaus/Werner, Almuth, Sachenrecht, 3. Aufl., Köln 2007

Völderndorff, Otto von, Konkursordnung für das Deutsche Reich, 2. Aufl., Erlangen 1884

Vollmershausen, Christiane E., Vom Konkursprozess zum Marktbereinigungsverfahren, Das deutsche Konkursverfahren von 1700 bis heute, Diss., Münster 2007

Wadle, Elmar, Das Reichsgericht im Widerschein denkwürdiger Tage, in: JuS 19 (1979), S. 841-847

Wagner, Herbert, Insolvenzrecht, 2. Aufl., Wiesbaden 1986

Walter, Rolf, Wirtschaftsgeschichte, Vom Merkantilismus bis zur Gegenwart, Köln 1995

Walter, Rolf, Einführung in die Wirtschafts- und Sozialgeschichte, 2. Aufl., Köln 2008

Warneyer, Otto (Hg.), Konkursordnung, Kommentar, Berlin 1932

Weber, Friedrich, Fragen zur Gestaltung des Konkursverfahrens in rechtspolitischer und rechtsvergleichender Sicht, in: KTS 20 (1959), S. 80-88

Weber, Max, Wirtschaftsgeschichte, Abriss der universalen Sozial- und Wirtschaftsgeschichte, 5. Aufl., Berlin 1991

Wengler, Friedrich Albert (Hg.), Die Konkursordnung für das Deutsche Reich, Kommentar, Leipzig 1879

Wieacker, Franz, Das Sozialmodell der klassischen Privatrechtsgesetzbücher und die Entwicklung der modernen Gesellschaft, Vortrag gehalten vor der Juristischen Studiengesellschaft in Karlsruhe am 12.12.1952, Karlsruhe 1953

Wieacker, Franz, Privatrechtsgeschichte der Neuzeit, 2. Aufl., Göttingen 1967

Wieacker, Franz, Industriegesellschaft und Privatrechtsordnung, Frankfurt am Main 1974

Willenbücher, Heinrich (Hg.), Die Konkursordnung, Kommentar, bearbeitet von *Fritz Günther*, 3. Aufl., Berlin 1909

Wilmowski, Gustav Karl Adolf von (Hg.), Deutsche Reichs-Konkursordnung, Kommentar, 6. Aufl., Berlin 1906

Wiringer-Seiler, Ulrike, Das Anfechtungsrecht im Konkurs, Ein geeignetes Mittel zur Beseitigung der Masseauszehrung durch besitzlose Mobiliarsicherheiten?, Diss., München 1988

Wischermann, Clemens/Nieberding, Anne, Die institutionelle Revolution, Eine Einführung in die deutsche Wirtschaftsgeschichte des 19. und frühen 20. Jahrhunderts, Stuttgart 2004

Wolff, Theodor (Hg.), Die Konkursordnung, Kommentar, 2. Aufl., Berlin, Leipzig 1921

Ziegler, Theobald, Die geistigen und socialen Strömungen des neunzehnten Jahrhunderts, Berlin 1899

Zimmer, Keno, Artikel Reichsgericht, in: *Erler, Adalbert/Kaufmann, Ekkehard* (Hg.), Handwörterbuch zur deutschen Rechtsgeschichte, Band 4: Protonotarius Apostolicus bis Strafprozessordnung, Berlin 1990, Sp. 576-580

Zunkel, Friedrich, Die Entfesselung des neuen Wirtschaftsgeistes 1850-1875, in: *Born, Karl Erich* (Hg.), Moderne deutsche Wirtschaftsgeschichte, Köln 1966, S. 42-51

Zycha, Adolf, Deutsche Rechtsgeschichte der Neuzeit, 2. Aufl., Marburg 1949

Entscheidungen

RG, Urteil v. 20.12.1879, Az. I 21/79, in: RGZ 1 (1879), S. 183-188
RG, Urteil v. 02.06.1880, Az. V 506/80, in: RGZ 2 (1880), S. 374-378
RG, Urteil v. 24.11.1880, Az. I 814/80, in: RGZ 3 (1880), S. 34-54
RG, Urteil v. 10.05.1881, Az. III 420/81, in: RGZ 4 (1881), S. 423-425
RG, Urteil v. 07.12.1881, Az. II 281/80, in: JW 10 (1881), S. 20-23
RG, Urteil v. 21.01.1882, Az. V 783/81, in: RGZ 6 (1882), S. 66-69
RG, Urteil v. 14.02.1882, Az. II 408/81, in: RGZ 7 (1882), S. 19-21
RG, Urteil v. 08.12.1882, Az. II 396/82, in: RGZ 8 (1882), S. 99-102
RG, Urteil v. 19.04.1882, Az. V 446/82, in: JW 11 (1882), S. 164-166
RG, Urteil v. 24.02.1883, Az. I 539/82, in: RGZ 8 (1883), S. 79-86
RG, Beschluss v. 06.12.1883, Az. II 213/83, in: JW 13 (1884), S. 16-19
RG, Urteil v. 10.03.1884, Az. IV 198/83, in: RGZ 11 (1884), S. 63-65
RG, Urteil v. 20.05.1884, Az. II 504/83, in: RGZ 11 (1884), S. 173-178
RG, Urteil v. 10.03.1885, Az. II 431/84, in: RGZ 13 (1885), S. 39-41
RG, Urteil v. 18.09.1886, Az. V 225/86, in: RGZ 16 (1886), S. 68-72
RG, Beschluss v. 28.06.1888, Az. III 54/87, in: JW 17 (1888), S. 365-371
RG, Urteil v. 05.03.1888, Az. VI 29/88, in: RGZ 20 (1888), S. 133-137
RG, Urteil v. 11.05.1888, Az. II 92/88, in: RGZ 21 (1888), S. 46-51
RG, Urteil v. 10.01.1889, Az. VI 260/88, in: RGZ 22 (1889), S. 139-145
RG, Urteil v. 14.05.1889, Az. III 89/89, in: RGZ 23 (1889), S. 112-116
RG, Urteil v. 02.02.1889, Az. I 332/88, in: RGZ 24 (1889), S. 45-54
RG, Urteil v. 22.05.1890, Az. VI 59/90, in: Gruchot 36 (1890), S. 1192-1193
RG, Urteil v. 13.02.1891, Az. II 276/90, in: RGZ 27 (1891), S. 84-88
RG, Urteil v. 20.05.1892, Az. III 43/92, in: RGZ 29 (1892), S. 77-79
RG, Urteil v. 03.05.1892, Az. II 68/92, in: RGZ 29 (1892), S. 297-303
RG, Urteil v. 19.01.1893, Az. VI 246/92, in: RGZ 30 (1893), S. 90-94
RG, Urteil v. 11.07.1893, Az. II 114/93, in: RGZ 31 (1893), S. 134-139
RG, Urteil v. 26.06.1893, Az. VI 101/93, in: RGZ 31 (1893), S. 123-125
RG, Urteil v. 29.04.1893, Az. V 22/93, in: Seuffert 48 (1893), S. 479-482
RG, Urteil v. 21.05.1895, Az. III 55/95, in: RGZ 35 (1895), S. 77-80
RG, Urteil v. 29.10.1896, Az. VI 170/96, in: RGZ 38 (1896), S. 66-73
RG, Urteil v. 12.01.1897, Az. III 233/96, in: RGZ 38 (1897), S. 113-114
RG, Urteil v. 24.05.1897, Az. VI 443/96, in: RGZ 39 (1897), S. 70-79
RG, Urteil v. 29.10.1897, Az. III 248/97, in: RGZ 40 (1897), S. 23-29
RG, Urteil v. 20.09.1898, Az. III 109/98, in: Seuffert 55 (1900), S. 123-125
RG, Urteil v. 23.12.1899, Az. V 233/99, in: RGZ 45 (1899), S. 80-87
RG, Urteil v. 28.12.1899, Az. VI 259/99, in: RGZ 45 (1899), S. 170-174

Materialien

Hahn, Carl/Mugdan, Benno (Hg.)
Die gesamten Materialien zu den Reichs-Justizgesetzen
(herausgegeben auf Veranlassung des Kaiserlichen Reichs-Justizamts)
Aalen 1983
Neudruck der Ausgabe Berlin 1881-1898

Band 1: Materialien zum Gerichtsverfassungsgesetz

Band 2: Materialien zur Zivilprozessordnung

Band 3: Materialien zur Strafprozessordnung

Band 4: Materialien zur Konkursordnung
(zitiert: Motive IV)

Band 5: Materialien zum Gesetz über die Zwangsversteigerung und die Zwangsverwaltung und zur Grundbuchordnung

Band 6: Materialien zum Handelsgesetzbuch

Band 7: Materialien zum Gesetz über die Angelegenheiten der freiwilligen Gerichtsbarkeit; Materialien zum Gesetz betr. Änderungen der Konkursordnung nebst Einführungsgesetz

Band 8: Materialien zum Gesetz betr. Änderungen der Zivilprozessordnung, Gerichtsverfassungsgesetz und Strafprozessordnung

Gesetze

Konkursordnung vom 10.02.1877
Verkündung am 05.03.1877
Inkrafttreten am 01.10.1879
Fundstelle: RGBl. 1877, Nr. 10, S. 351-389

Civilprozeßordnung vom 30.01.1877
Verkündung am 19.02.1877
Inkrafttreten am 01.10.1879
Fundstelle: RGBl. 1877, Nr. 6, S. 83-243

Strafprozeßordnung vom 01.02.1877
Verkündung am 26.02.1877
Inkrafttreten am 01.10.1879
Fundstelle: RGBl. 1877, Nr. 8, S. 253-346

Gerichtsverfassungsgesetz vom 27.01.1877
Verkündung am 07.02.1877
Inkrafttreten am 01.10.1879
Fundstelle: RGBl. 1877, Nr. 4, S. 41-76

Bürgerliches Gesetzbuch vom 18.08.1896
Verkündung am 24.08.1896
Inkrafttreten am 01.01.1900
Fundstelle: RGBl. 1896, Nr. 21, S. 195-603

RECHTSHISTORISCHE REIHE

Die nachfolgende Liste führt die Titel der "Rechtshistorischen Reihe" ab Band 300 auf.
Eine vollständige Übersicht aller bisher in der Reihe erschienenen Bücher
finden Sie auf www.peterlang.de.

Band 300 Jan Kohlmann: Der Marsch zu den Gräbern von Karl und Rosa. Geschichte eines Gedenktages. 2004.

Band 301 Christian Rainer Schlicht: Die kumulative Schuldübernahme in der Rechtsprechung des Reichsgerichts und in der zeitgenössischen Literatur. 2004.

Band 302 Hans Peter Glöckner: Positive Vertragsverletzung. Die Geburt eines Rechtsinstituts. 2006.

Band 303 João Manuel Azevedo Alexandrino Fernandes: Die Theorie der Interpretation des Gesetzes bei Francisco Suárez. 2005.

Band 304 René Funk: Die Wahlprüfung der volksgewählten Abgeordneten der Volksvertretungen im Frühkonstitutionalismus. Eine Untersuchung der Wahlprüfung in den Kammern der Abgeordneten des Großherzogtums Baden, des Königreichs Württemberg und des Großherzogtums Hessen. 2005.

Band 305 Carolin O'Sullivan. Die Ahndung von Rechtsbrüchen der Seeleute im mittelalterlichen hamburgischen und hansischen Seerecht (1301–1482). 2005.

Band 306 Martin Jürgens: Staat und Reich bei Ernst Rudolf Huber. Sein Leben und Werk bis 1945 aus rechtsgeschichtlicher Sicht. 2005.

Band 307 Florian G. Dürselen: Franz Beyerle (1885–1977). Leben, Ära und Werk eines Rechtshistorikers. 2005.

Band 308 Kai Bandilla: Urheberrecht im Kaiserreich. Der Weg zum Gesetz betreffend das Urheberrecht an Werken der Literatur und Tonkunst vom 19. Juni 1901. 2005.

Band 309 Stefan Mieth: Die Entwicklung des Denkmalrechts in Preußen 1701–1947. 2005.

Band 310 Catharina Lodemann: Die Geschichte des französischen *acte de gouvernement*. 2005.

Band 311 Christina Wicke: Kodifikationsbestrebungen und Wissenschaft in Hessen-Darmstadt im vorkonstitutionellen Zeitalter. Zu der Beteiligung der Gießener Rechtsprofessoren an den Gesetzgebungsarbeiten in Hessen-Darmstadt in der Zeit zwischen 1769 und 1820. 2005.

Band 312 Christiane Chlosta: Nur dem Gesetz unterworfen? Eine rechtsgeschichtliche Untersuchung zu Idee und Wirklichkeit richterlicher Gesetzestreue unter besonderer Berücksichtigung der Aufwertungsrechtsprechung und des richterlichen Prüfungsrechts. 2005.

Band 313 Kathrin Dirr: Hoheitsrechtliche Streitigkeiten zwischen den Kölner Erzbischöfen und der Stadt Köln auf Grundlage reichskammergerichtlicher Verfahren des 16. und 17. Jahrhunderts. 2005.

Band 314 Michael Racky: Die Diskussion über Gewaltenteilung und Gewaltentrennung im Vormärz. 2005.

Band 315 Petra Thiemrodt: Die Entstehung des Staatshaftungsgesetzes der DDR. Eine Untersuchung auf der Grundlage von Materialien der DDR-Gesetzgebungsorgane mit zeitgeschichtlichen Bezügen. 2005.

Band 316 Julius F. Reiter: Entstehung und staatsrechtliche Theorie der italienischen *Carta del Lavoro*. 2005.

Band 317 André Book: Die Justizreform in der Frühzeit der Bundesrepublik. Die Beratungen der Kommission zur Vorbereitung einer Reform der Zivilgerichtsbarkeit in den Jahren 1955 bis 1961. 2005.

Band 318 Frank Zentz: Das amerikanische Strafverfahren als Element der Besatzungspolitik in Deutschland. Erziehung zur Demokratie durch den *Court of Appeals* 1948–1955. 2005.

Band 319 Friederike Quaisser: Mietrecht im 19. Jahrhundert. Ein Vergleich der mietrechtlichen Konzeptionen im Allgemeinen Landrecht für die Preußischen Staaten von 1794 und dem gemeinen Recht. 2005.

Band 320 Stefan Burghard: Professor Dr. Wilhelm Kahl – Leben zwischen Wissenschaft und Politik. 2005.

Band 321 Günter Baranowski: Die *Russkaja Pravda* – ein mittelalterliches Rechtsdenkmal. 2005.

Band 322 Christina Schneider: Die SS und das „Recht". Eine Untersuchung anhand ausgewählter Beispiele. 2005.

Band 323 Werner Schubert (Hrsg.): Zivilprozessreform in der Weimarer Zeit. Quellen zur Emminger-Zivilprozessverordnung vom 13.2.1924 und zu den Arbeiten der Zivilprozesskommission des Reichsjustizministeriums (1922–1930). Eingeleitet und herausgegeben von Werner Schubert. 2005.

Band 324 Felix Gaul: Der Jurist Rudolf Isay (1886–1956). Ein verantwortungsbewusster Vermittler im Spannungsfeld zwischen dynamischer Rechtsschöpfung, ökonomischem Wandel und technischem Fortschritt. 2005.

Band 325 Konstanze Braun: Dr. Otto Georg Thierack (1889–1946). 2005.

Band 326 Eckart Klein / Stefan Chr. Saar / Carola Schulze (Hrsg.): Zwischen Rechtsstaat und Diktatur. Deutsche Juristen im 20. Jahrhundert. 2006.

Band 327 Stefan Botor: Das *Berliner Sühneverfahren* – Die letzte Phase der Entnazifizierung. 2006.

Band 328 Andreas Köhler: Die Sorgerechtsregelungen bei Ehescheidung seit 1945. Scheidungsstrafe und verordnete Gemeinsamkeit. 2006

Band 329 Lars Düwel: Die Nichtigkeit und Anfechtbarkeit der Ehe in der Rechtsprechung des Reichsgerichts zwischen 1900 und 1945. 2006.

Band 330 Katalin Polgar: Das Oberappellationsgericht der vier freien Städte Deutschlands (1820–1879) und seine Richterpersönlichkeiten. 2007.

Band 331 Julia Schweitzer: Schiffer und Schiffsmann in den Rôles d'Oléron und im Llibre del Consolat de Mar. Ein Vergleich zweier mittelalterlicher Seerechtsquellen. 2007.

Band 332 Diana-Catharina Kurtz: Das Institut der Adoption im preußischen Allgemeinen Landrecht und im französischen Code civil zwischen Rezeption römisch-rechtlicher Prinzipien und verändertem Familienverständnis. 2006.

Band 333 Dino Joakim Duderstadt: Spiel, Wette und Differenzgeschäft (§§ 762–764 BGB) in der Rechtsprechung des Reichsgerichts und in der zeitgenössischen Literatur. 2007.

Band 334 Ronald Hoffmann: Die Domänenfrage in Thüringen. Über die vermögensrechtlichen Auseinandersetzungen mit den ehemaligen Landesherren in Thüringen nach dem Ersten Weltkrieg. 2006.

Band 335 Joachim Windmüller: *Ohne Zwang kann der Humanismus nicht existieren...* – „Asoziale" in der DDR. 2006.

Band 336 Sven Christian Gläser: Die Mediatisierung der Grafschaft Wertheim. Der juristische Kampf eines kleinen Reichsstandes gegen den Verlust der Landesherrschaft und seine Folgen. 2006.

Band 337 Benjamin Schleyer: Friedrich Wilhelm Bornemann (1798–1864). Eine Juristenkarriere im Preußen des 19. Jahrhunderts. 2006.

Band 338 Die Reform des Ehescheidungsrechts von 1976. Quellen zum Ersten Gesetz vom 14.6.1976 zur Reform des Ehe- und Familienrechts (Parlamentarische Ausschussprotokolle – Anglikanische Denkschrift von 1966 zur Scheidungsrechtsreform – Schlussabstimmung 1969 in der Eherechtskommission des Bundesministeriums der Justiz). Eingeleitet und herausgegeben von Werner Schubert. 2006.

Band 339 Andreas Feld: Das Bayerische Gesetz zum Schutz des Eigentums an Erzeugnissen der Literatur und Kunst gegen Nachdruck vom 15.04.1840. Vorgeschichte und Zustandekommen. 2007.

Band 340 Bernd Wörner: Adelbert Düringers Einfluß als Richter am Reichsgericht in Leipzig auf dem Gebiet des Personengesellschaftsrechts. 2007.

Band 341 Jan Jelle Kähler: Französisches Zivilrecht und französische Justizverfassung in den Hansestädten Hamburg, Lübeck und Bremen (1806–1815). 2007.

Band 342 Jörn Eckert / Pia Letto-Vanamo / Kjell Modéer (Hrsg.): Juristen im Ostseeraum. Dritter Rechtshistorikertag im Ostseeraum 20.–22. Mai 2004. 2007.

Band 343 Ferdinand von Weyhe: A.E. Wassermann. Eine rechtshistorische Fallstudie zur „Arisierung" zweier Privatbanken. 2007.

Band 344 Martin Klaus Römermann: Kündigungen und Kündigungsschutz im Franquismus. 2007.

Band 345 Thomas Hoffmann: Der Landrechtsentwurf David Hilchens von 1599. Ein livländisches Rechtszeugnis polnischer Herrschaft. 2007.

Band 346 Ingo Ullmann: Die rechtliche Behandlung holsteinischer Leibeigener um die Mitte des 18. Jahrhunderts. Dargestellt unter besonderer Berücksichtigung der Schmoeler Leibeigenschaftsprozesse von 1738 bis 1743 sowie von 1767 bis 1777. 2007.

Band 347 Petra Fischer-Langosch: Die Entstehungsgeschichte des Familiengesetzbuches der DDR von 1965. 2007.

Band 348 Lasse O. Johannsen: Die rechtliche Behandlung ausreisewilliger Staatsbürger in der DDR. 2007.

Band 349 Ralf Schlottau: Deutsche Kolonialrechtspflege. Strafrecht und Strafmacht in den deutschen Schutzgebieten 1884 bis 1914. 2007.

Band 350 Hartwig Brandt / Ewald Grothe (Hrsg.): Rheinbündischer Konstitutionalismus. 2007.

Band 351 Nora Lutze: Der Verwandtenunterhalt nach den §§ 1601 bis 1603 und §§ 1610 bis 1612 BGB in der Rechtsprechung des Reichsgerichts. Unter Berücksichtigung der Entstehung des BGB. 2007.

Band 352 Frank Thiäner: Das Verhältnis von Aufsichtsrat und Abschlussprüfern in der rechtshistorischen Entwicklung bis 1937. 2007.

Band 353 Britta Heymann: Ernst Melsheimer (1897–1960). Eine juristische Karriere in verschiedenen staatlichen Systemen. Mitarbeiter im Preußischen Justizministerium in der Weimarer Republik, im Justizministerium Preußens und des Reiches sowie Richter am Kammergericht in der NS-Zeit und Erster Generalstaatsanwalt der Deutschen Demokratischen Republik. 2007.

Band 354 Susanne Adlberger: Wilhelm Kisch – Leben und Wirken (1874–1952). Von der Kaiser-Wilhelms-Universität Straßburg bis zur nationalsozialistischen Akademie für Deutsches Recht. 2007.

Band 355 Moritz Waibel: Josef Berchtold (1833–1894). Ein Leben gegen den Ultramontanismus. 2007.

Band 356 Aline Levin: Erinnerung? Verantwortung? Zukunft? Die Beweggründe für die gemeinsame Entschädigung durch den deutschen Staat und die deutsche Industrie für historisches Unrecht. 2007.

Band 357 Ferdinand Krause: Die hergebrachten Grundsätze des Berufsbeamtentums. Eine rechtshistorische Analyse. 2008.

Band 358 André Tiebel: Die Entstehung der Schutztruppengesetze für die deutschen Schutzgebiete Deutsch-Ostafrika, Deutsch-Südwestafrika und Kamerun (1884–1898). 2008.

Band 359 Holger Ruff: Sittenwidrige Rechtsgeschäfte in der späten Kaiserzeit. Die Entwicklung der reichsgerichtlichen Rechtsprechung zu § 138 BGB von 1900 bis 1914. 2007.

Band 360 Frank Rohrer: Strafjustiz im Dritten Reich und in der SBZ/DDR. Die personelle und organisatorische Neuordnung des Justizapparates in den totalitären Diktaturen (1933–1955) mit ihren Auswirkungen auf die Rechtsprechung zum politischen Strafrecht. 2007.

Band 361 Hans-Georg Knothe / Marc Liebmann (Hrsg.): Gerichtskultur im Ostseeraum. Vierter Rechtshistorikertag im Ostseeraum. 18.–20. Mai 2006 in Greifswald. 2007.

Band 362 Christina Meß: Das Vertragsrecht bei Adam Smith. 2008.

Band 363 Quellen zur dänischen Rechts- und Verfassungsgeschichte (12.–20. Jahrhundert). Herausgegeben von Ditlev Tamm, Werner Schubert und Jens Ulf Jørgensen. 2008.

Band 364 Günter Baranowski: Die Gerichtsurkunde von Pskov. 2008.

Band 365 Mark Spengler: Die Entstehung des Scheckgesetzes vom 11. März 1908. 2008.

Band 366 Ivan Biliarsky / Radu G. Păun (eds./éds.): The Biblical Models of Power and Law. Les modèles bibliques du pouvoir et du droit. Papers of the International Conference, Bucharest, New Europe College 2005. Actes du colloque international, Bucarest, New Europe College 2005. 2008.

Band 367 Thomas A. Roth: Ausgestaltungen der Rechtsfähigkeit im 19. und 20. Jahrhundert. Zur Rechtspersönlichkeit natürlicher Personen in den bedeutenden deutschen Zivilrechtsordnungen. 2008.

Band 368 Björn Alexander Rautenberg: Der Fiskal am Reichskammergericht. Überblick und exemplarische Untersuchungen vorwiegend zum 16. Jahrhundert. 2008.

Band 369 Thorsten Miederhoff: *Man erspare es mir, mein Juristenherz auszuschütten*. Dr. iur. Kurt Tucholsky (1890–1935). Sein juristischer Werdegang und seine Auseinandersetzung mit der Weimarer Strafrechtsreformdebatte am Beispiel der Rechtsprechung durch Laienrichter. 2008.

Band 370 Philipp Nordloh: Kölner Zunftprozesse vor dem Reichskammergericht. 2008.

Band 371 Judith Freund: Die Wechselverpflichtung im 19. Jahrhundert. 2008.

Band 372 Hans-Michael Empell: Gutenberg vor Gericht. Der Mainzer Prozess um die erste gedruckte Bibel. 2008.

Band 373 Rainer Schröder: Die DDR-Ziviljustiz im Gespräch – 26 Zeitzeugeninterviews. 2008.

Band 374 Christian Neschwara: Ein österreichischer Jurist im Vormärz. „Selbstbiographische Skizzen" des Freiherrn Karl Josef Pratobevera (1769–1853). 2009.

Band 375 Stefan Ullrich: Untersuchungen zum Einfluss des lübischen Rechts auf die Rechte von Bergen, Stockholm und Visby. 2008.

Band 376 Johanna Gertrude Schmitzberger: Das nationalsozialistische Nebenstrafrecht 1933 bis 1945. 2008.

Band 377 Christian Brom: Urteilsbegründungen im „Hoge Raad van Holland, Zeeland en West-Friesland" am Beispiel des Kaufrechts im Zeitraum 1704–1787. 2008.

Band 378 Christian Böse: Die Entstehung und Fortbildung des Reichserbhofgesetzes. 2008.

Band 379 Tobias Röhnelt: Timm Kröger. Leben und Werk. 2009.

Band 380 Andrea Elisabeth Sebald: Der Kriminalbiologe Franz Exner (1881–1947). Gratwanderung eines Wissenschaftlers durch die Zeit des Nationalsozialismus. 2008.

Band 381 Angela Kriebisch: Die Spruchkörper Juristenfakultät und Schöppenstuhl zu Jena. Strukturen, Tätigkeit, Bedeutung und eine Analyse ausgewählter Spruchakten. 2008.

Band 382 Nana Ozawa: Louis Adolphe Bridel – Ein Schweizer Professor an der juristischen Fakultät der Tokyo Imperial University. Die geschichtliche Bedeutung der Yatoi zur späten Meijizeit. 2010.

Band 383 Christian Weißhuhn: Alfred Hueck 1889–1975. Sein Leben, sein Wirken, seine Zeit. 2009.

Band 384 Andreas Hunkel: Eduard Dietz (1866–1940) – Richter, Rechtsanwalt und Verfassungsschöpfer. 2009.

Band 385 Meike Guskow: Entstehung und Geschichte der Europäischen Charta der Regional- oder Minderheitensprachen. 2009.

Band 386 Markus J. Jahnel: Das Bodenrecht in „Neudeutschland über See". Erwerb, Vergabe und Nutzung von Land in der Kolonie Deutsch-Südwestafrika 1884–1915. 2009.

Band 387 Matthias Günter Steiner: Die Klöster und ihr Wirken – eine der Wurzeln des Stiftungswesens? 2009.

Band 388 Cornelia Staats: Die Entstehung des Bundes-Immissionsschutzgesetzes vom 15. März 1974. 2009.

Band 389 Cai Niklaas E. Harders: Das Bundesjagdgesetz von 1952 sowie die Novellen von 1961 und 1976. Vorgeschichte, Entstehung des Gesetzes sowie Problemfelder. 2009.

Band 390 Matthias Pohlkamp: Die Entstehung des modernen Wucherrechts und die Wucherrechtsprechung des Reichsgerichts zwischen 1880 und 1933. 2009.

Band 391 Sebastian Baur: *Vor vier Höllenrichtern...* Die Lizentiats- und Doktorpromotionen an der Juristischen Fakultät der Universität Heidelberg. 2009.

Band 392 Christoph Salmen-Everinghoff: Zur *cautio damni infecti*: Die Rückkehr eines römischrechtlichen Rechtsinstituts in das moderne Zivilrecht. 2009.

Band 393 Till Meno Sellschopp: Der Weg zum Revokationsrecht der Ehegatten nach § 1368 BGB. Zugleich ein Beitrag zur Geschichte des ehelichen Güterrechts. 2009.

Band 394 Marc Biermann: Das Staatseigentum an öffentlichen Sachen im Gemeingebrauch in der ersten Hälfte des 19. Jahrhunderts. Die Theorie des reinen Hoheitsrechts an den öffentlichen Sachen von Rudolph von Jhering und Friedrich Ludwig Keller im Zusammenhang mit dem Baseler Schanzenstreit von 1859/62. 2009.

Band 395 Markus Tüxen: Kollegialprinzip oder Einzelrichter. Die Entwicklung des zivilrechtlichen Spruchkörpers bei den Landgerichten sowie den Oberlandesgerichten seit 1879 unter besonderer Berücksichtigung der Reformen von 1974 und 1976. 2009.

Band 396 Adam Polkowski: Die polnische Zivilprozessordnung von 1930/33. Unter Berücksichtigung des deutschen, österreichischen, russischen und französischen Rechts. 2009.

Band 397 Barbara Riedi: Die Porten der Unteren Strasse, ihr Ladungsrecht und der Strassenunterhalt. Rechtshistorische Betrachtungen zur Verkehrs- und Wirtschaftsgeschichte Graubündens. 2009.

Band 398 Stefanie Jessica Loroch: Zeitungsrubrik: Gerichtssaal. Strafprozessberichterstattung in Münster im 19. Jahrhundert (1848–1890). 2009.

Band 399 Dirk Henning Hofer: Karl Konrad Werner Wedemeyer (1870–1934). Ein Juristen- und Gelehrtenleben in drei Reichen. Eine Biographie. 2010.

Band 400 Thomas Simon (Hrsg.): Hundert Jahre allgemeines und gleiches Wahlrecht in Österreich. Modernes Wahlrecht unter den Bedingungen eines Vielvölkerstaates. 2010.

Band 401 Dörte Mentz: Die Beweislastumkehr in der Rechtsprechung des Reichsgerichts. 2010.

Band 402 Werner Schubert (Hrsg.): Oberster Gerichtshof für die Britische Zone (1948–1950). Nachschlagewerk Strafsachen – Nachschlagewerk Zivilsachen. Präjudizienbuch der Zivilsenate. Eingeleitet und herausgegeben von Werner Schubert. 2010.

Band 403 Yong Lei: Auf der Suche nach dem modernen Staat. Die Einflüsse der allgemeinen Staatslehre Johann Caspar Bluntschlis auf das Staatsdenken Liang Qichaos. 2010.

Band 404 Andreas Schwenk: Die Formbestimmung des § 313 BGB a. F. (§ 311 b Abs. 1 BGB n. F.) bei Verträgen über Grundstücke in der Rechtsprechung des Reichsgerichts. 2010

Band 405 René Schorsch: Eberhard Georg Otto Freiherr von Künßberg (1881–1941). Vom Wirken eines Rechtshistorikers. 2010.

Band 406 Ulrike Köbler: Werden, Wandel und Wesen des deutschen Privatrechtswortschatzes. 2010.

Band 407 Björn Florian Faulenbach: Rolle und Bedeutung der Lehre in der Rechtsprechung der Internationalen Gerichtshöfe im zwanzigsten Jahrhundert. 2010.

Band 408 Guangyu Fu: Das Causaproblem im deutschen Bereicherungsrecht. Eine rechtshistorische Untersuchung. 2010.

Band 409 Andreas Kimmelmann: Die Folter im Beweisverfahren der Leges Visigothorum. Chindasvinths Gesetzgebung im Spiegel der westgotischen Rechtsentwicklung. 2010.

Band 410 Jacqueline Schmaltz: Die Entwicklung der Industrie- und Handelskammern. Zwischen Pflicht und Kür. 2010.

Band 411 Hermann Nehlsen: Bayerische Rechtsgeschichte vom frühen Mittelalter bis zum 20. Jahrhundert. 2011.

Band 412 Kathrin Spoerr: Recht und Revolution. Deutsche Ökonomen und ihr Einfluss auf das Recht der Weimarer Republik – eine Zeitschriftenschau 1917–1920. 2011.

Band 413 Moritz von Köckritz: Die deutschen Oberlandesgerichtspräsidenten im Nationalsozialismus (1933–1945). 2011.

Band 414 Annika Lillemor Lara Rabaa: Die Ehe als Rechtsinstitut im Badischen Landrecht von 1810. Unter besonderer Berücksichtigung der gesellschaftlichen Entwicklungen im 19. Jahrhundert. 2011.

Band 415 Christian Hattenhauer / Klaus-Peter Schroeder (Hrsg.): 200 Jahre Badisches Landrecht von 1809/1810. Jubiläumssymposium des Instituts für geschichtliche Rechtswissenschaft der Ruprechts-Karls-Universität Heidelberg und der Heidelberger Rechtshistorischen Gesellschaft vom 23. bis 26. September 2009. 2011.

Band 416 Tobias Alexander Krammerbauer: Die Ministerverantwortlichkeit und die Vorformen sonstiger Verfassungsgerichtsbarkeit in Württemberg zwischen 1815 und 1918. 2011.

Band 417 Werner Schubert (Hrsg.): Quellen zur GmbH-Reform von 1958 bis zum GmbH-Änderungsgesetz von 1980. Eingeleitet und herausgegeben von Werner Schubert. 2011.

Band 418 Gisela Emling: Johannes Heckel. Leben und Wirken (1889–1963). 2011.

Band 419 Jochen Kirschbaum: Die Etablierung der Historischen Rechtsschule an der Ludoviciana (1814–1824). 2011.

Band 420 Sören Koch: Unaufgeforderte Hilfeleistung in Notsituationen. Eine rechtshistorische und rechtsvergleichende Studie zu den zivilrechtlichen Aspekten der Nothilfe mit besonderer Berücksichtigung des Rechts der Geschäftsführung ohne Auftrag. 2011.

Band 421 Friedrich Carl von Savigny: Die Prinzipienfragen in Beziehung auf eine neue Strafprozeß-Ordnung. Ausgearbeitet im Justizministerium für die Gesetzrevision. Eingeleitet und herausgeben von Werner Schubert. 2011.

Band 422 Stephan Faulwetter: Von der Zunft zur Handelskammer. Zur Entwicklung des Gewerberechts in thüringischen Staaten. 2011.

Band 423 Moritz Eisenhardt: Sanierung statt Liquidation. Die Geschichte des Vergleichs zur Abwendung des Konkurses unter besonderer Berücksichtigung der Vergleichsordnung von 1927 und 1935. 2011.

Band 424 Gerd Kleinheyer: Beiträge zur Strafrechtsgeschichte. Herausgeben von Franz Dorn, Mathias Schmoeckel und Jan Schröder. 2011.

Band 425 Ralf Maertens: Das Landgericht Altona (1879–1937) und die Anfänge des Landgerichts Itzehoe (1937–1945). Unter besonderer Berücksichtigung ihrer Tätigkeitsberichte und rechtspolitischen Stellungnahmen. 2011.

Band 426 Mark Friedrich: Ferdinand von Martitz (1839–1921). Rechtshistoriker, Staatsrechtler und Völkerrechtler zwischen dem Ende des Deutschen Bundes und dem Beginn der Weimarer Republik. 2012.

Band 427 Sebastian Krusche: Die Bundesrechtsanwaltsordnung vom 1. August 1959. Vorgeschichte und Entstehung. 2012.

Band 428 Marju Luts-Sootak / Sanita Osipova / Frank L. Schäfer (Hrsg./eds.): Einheit und Vielfalt in der Rechtsgeschichte im Ostseeraum. Unity and Plurality in the Legal History of the Baltic Sea Area. Sechster Rechtshistorikertag im Ostseeraum, 3.-5. Juni 2010 in Tartu (Estland) / Riga (Lettland). 6th Conference in Legal History in the Baltic Sea Area, 3rd-5rd June 2010 Tartu (Estonia) / Riga (Latvia). 2012.

Band 429 Margret R. I. Bootz: Die Hamburger Rechtsprechung zum Arbeitsrecht im Nationalsozialismus bis zum Beginn des 2. Weltkriegs. 2012.

Band 430 Heiko Zech: Die soziale Frage im Konkursrecht 1879-1900. 2012.

www.peterlang.de

Werner Schubert (Hrsg.)

Ausschüsse für Vergleichs- und Konkursrecht sowie für Bürgerliche Rechtspflege – Zwangsvollstreckungsrecht (1934–1938)

Nachtrag: Beratungen über das Immissionsschutzrecht im Bodenrechtsausschuss (1938)
Herausgegeben und mit einer Einleitung versehen von Werner Schubert

Frankfurt am Main, Berlin, Bern, Bruxelles, New York, Oxford, Wien, 2008.
XXXIII, 703 S.
Akademie für deutsches Recht 1933–1945. Protokolle der Ausschüsse. Bd. 17
ISBN 978-3-631-57245-0 · geb. € 132,10*

Die Reformbedürftigkeit des deutschen Insolvenzrechts hatte sich in der Weltwirtschaftskrise herausgestellt. Mit Österreich vereinbarte Deutschland 1930 eine Reform des Vergleichs-(Ausgleichs-)Rechts, die in dem Vergleichsrechtsausschuss der Akademie für Deutsches Recht 1934 beraten wurde. Es folgten 1937/38 die Beratungen über eine Reform des Konkursrechts im Konkursrechtsausschuss. Die Beratungen des Zwangsvollstreckungsrechts erfolgten auf der Basis des Entwurfs des Reichsjustizministeriums zu einer neuen Zivilprozessordnung von 1931 im Ausschuss für Bürgerliche Rechtspflege von 1934 bis 1937 zunächst unter dem Vorsitz der bekannten Rechtslehrer Wilhelm Kisch und Friedrich Lent, anschließend von Ende 1935 an unter dem Vorsitz von Erich Volkmar (Reichsjustizministerium). Ziel der Reform waren aus der Sicht des Reichsjustizministeriums die Errichtung eines Vollstreckungsamtes mit Eingliederung der bisher unabhängigen Gerichtsvollzieher und die Einführung einer umfassenden Vollstreckungsmissbrauchs- und Arglistklausel. Diese zum Teil ideologisch beeinflussten Vorschläge wurden von der Mehrheit der Ausschussmitglieder weitgehend zurückgewiesen – Der Ausschuss für Bodenrecht bevorzugte entgegen den Vorschlägen der Juristen des Reichsbauernführers für den Immissionsschutz eine privatrechtliche Lösung und lehnte für industrielle Großimmissionen ein öffentlich-rechtliches Ausgleichsverfahren ab.

*inklusive der in Deutschland gültigen Mehrwertsteuer. Preisänderungen vorbehalten